DEUTSCH TRAINING

Dieter Gall

Deutsch 11. Klasse

Grundlagen und
Aufgaben mit Lösungen

STARK

ISBN: 3-89449-218-X

© 1995 by Stark Verlagsgesellschaft mbH · D-85318 Freising · Postfach 1852 · Tel. (08161) 1790
1. Auflage 1995
Nachdruck verboten!

Inhalt

(Fortsetzung nächste Seite)

Vorwort

Selbst im Fach Deutsch kommt es nicht nur auf Talent und Sprachbegabung an. Viele Dinge sind erlernbar, und ohne die **sichere Beherrschung bestimmter Arbeitsmethoden** oder **Fachbegriffe** kann man in der Oberstufe kaum bestehen.

Der vorliegende Band versucht anhand einer Vielzahl von **Beispielen** und **Aufgaben** gerade diese Kenntnisse zu vermitteln. Schrittweise werden die einzelnen Voraussetzungen trainiert, die erforderlich sind, um einen durchdacht aufgebauten, inhaltlich ergiebigen Aufsatz schreiben oder um mit literarischen Texten verschiedener Epochen sachgemäß umgehen zu können. Dabei wurden vor allem Themen ausgewählt, die für die Jahrgangsstufe 11 von entscheidender Bedeutung sind und im **Hinblick auf das Abitur** vorbereitenden Charakter haben.

Jedes Kapitel ist so aufgebaut, daß es für sich selbst erarbeitet werden kann. Es wird empfohlen, unmittelbar nach der Lektüre der jeweiligen Abschnitte die darauf folgenden Aufgaben vorzunehmen, weil diese in engem Zusammenhang mit den vorausgehenden Ausführungen stehen und die angesprochenen Inhalte vertiefen. Die im Anhang dargebotenen **Lösungsvorschläge** können zur Überprüfung der eigenen Ergebnisse herangezogen werden. Selbstverständlich kann dieser Lösungsteil nicht der allein gültige Maßstab sein, sondern er soll nur mögliche Wege aufzeigen, an denen man sich selbst orientieren kann.

Am Ende jedes Kapitels erfolgt eine **Zusammenfassung**, die sowohl einen ersten Überblick über ein Thema als auch eine Wiederholung nach der eigenen Arbeit ermöglicht. Außerdem kann mit Hilfe des **Registers** ein entsprechendes Sachgebiet rasch aufgefunden werden.

Methoden geistigen Arbeitens

1   Informationsbeschaffung

Immer wieder kommt es vor, daß man sich ein Sachgebiet erarbeiten muß. Wer eine Facharbeit oder ein Referat selbständig anfertigen will, ist auf geeignete Hilfsmittel und entsprechende Informationen angewiesen. Die größte Schwierigkeit besteht darin, das für eine Arbeit erforderliche Material leicht und schnell aufzufinden. Je genauer die Vorstellungen über das Ziel und die Vorgehensweise sind, desto besser kommt man bei der Suche nach Informationen voran. Gute Kenntnisse über hilfreiche Quellen (Bücher, Zeitschriften usw.) können dabei nur von Vorteil sein.

Wenn man sich ein bestimmtes Thema erschließen will, sucht man zunächst an den naheliegenden Stellen: eigene Büchersammlung, Lehrbücher, Zeitungen, Schulbücher usw. Das Nachschlagen in großen **Lexika** verhilft zu einer ersten Orientierung, denn unter dem aufgefundenen Begriff stehen einige wichtige Anhaltspunkte, die das Wesentliche zusammenfassen. Verweise auf andere Stichwörter können zu einer Vertiefung des Wissens führen. Außerdem werden oft am Ende des Lexikoneintrags einige Literaturhinweise gegeben, die auf wichtige Bücher und Aufsätze zu dem verlangten Thema aufmerksam machen.

Der Blick in geeignete **Fachlexika** und **Handbücher** kann ebenfalls zu ersten Aufschlüssen über das Thema führen. Nur erhält man dabei speziellere, fachbezogene Auskünfte.

Sowohl eine gute Übersicht als auch eine Bandbreite verschiedenster Mittel bietet eine **Bibliothek**. Die Schulbibliothek, die Stadtbücherei oder die Bibliothek einer Universität, der Kirche oder eines Instituts (z. B. Goethe-Institut, Amerikahaus, Institut Culturel) weisen unterschiedlich große und vielfältige Bestände von Büchern und anderen Medien auf. Zudem kann man sich mit seinen Wünschen und Fragen an die dort Beschäftigten wenden, die dann mit Ratschlägen und Tips weiterhelfen.

Auch in einer Bibliothek sollte man sich eine allgemeine Übersicht verschaffen, indem man Nachschlagewerke, also Lexika und Handbücher, konsultiert. Anschließend kann man in den Katalogen nachschauen, welche Bücher zu dem gesuchten Thema in der Bibliothek vorhanden sind. In dem **Verfasserkatalog** wird der Buchbestand alphabetisch nach Autoren geordnet aufgeführt. Die einzelnen Katalogkärtchen enthalten den Namen des Verfassers, den Titel seines Werks, dessen Erscheinungsort und -jahr sowie eine Signatur, die den Standort des Buches angibt.

Beispiel:

SL	88/386 0
Mann, Thomas:	
Buddenbrooks: Verfall e. Familie. –	
Frankfurt a. M.: S. Fischer, 1974	

Der **Titelkatalog** führt die vorhandenen Bücher hingegen nicht nach den Autorennamen, sondern nach dem Titel ihrer Werke auf, indem er jeweils den wichtigsten Begriff eines Buchtitels hervorhebt. In manchen Bibliotheken gibt es auch einen **Schlagwortkatalog,** der einige wichtige Begriffe auflistet und diese jeweils mit entsprechenden Literaturangaben versieht. Auch die meisten Fachbücher weisen am Ende eine *Bibliographie* auf, also ein Verzeichnis der weiterführenden Literatur zu einem bestimmten Thema.

Im allgemeinen unterscheiden Bibliographien zwischen Primär- und Sekundärliteratur. Die **Primärliteratur** besteht aus den Werken eines Dichters, also aus Romanen, Erzählungen und Gedichten, aber auch aus Briefbänden und Tagebüchern. Dagegen umfaßt die **Sekundärliteratur** die Abhandlungen, Aufsätze und Bücher über einen Dichter und sein Werk. So zählt zum Beispiel Goethes Autobiographie "Dichtung und Wahrheit" zur Primärliteratur, weil es zum Werk des Weimarer Klassikers gehört, während die Biographien anderer Verfasser über Goethe oder die Monographien über Goethes Schauspiele, Balladen und Romane der Sekundärliteratur zugerechnet werden.

Aufgabe 1

Machen Sie sich in einer Bibliothek mit dem Werk Franz Kafkas vertraut.

Stellen Sie die wichtigsten Titel der Primärliteratur (nur die umfangreicheren Werke) und der Sekundärliteratur (nur Biographien und ausführliche Abhandlungen über Kafkas Gesamtwerk) zusammen.

In manchen Fällen lohnt es sich, Bücher nicht nur auszuleihen, sondern zu kaufen, besonders wenn es sich um preisgünstige Taschenbücher handelt oder wenn man bestimmte Bücher öfter benutzen will. Viele **Buchhandlungen** verfügen über ein umfangreiches Sortiment, das man an Ort und Stelle prüfen kann. Wenn die Bücherauswahl in den Regalen nicht den eigenen Ansprüchen genügt, kann man sich von dem Buchhändler den Katalog geben lassen, der alle lieferbaren Bücher, nach Autoren, Titeln und Sachgebieten geordnet, auflistet. Über den Preis und die Ausstattung der Bücher erhält man in der Buchhandlung ebenso Auskunft wie über die Lieferzeit. Auf Verlangen bekommt man auch Prospekte der einzelnen Verlage. Insbesondere die gängigsten Verlagskataloge zu den aktuellen Taschenbüchern dürften bei fast jedem Buchhändler vorhanden sein.

Aufgabe 2

Fragen Sie in einer Buchhandlung nach, welche allgemeinen Lexika und Fremdwörterlexika als Taschenbücher zur Zeit auf dem Markt sind.

Fertigen Sie darüber eine Zusammenstellung an.

In einzelnen Buchhandlungen finden sich auch **Zeitungen** und **Zeitschriften**, die man aber auch an Kiosken, in Tankstellen, Supermärkten usw. erwerben kann. Die meisten Bibliotheken sammeln ganze Jahrgänge der wichtigsten Tages- und Wochenzeitungen, aber auch Fach- und Hobbyzeitschriften, so daß man also gezielt nach Artikeln über bestimmte Themenbereiche forschen kann. Da oft an Ort und Stelle ein Kopiergerät steht, können die aufgefundenen interessanten

Texte abgelichtet und später in aller Ruhe zu Hause erarbeitet werden. Wer längerfristig ein Referat oder eine Facharbeit plant, kann systematisch die Tageszeitung durchsehen, geeignete Artikel ausschneiden und aufbewaren. Dieses Verfahren kann natürlich auch bei allen anderen abonnierten Zeitungen und Zeitschriften angewendet werden. Man sollte sich dabei angewöhnen, alle Zeitungsausschnitte mit Erscheinungsdatum und Quellenangabe (Name der Zeitung) zu versehen, damit man später auch korrekt zitieren kann. In Verbindung mit gezielten Recherchen in Bibliotheken und Buchhandlungen ergibt sich im Laufe der Zeit ein reichhaltiges Material, das man nur noch gut auswerten muß.

Aufgabe 3

Verschaffen Sie sich in einer Buchhandlung, einer Bibliothek, einem Kiosk u. ä. eine Übersicht über das jeweilige Angebot an Zeitungen. Erstellen Sie anschließend eine Liste über die wichtigsten überregionalen deutschen Tages- und Wochenzeitungen bzw. politischen Wochenmagazine. Geben Sie dabei jeweils den Zeitungsnamen und den Druckort an.

Von zunehmender Bedeutung für politische, kulturelle und fachspezifische Informationen sind **Filme** und **Videos**. Einige Videotheken und besonders Versandhändler bieten Videofilme zu wichtigen politischen Ereignissen (z. B. Fall der Berliner Mauer), zum Tourismus und zu Hobbys verschiedenster Art an. Im Fernsehen haben sich schon längst feste Sendezeiten für politische Magazine, Kulturprogramme und Ratgebersendungen etabliert. Über eine Programmzeitschrift läßt sich schnell ein Überblick über die einzelnen Angebote verschaffen.

Aufgabe 4

Stellen Sie anhand einer Fernseh-Programmzeitschrift die Magazinsendungen zu Politik und Kultur zusammen, die in der ARD und im ZDF wöchentlich oder vierzehntägig ausgestrahlt werden.

Eine weitere Informationsquelle stellen der Bundestag, die Landtage, Parteien, Gewerkschaften, Verbände und Vereine dar, die man gezielt anschreiben und um geeignete Unterlagen zu einem gewünschten Thema bitten kann. Es besteht dabei allerdings die Gefahr, daß man zu einseitig informiert wird, aber die zugesandten Broschüren und Prospekte können auch sehr ausführlich, sachkundig und interessant sein. Es sollte jedoch stets der Grundsatz gelten, sich bei unterschiedlichen Adressen zu erkundigen und verschiedene Medien bei der Erarbeitung eines Themas zu nutzen.

Zusammenfassung

Vor Beginn der **Informationsbeschaffung** sollte man sich über das Ziel, die Vorgehensweise und den angestrebten Umfang der bevorstehenden Arbeit Gedanken machen.

Auffinden von **Informationen** in:
- **Lexika, Fach-** und **Handbüchern** (erste Orientierung, allgemeine Übersicht, Literaturhinweise)
- **Bibliotheken:** Auskünfte der Fachkräfte, Nachschlagewerke, gezielte Suche nach Literatur über Verfasser-, Titel- und Schlagwortkataloge; Bibliographien enthalten Verzeichnisse zu weiterführender Literatur; Unterscheidung von *Primärliteratur* (Werke eines Dichters) und *Sekundärliteratur* (Abhandlungen über einen Dichter und sein Werk)
- **Buchhandlungen:** Prüfung des vorhandenen Angebots in den Regalen, Bestellen von Büchern über den Katalog (geordnet nach Autoren, Titeln und Sachgebieten), Studium der Verlagsprospekte
- **Zeitungen** und **Zeitschriften:** Tages- und Wochenzeitungen, Fach- und Hobbyzeitschriften – Ausschneiden und Kopieren geeigneter Artikel (Kennzeichnung mit Quellenangabe und Datum)
- **Filmen** und **Videos:** politische Magazine, Kultur-, Reise- und Ratgebersendungen im Fernsehen (Studium der Programmzeitschriften); Videotheken und Video-Versandhandel
- verschiedenen **Gremien** und **Organisationen:** Bitte an Parteien, Gewerkschaften, Verbände und Vereine um Zusendung von Informationsmaterial

2   Arbeitstechniken

An die Informationsbeschaffung zu einem Thema kann sich die Auswertung der zusammengetragenen Bücher, Broschüren, Prospekte und Zeitungsartikel nahtlos anschließen. Bereits während der Suche nach geeignetem Material wird man wohl eine erste Vorauswahl getroffen haben. Ein Blick in das Inhaltsverzeichnis eines Buches oder das rasche Überfliegen eines Artikels genügen oft, um zu entscheiden, ob die Texte für die eigene Arbeit in Frage kommen. Nach dieser ersten Sichtung werden aber noch genügend Materialien übrigbleiben, die man nun für sein Vorhaben erarbeiten muß.

Dabei helfen verschiedene **Lesetechniken**, um einen Text auf unterschiedliche Art und Weise zu erschließen. Mit dem **kursorischen Lesen** verschafft man sich einen Überblick, indem man z. B. das Inhaltsverzeichnis anschaut, die Kapitelüberschriften registriert und bei der raschen, oft springenden Lektüre des Textes nur auf das Wesentliche achtet. Auf diese Weise konzentriert man sich auf die Hauptaussagen und die Intention (Absicht) sowie die Methode und das Ziel des Autors. In der Regel erhält man zu diesen Gesichtspunkten auch Aufschlüsse im Vorwort oder der Einleitung eines Buches. Dieses orientierende Lesen ist keine Zeitverschwendung, sondern es schärft ganz im Gegenteil den Blick für das Wichtige und versetzt den Leser in die Lage, später bei einer genaueren Lektüre das Wesentliche vom Unwesentlichen unterscheiden zu können.

Das **intensive Lesen** ermöglicht eine systematische Erarbeitung des Textes. Man prüft Satz für Satz und hält besonders auffallende und entscheidende Aussagen des Verfassers fest. Dabei achtet man vor allem auf Thesen, Definitionen, Argumente und Beweise. Die Hervorhebungen im Text können erfolgen, indem man die bedeutenden Sätze und Begriffe
– unterstreicht
– durch Farbstifte markiert oder
– mit Zeichen am Rand kenntlich macht.

Allerdings sollte man nicht zu viele Stellen kennzeichnen, weil man sonst den Überblick verliert und zu sehr an Einzelheiten hängenbleibt. Wieviel man dabei herausstellen möchte, ist natürlich auch von der Länge und der Bedeutung des Textes abhängig.

Manchmal ist es sinnvoll, einige Sätze oder Satzteile aus dem Text für die eigene Arbeit (Referat, Vortrag, Facharbeit) wörtlich zu übernehmen, weil dadurch die Meinung des Autors oder seine Formulierungsweise besonders deutlich zur Geltung kommen. Diese möglichen Zitate sollte man im Text durch einen besonderen Farbstift, eine auffällige Unterstreichung oder ein bestimmtes Zeichen am Rand markieren. Eine gute, maßvolle Auswahl an Zitaten sollte auf jeden Fall angestrebt werden, da bei einem späteren Vortrag das endlose Zitieren die Zuhörer sehr strapaziert und außerdem das Ziel verfehlt wird, eine eigenständige Leistung im Umgang mit Informationen nachzuweisen.

Aufgabe 5

Kennzeichnen Sie im folgenden Text die Hauptaussagen des Verfassers, und wählen Sie anschließend einige (wenige!) treffende Zitate aus.

Rolf Waldvogel: Vive la chanson

Quoten sind Quatsch. So hören wir es derzeit allerorten – beim Kanzler angefangen. Frankreich dagegen hat gerade eine neue Quote eingeführt. Nachdem bereits 40 Prozent der TV-Filme einheimischer Herkunft sein müssen, will man gleiches auch beim Chanson. Schon wird an der Seine gewitzelt: Einer musikalischen
5 Maginot-Linie könne das gleiche Schicksal drohen wie einst dem Schutzwall gegen den Furor teutonicus. Er wurde umgangen ... Aber erstens lassen sich Gesetze nicht so einfach negieren, und zweitens haben solche Abschottungsaktionen bei unserem Nachbarn gute Tradition. Der Feldzug gegen das "franglais", also die Sturzflut von plumpen Anglizismen, wurde von einem Großteil der Bevölkerung mitgetragen. La
10 grande nation hat halt doch ihren Stellenwert an sich – US-Kultureinfluß hin oder her.

Und was lernen wir Deutschen daraus? Wir hätten in vielen unserer Rundfunkprogramme Mühe, die 40 Prozent an Heimarbeit überhaupt zu erreichen. Stichproben beweisen, daß bei manchen Sendern – vor allem bei denen mit der 3 im Namen –
15 der Anteil deutschsprachiger Titel gegen Null tendiert. Dabei drängt sich zweierlei auf: Zum einen wird man seit langem den Verdacht nicht los, daß der Anteil an US-Songs nur so eminent hoch ist, weil man bei einem fremdsprachigen Titel das Gehirn besser in Urlaub schicken kann. Soll keiner behaupten, die englischen Pop-Texte seien unterm Strich tiefschürfender als die deutschen. Zum anderen arbeiten
20 hier clevere Marktstrategen, die unter Hintanstellung guter deutscher U-Musik angloamerikanische Titel – ohne Rücksicht auf Qualität – durch die Charts jagen. Und dabei können sie sicher sein, daß sich die Deutschen das alles gefallen lassen, um nicht der Tümelei bezichtigt zu werden. Hier einmal etwas nachzudenken, kann nicht schaden. Auch ohne Quote.

Aus: Schwäbische Zeitung vom 29. 12. 1993

Eine bewährte Arbeitstechnik stellt das **Exzerpieren** dar. Bei diesem Verfahren wird ein Textauszug angefertigt, der unterschiedlich lang und verschieden in der Form ausfallen kann. Im Gegensatz zur Textmarkierung kann das **Exzerpt** mehr eigene Formulierungen enthalten und somit unabhängiger vom Ursprungstext sein. Es kann auch lediglich aus einem Gerüst verschiedener Stichwörter bestehen. Dennoch können auch wörtliche Übernahmen ganzer Textpassagen vorkommen, die aber deutlich als Zitate (Anführungszeichen!) erkennbar sein müssen. Das Exzerpt soll nur die wichtigsten Aussagen eines Textes umfassen und diese mit einer strukturierten Gliederung (Überschriften, Kapiteleinteilung usw.) versehen. Unter Umständen kann auch ein eigener Kommentar zu den exzerpierten Thesen hinzugefügt werden. Wichtiger ist jedoch, daß der Textauszug die genaue Quellenangabe zu dem bearbeiteten Werk aufweist. Es sollten also folgende Informationen registriert werden:

– Name des Autors
– Titel des Werks
– Erscheinungsort (evtl. mit Verlagsnamen) und Erscheinungsjahr
– Seitenangabe.

Beispiel:

> Konrad Lorenz: Das sogenannte Böse. Zur Naturgeschichte der Aggression. München (dtv), 1983. S. 30–54 (Kapitel 3)

Aufgabe 6

 Fertigen Sie zum obenstehenden Text ein stichwortartiges Exzerpt an. Weisen Sie am Ende auf die Quelle des Textes hin.

Wenn wir Reden und Vorträge hören, haben wir ab und zu auch das Bedürfnis, den Inhalt in Stichwörtern zu notieren, so daß wir uns später an die wichtigsten Ausführungen erinnern können. Auch im Unterricht kann das **Mitschreiben** eine wichtige Rolle spielen, z. B. als Vorbereitung auf eine Klassenarbeit oder eine Prüfung. Außer dem genauen Zuhören ist auch die richtige Auswahl der mitzuschreibenden Gedankengänge entscheidend. Man sollte sich also auf das Wesentliche konzentrieren, nur einige Schlüsselbegriffe festhalten und lediglich die Hauptthesen und Definitionen im Wortlaut wiedergeben (zusammenfassendes Mitschreiben). Selbstverständlich kann man Abkürzungen benutzen, um dem Tempo des Vortrags besser folgen zu können. Man sollte aber auch versuchen, die Argumentation des Redners in seiner Struktur (z. B. mit Hilfe von Überschriften, Kapiteleinteilungen oder Ziffern) zu erfassen, so daß die eigenen Notizen in eine feste Ordnung gefügt werden, was ein späteres Nachlesen sehr erleichtert.

Sowohl beim Mitschreiben als auch beim Exzerpt sollte man seine Blätter so anlegen, daß am Rand Platz für weitere Notizen bleibt. Auch bei einer später erfolgenden Bearbeitung fallen einem Anmerkungen, Einwände oder Kommentare ein, die man auf bestimmte Textstellen beziehen möchte. Deshalb wäre es günstig, seine Kritik gleich an Ort und Stelle zu notieren, um den inhaltlichen Zusammenhang zu wahren. Bei Bedarf kann man dann immer noch seine Randnotizen zu einem gesonderten Abschnitt zusammenstellen und evtl. auch ausformulieren.

Aufgabe 7

 Notieren Sie Ihre Kritik an den Thesen Rolf Waldvogels aus seinem Kommentar "Vive la chanson!"

Außer der Einübung in einen geeigneten persönlichen Arbeitsstil ist auch von Bedeutung, wie man seine Informationen und Materialien ordnet und aufbewahrt. Es gilt, sich ein wirkungsvolles Schema zu überlegen, das ein schnelles Auffinden abgelegter Notizen, Artikel, Kopien und Textausschnitte ermöglicht. Schnellhefter, Mappen und Ordner, die man mit einem Register (alphabetisch oder numeriert) ausstatten und mit einem eigens erstellten Inhaltsverzeichnis versehen kann, sind ebenso hilfreich wie eine Registratur oder ein Karteikasten, in die man seine Papiere einordnen kann. Auch bei diesen verschiedenen Arbeitsmitteln kann man die Übersicht leichter bewahren, indem man durch eine optische Gestaltung (verschiedenfarbige Ordner, Karteikarten unterschiedlicher Farbe und Größe, Markierungen usw.) thematische Zusammenhänge verdeutlicht. Ein Ordnungssystem bewährt sich jedoch nur, wenn es der eigenen Arbeitsweise entgegenkommt und wirkungsvoll organisiert ist.

Zusammenfassung

An die Auswertung von Informationen (aus Büchern, Broschüren, Prospekten und Artikeln) kann man mit verschiedenen **Arbeitstechniken** herangehen.

Mit dem **Lesen** erschließt man sich einen Text:
- Das **kursorische** (überfliegende) **Lesen** verschafft einen ersten Überblick über die Nützlichkeit des Textes sowie über die Thesen, Methoden und Ziele des Autors.
- Das **intensive Lesen** erstrebt die systematische Erarbeitung der Informationen: Hervorhebung wichtiger Aussagen durch Unterstreichen, Markierungen und Randzeichen; Aussuchen geeigneter Zitate.

Mit dem **Exzerpt** entsteht ein eigener, strukturierter Auszug (oft auch nur ein Stichwortgerüst) zu einem erarbeiteten Text:
- Inhalt: die wichtigsten Thesen des Autors, einige wenige Zitate
- Gliederung: Einteilung der festgehaltenen Argumente
- genaue Quellenangabe: Autor, Titel, Erscheinungsort und -jahr, Seitenzahl
- Rand für Anmerkungen vorsehen!

Beim **Mitschreiben** von Reden und Vorträgen konzentriert man sich ebenfalls nur auf die wesentlichen Gedankengänge (teils in Stichworten – teils wörtlich, z. B. bei Definitionen).

Das **Ordnen** und **Aufbewahren** des Informationsmaterials sollte jederzeit ein schnelles Auffinden ermöglichen:
- Einordnung in Schnellhefter, Mappen und Ordner
- Anlegen einer Registratur oder eines Karteikastens
- Anfertigung von Registern und Inhaltsverzeichnissen (Übersicht, Themeneinteilung).

3 Referat

Das Referat ist ein gegliederter Bericht über ein klar abgegrenztes Thema. Da es zu den mündlichen Formen im Unterricht gehört, sollte der Referent seine schriftliche Ausarbeitung nicht nur ablesen, sondern eine interessante, anschaulich aufgemachte Vortragsart finden, so daß seine Zuhörer die Ausführungen mit Gewinn nachvollziehen können. Der Referent ist deshalb gefordert, die Problemstellung seines Themas deutlich festzulegen und sich einen übersichtlichen Aufbau des Inhalts zu überlegen. Dabei sollte der Wissensstand der Zuhörer stets berücksichtigt werden, und auch eine eigenständige Darstellungsweise, die sich nicht zu sehr von den benutzten Quellen (besonders wissenschaftliche Texte mit vielen Fremdwörtern) beeinflussen läßt, ist zu finden.

Je nach Umfang des zu bearbeitenden Themas kann die Dauer eines Referats unterschiedlich ausfallen. Ein **Kurzreferat**, das sich auf eine engere Fragestellung begrenzt, kann drei bis fünfzehn Minuten in Anspruch nehmen. Ein längeres **Referat** sollte jedoch über den zeitlichen Rahmen einer Unterrichtsstunde (also 45 Minuten) nicht hinausgehen, weil wegen der einseitigen Situation – einer spricht, die anderen hören zu – die Zuhörer bald ermüden.

Thema eines Referats kann z. B. die Biographie einer interessanten Persönlichkeit (Dichter, Forscher, Entdecker, Politiker usw.) sein. Aber auch die Zusammenfassung eines Buches oder eines (wissenschaftlichen) Aufsatzes kann sich ebenso anbieten wie die Darlegung einer bestimmten Sachfrage oder die Erläuterung eines Begriffs bzw. Fachworts.

Die Grundlage zu einem erfolgreichen Referat wird durch ein intensives und genaues Quellenstudium gelegt. Zunächst sollte geeignetes Material gesammelt werden, das sowohl in Büchern, Zeitungen und (Fach-)Zeitschriften als auch in Filmen (besonders Dokumentationen) oder in Tondokumenten von Vorträgen und Hörfunksendungen aufgesucht werden kann. Der Gang in eine Bibliothek kommt dabei vor allem in Frage, weil man dort durch das Nachschlagen in großen Lexika oder durch das Blättern in Sachkatalogen entscheidend weiterkommen kann. Außerdem stehen Fachkräfte zur Verfügung, die einem weiterhelfen und mit Tips auf noch unbekannte Möglichkeiten aufmerksam machen.

Aufgabe 8

 Referat über das Leben des Schriftstellers Friedrich Dürrenmatt. Sehen Sie nach, welche Lexika und Literaturgeschichten für diesen Zweck geeignet sind, und stellen Sie einige Biographien zu diesem Autor zusammen.

Nach der Sammlung des Materials, das mit Hilfe von Kopien, Zeitungsausschnitten oder Stichwortzetteln erfolgen kann, beginnt die Auswertung der Informationen. Erste Überlegungen, wie man das Thema gliedern will, sollten diesem Arbeitsschritt vorangehen, weil so die Bedeutung einzelner Ergebnisse besser eingeschätzt werden kann. Viele Gesichtspunkte werden sich wiederholen, so daß auf manche Beiträge ganz oder zumindest teilweise verzichtet werden kann. Andere Dinge bleiben vielleicht noch unklar und müssen durch weitere, aber gezieltere Nachforschungen geklärt werden. Erst wenn alle wesentlichen Fragen beantwortet sind, geht man an die Gliederung der ganzen Informationen, wobei darauf zu achten ist, daß den späteren Zuhörern der Argumentationsgang des Referats einleuchtet. Gedankensprünge sollten deshalb nur in begründeten Fällen gemacht werden. Außerdem ist deutlich zwischen Wichtigem und Nebensächlichem zu unterscheiden. Belanglose Aspekte dürfen sich natürlich nicht in den Vordergrund drängen.

Eine ganz wichtige Rolle spielt die Frage, wie man das Interesse der Zuhörer wecken kann. Daher ist zu empfehlen, das Referat mit einer verblüffenden These, einem aufschlußreichen Zitat oder gar mit einem visuellen (Dia, Folie, Skizze, Karikatur usw.) oder akustischen Reiz (Tonband) zu eröffnen. Die danach folgenden Ausführungen müssen einem fest umrissenen Ziel zustreben. Es wäre von Vorteil, wenn der Schlußteil des Referats auf den Einstieg Bezug nimmt, denn auf diese Weise erweckt der gesamte Vortrag einen inhaltlich abgerundeten, in sich geschlossenen Eindruck. Voraussetzung ist natürlich, daß sich durch den gesamten Hauptteil ein roter Faden zieht.

Aufgabe 9

 Erstellen Sie in Stichworten den Lebenslauf Friedrich Dürrenmatts. Wählen Sie außerdem die wichtigsten Werke des Schriftstellers aus.

Bevor man sich an die endgültige Ausarbeitung des Referats macht, sollte man sich darüber im klaren sein, wie man seinen Vortrag präsentieren will. Um möglichst frei sprechen zu können, wäre die Erstellung eines **Stichwortzettels** angebracht. Diese Methode erfordert aber eine sichere Beherrschung des Stoffes und ein souveränes Auftreten. Bei der erstmaligen Darbietung eines Referats oder bei zu großer Unsicherheit kann man den Inhalt vollständig ausformulieren. Man sollte sich jedoch bemühen, bei dem Vortrag nicht zu sehr am Manuskript zu hängen und den Blickkontakt zu den Zuhörern herzustellen.

Um eine größere Aufmerksamkeit bei den Zuhörern zu erzielen, kann man vor Beginn des Referats ein **Thesenpapier** austeilen, das den Verlauf der Ausführungen in verkürzter Form wiedergibt und/oder die Problemstellung durch provozierende Thesen anreißt. Die Zuhörer können somit dem Inhalt des Referats nicht nur besser folgen, sondern haben bei einer auf den Vortrag folgenden Diskussion auch einen Leitfaden vor sich liegen, der zu interessanten Fragen aufmuntern kann.

Es wird kaum ausbleiben, daß man bei einem Referat auch **treffende Zitate** verwendet. Ausschnitte aus Werken, Reden oder Interviews eines Autors sowie Aussagen von Zeitgenossen oder Kritikern können einen Sachverhalt entscheidend veranschaulichen. Allerdings kommt es nicht nur darauf an, geeignete Zitate zu finden, sondern mit diesen auch richtig umzugehen. In der Niederschrift sind Zitate sowohl durch Anführungszeichen als auch durch die genaue Quellenangabe (Name des Autors, Titel des Buchs/der Zeitschrift, Ort und Datum der Veröffentlichung, Seitenzahl) zu kennzeichnen.

Beispiel:

> Dürrenmatt ist der Meinung, daß die klare Unterscheidung zwischen Komödie und Tragödie für unsere moderne Zeit nicht mehr gelten kann. *"Die Tragödie setzt Schuld, Not, Maß, Übersicht, Verantwortung voraus. In der Wurstelei unseres Jahrhunderts, in diesem Kehraus der weißen Rasse, gibt es keine Schuldigen und auch keine Verantwortlichen mehr. Alle können nichts dafür und haben es nicht gewollt."* (Dürrenmatt: Theaterprobleme. In: Dürrenmatt: Gesammelte Werke in sieben Bänden. Zürich, 1988. Band 7, S. 59)

Auch beim mündlichen Vortrag müssen Zitate deutlich hervorgehoben werden. Dies geschieht mit Hilfe entsprechender Wendungen, wie z. B. "Ich zitiere", "Zitat", "Ende des Zitats" usw. Die genauen Quellenangaben können dabei auf das Allerwichtigste verkürzt oder eventuell auch weggelassen werden.

Aufgabe 10

Wo könnte man interessante Zitate zur Veranschaulichung von Dürrenmatts Leben und Werk finden? Erstellen Sie eine kleine Liste möglicher Informationsquellen.

Damit ein Referat gelingt, sollte man zu Hause üben, indem man das Aufgeschriebene mehrmals durchliest und vielleicht sogar eine Probeaufnahme auf einen Cassettenrecorder spricht, um dadurch mehr Sicherheit beim Vortragen zu gewinnen. Man kann auch den Zeitumfang messen und bei zu großer Länge anschließend noch einiges am Inhalt kürzen.

Weiterhin ist das Augenmerk auf die Art der Darbietung zu richten. Bei dem großen Angebot an Medien (Filme, Dias, Folien, Cassetten) stellen sich einige wichtige Fragen: Welches Anschauungsmaterial will ich heranziehen? An welchen Stellen will ich es einfügen? Mit welchen visuellen oder akustischen Mitteln kann ich mein Referat am besten beginnen oder beenden? Trägt das Material auch wirklich zum besseren Verstehen des Themas bei?

Aufgabe 11

Welche Medien könnten Sie bei Ihrem Referat über Dürrenmatts Leben einsetzen? Fertigen Sie eine Aufstellung über mögliche akustische und visuelle Mittel an.

Es dürfte nicht immer ganz einfach sein, das richtige Maß zwischen Vortrag und benutzten Medien zu finden. Eine zu große Fülle von Darstellungsmitteln wird am Zuhörer ebenso vorbeigehen wie ein zu monotoner Vortrag. Schließlich wäre ja zu wünschen, daß auf das Referat eine anregende Diskussion folgt, die den vorgetragenen Stoff vertieft und außerdem zeigt, daß die Zuhörer ein Interesse am Thema gefunden haben. Eine solche Erfahrung vermittelt sowohl dem Referenten als auch seinem Auditorium ein Erfolgserlebnis.

Zusammenfassung

Das **Referat** ist ein gegliederter, mündlich vorgetragener Bericht über ein fest umrissenes Thema (Beispiele: Biographie, Inhalt eines Buches, Auswertung eines Artikels, Klärung eines Begriffs)
- Dauer: 3 bis 15 Minuten (Kurzreferat) oder 15 bis 45 Minuten (längeres Referat); Zeit für eine anschließende Diskussion einplanen!
- Vorgehensweise: Suche nach Informationen – Ordnen des Materials – Gliederung – Niederschrift (Stichwortzettel) – Einübung – Vortrag.
- evtl. Verteilung eines Thesenpapiers (Argumentationsgang in Stichwörtern, kurz formulierte Thesen) an die Zuhörer
- richtige Verwendung geeigneter Zitate
- Veranschaulichung durch maßvoll eingesetzte Medien (Dias, Film, Folien, Cassetten)

4 Protokoll

Wenn Vereine, Gremien (Parlament, Gemeinderat, Aufsichtsrat usw.) oder Verbände ihre Versammlungen durchführen, wird im allgemeinen ein **Protokoll** angefertigt. Dieses Dokument dient dazu, den Verlauf und die Beschlüsse der Sitzungen schriftlich festzuhalten, so daß jederzeit nachgeschaut werden kann. Aber nicht nur als Gedächtnisstütze spielt das Protokoll eine wichtige Rolle, sondern auch als Information für die nicht anwesenden Mitglieder und eventuell für interessierte Außenstehende. Manchmal wird es sogar zu juristischen Verfahren herangezogen. Deshalb muß das Protokoll korrekt ausgeführt und unterschrieben sein. Bei der darauf folgenden Versammlung muß dieses Papier den Teilnehmern vorliegen und von ihnen genehmigt werden.

In formaler Hinsicht muß das Protokoll einige Angaben enthalten, die sich in einem Schema folgendermaßen darstellen lassen:

Protokoll über ... (Thema) vom ... (Datum)

Ort: ...

Anwesende: ...

(Entschuldigt fehlen ...)

Beginn: ... (Uhrzeit)

Tagesordnung und Verlauf

TOP 1: ... (Thema)

     Diskussionsverlauf und Ergebnis

TOP 2: ... (Thema)

     Diskussionsverlauf und Ergebnis

usw.

Ende: ... (Uhrzeit)

evtl. Termin für das nächste Treffen

Anlagen: ... (z. B. Teilnehmerliste, Textauszug, Thesenpapier)

Unterschriften: Protokollant/in und Versammlungsleiter/in

Auch wenn die Äußerlichkeiten ziemlich genau festgelegt sind, gibt es mehrere Arten des Protokolls. Am häufigsten trifft man das **Verlaufsprotokoll** an, das den Diskussionsablauf wiedergibt und gleichzeitig alle gefällten Beschlüsse mit dem exakten Abstimmungsergebnis festhält. Die wichtigsten Beiträge werden zusammengefaßt und mit dem Namen des Redners versehen. Wesentliche Vorschläge, Argumente, Einwände und Ablehnungen werden protokolliert, damit jeder Leser nachvollziehen kann, wie es zu bestimmten Beschlüssen gekommen ist und wie das Ergebnis erreicht wurde. Das Verlaufsprotokoll hält sich an die zeitliche Reihenfolge des Gesprächs.

Um einiges kürzer fällt dagegen das **Ergebnisprotokoll** aus, denn es verzichtet auf die Darlegung der Redebeiträge und dokumentiert nur die Resultate. Manchmal genügen sogar Stichworte. Die Beschlüsse müssen allerdings im Wortlaut wiedergegeben werden und mit den genauen Abstimmungsergebnissen (Ja-Stimmen, Nein-Stimmen, Enthaltungen) gekennzeichnet werden.

Auch in der Sprachgestaltung unterscheiden sich diese beiden Protokollarten. Während das Ergebnisprotokoll knapp und sachlich informiert und die Sätze im Indikativ stehen, erfolgt das Verlaufsprotokoll ausführlicher und stellt die Diskussionsbeiträge in der indirekten Rede dar, verwendet also öfter den Konjunktiv. Für beide Formen gilt aber insgesamt die Zeitstufe des *Präsens* (Gegenwart).

Beispiel:

> Herr X gibt zu bedenken, daß diese Maßnahme noch nicht durchgeführt *sei* und daß man sich deshalb noch etwas gedulden *müsse*.

Aufgabe 12

 Erarbeiten Sie jeweils die Vor- und Nachteile des Verlaufs- und des Ergebnisprotokolls.

Weitere Protokollarten stellen Sonderformen des Verlaufs- oder Ergebnisprotokolls dar. Für die Plenumssitzungen im Bundestag wird ein **wörtliches Protokoll** erstellt, das natürlich am genauesten den Gang der Diskussion belegt, weil es die einzelnen Rednerbeiträge im Wortlauf festhält. Dafür sind allerdings Stenografen oder Tonbandmitschnitte erforderlich. Ein solches Protokoll unterscheidet nicht zwischen Wesentlichem und Unwichtigem. Es entwickelt sich vielmehr zu einem umfangreichen Werk, erlangt aber durch seine Genauigkeit eine hohe Beweiskraft.

Manche Teilnehmer verfassen nach einer Sitzung ein **Gedächtnisprotokoll** zu privaten Zwecken. Um sich später einige Einzelheiten, die man inzwischen vergessen hat, wieder in Erinnerung zu rufen, kann diese Methode sehr hilfreich sein. Sie hat jedoch keinen Beweischarakter, weil die Unterschrift des Versammlungsleiters fehlt und die Genehmigung durch die anderen Teilnehmer versagt bleibt.

Am ehesten mit dem Verlaufsprotokoll ist das **Unterrichtsprotokoll** vergleichbar, das ab und zu an Schulen und recht häufig an den Universitäten gepflegt wird. Wenn einzelne Unterrichtsstunden und Seminarsitzungen protokolliert werden, kommt es darauf an, den Gang der Diskussion und die entscheidenden

17

Ergebnisse aufzuzeigen. Besonders bei längeren Themen bietet es sich an, zu Beginn der nächsten Stunde bzw. Seminarveranstaltung das Protokoll als eine Art Wiederholung des zuvor behandelten Stoffes sowie als Ausgangspunkt für die weitere Erarbeitung des Themas zu benutzen. Am Ende des Unterrichtsprotokolls sollte die gestellte Hausaufgabe oder das Sachgebiet für die nächste Sitzung erwähnt werden. Außerdem kann man verwendete Anlagen, wie z. B. Arbeitsblätter, Textausschnitte und Tafelbilder, hinzufügen.

Aufgabe 13

Machen Sie sich in einer Deutschstunde an Ihrer Schule Notizen über den Verlauf des Unterrichts. Verfassen Sie auf dieser Grundlage ein Protokoll.

Zusammenfassung

Im öffentlichen Leben und im Unterrichtswesen spielt das **Protokoll** eine wichtige Rolle, weil es den Gesprächsverlauf und die getroffenen Entscheidungen dokumentiert.
– Zweck: Gedächtnisstütze, Informationsquelle, beweiskräftige Unterlage
– Inhalt: Thema, Ort, Datum, Anwesenheit der Teilnehmer/innen, Beginn und Ende der Versammlung, Tagesordnung und Verlauf der Sitzung, Unterschriften des Protokollanten und des/der Vorsitzenden
– Sprache: sachlich, objektive Darstellung
– Zeitstufe: Präsens (Gegenwart)

Arten des Protokolls:
– Das recht ausführliche **Verlaufsprotokoll** faßt die Diskussionsbeiträge (meist mit Namensnennung der Redner/innen) sowie die Ergebnisse genau zusammen. Stil: viel indirekte Rede (Konjunktiv)
– Dagegen beschränkt sich das **Ergebnisprotokoll** auf die Wiedergabe der Beschlüsse einschließlich des exakten Abstimmungsresultats.
Stil: Aussagesätze, evtl. nur Stichworte (Indikativ)
– Das **wörtliche** Protokoll (Bundestag) dokumentiert den Wortlaut der Redebeiträge.
– Im **Gedächtnisprotokoll** hält man nach einer Veranstaltung die wichtigsten Aussagen und Ergebnisse (für private Zwecke) fest.
– Das **Unterrichtsprotokoll** (an Schulen und Universitäten) lehnt sich weitgehend an die Form des Verlaufsprotokolls an.

Aufsatzarten zu Sachthemen und Sachtexten

1 Inhaltsangabe von Sachtexten

In Zeitungen, Zeitschriften oder Fachbüchern kommen zahlreiche Sachtexte vor, die sich von literarischen Texten durch ihre problemorientierte, sachbezogene Darstellung unterscheiden. Wer sich mit der Argumentation eines Sachtextes auseinandersetzen will, sollte zunächst in der Lage sein, die wichtigsten Thesen objektiv wiederzugeben. Eine solche Inhaltsangabe erfordert einen Blick für das Wesentliche sowie die Fähigkeit, die Argumente des Verfassers in eigenen Worten sachlich zu formulieren. Als Zeitstufe dient dabei das **Präsens** (Gegenwart).

Bevor die Zusammenfassung eines Textes erfolgt, wird der Leser mit einigen Informationen vertraut gemacht, die ihn zum Text selbst und der darin dargestellten Problematik hinführen. Die **Einleitung** der Inhaltsangabe sollte folgende Daten enthalten:
- Name des Autors/der Autorin (evtl. auch Angaben zur Biographie)
- Überschrift des Textes, Textsorte, Quelle (Veröffentlichung)
- Thema (ein Stichwort oder ein kurzer Satz).

Aufgabe 14

 Verfassen Sie zu dem nachstehenden Text eine Einleitung.

Der Krieg als Freizeitspaß

Als das ehemalige Jugoslawien zum Schlachthaus Europas zu werden begann, sahen einige darin das letzte Vitalitätsflackern des Kontinents. Ein paar Jahre zuvor noch war das Fehlen von Sportsgeist und finaler Einsatzbereitschaft beklagt worden. In einem Rückgriff auf Werner Sombart wurde der Held gegen den Kaufmann
5 ausgespielt, der Söldner heuert und andere am Golf für seine Ölressourcen kämpfen läßt.

Jetzt bahnt sich eine Wende an. Der existentielle Kick ist gefragt. Brave Bürger verschaffen sich den Adrenalinstoß via Grenzerfahrung seit geraumer Zeit beim Bungee-Springen oder Free-Climbing. Nun gibt es, zumindest für saturierte Schweizer,
10 eine Möglichkeit, auch als Kaufmann zum Krieger zu werden und die "Räuber und Gendarm"-Spiele der Kinderzeit in martialischer Form wieder aufleben zu lassen. In einer ehemaligen Färberei in St. Gallen wurde die erste "Paintball"-Halle Europas eröffnet. Das eher triste Etablissement verwandelt sich unter Rauch, Lichteffekten und aufpeitschender Musik (gelegentlich wollen Kämpfer auch zu Pavarotti ballern)
15 für 45 Minuten zum Schlachtfeld, auf dem zwei gleich große Mannschaften, vermummt in Schutzanzügen, Körper- und Gesichtsschutz, aus Gasdruckgewehren Farbkugeln mit rund 200 Stundenkilometern aufeinander feuern. Ziel ist die gegnerische "Flagge", ein Sirenenknopf; wer im Weg ist, wird abgeschossen.

Verletzt wird niemand, die Farbkugeln zerplatzen; es gibt "goldene Regeln". Die
20 Handhabung der Sorgfaltspflicht ist denn auch nicht das Problem, wohl aber die Verharmlosung von Gewalt durch die Simulation von Krieg. Davon will Alex Zwyer, der Präsident des Schweizerischen Paintball-Verbandes, natürlich nichts wissen. Er vergleicht den neuen Freizeitspaß lieber mit Völkerball oder Eishockey. Und es sei besser, hier seine Aggressionen auszuleben als draußen im Alltag, meint
25 eine begeisterte Zuschauerin.

Zum Spielen kommen denn auch Maurer und Geschäftsleute ebenso wie Polizei oder Feuerwehr. Zwar seien "viele Waffen-Fans" darunter, doch Rambo-Typen weise man zurück. 15 Prozent sind Frauen. Rund 800 Spieler haben sich in der Schweiz bisher in Clubs organisiert. Tendenz steigend. Weltweit werden 700
30 Akteure verzeichnet und Weltmeisterschaften ausgetragen. In den USA, wo Paintball angeblich von Cowboys erfunden wurde, setzen Großfirmen wie IBM und Philip Morris das schnelle Spiel bereits zum Managertraining ein.

Wie weit lassen sich Simulation und Realität noch trennen? Die Übereinstimmung von Joystick und Bombentrigger aus den Cockpit-Bildschirmen des Golfkriegs ist
35 uns noch in Erinnerung. Zu Bosnien ist es da nur mehr ein Schritt. Aber Verbote dürften, wie stets, wenig erbringen; Erfahrungen in Schweden und Spanien haben es bereits gezeigt. Das Problem sitzt sowieso tiefer: Ziele, Umgangsformen und Werte unserer Gesellschaftsform stehen zur Disposition.   G. M.

Aus: Süddeutsche Zeitung vom 13. März 1993

20

Es gibt mehrere Methoden, um einen Text zu erschließen. Nach einer ersten gründlichen Lektüre, die einen Überblick über das Ganze ermöglicht, kann mit der systematischen Erarbeitung des Textes begonnen werden.

Dabei können die hauptsächlichen Gesichtspunkte durch **Unterstreichen** des Wichtigsten oder durch das **Wegstreichen** alles Nebensächlichen optisch hervorgehoben werden. Manchmal empfiehlt sich auch die Verwendung verschiedener Farbstifte. Wenn man nicht der Gefahr erliegen will, sich bei der späteren Textwiedergabe zu sehr dem Sprachstil des Verfassers anzunähern, sollte man die wichtigsten Aspekte zu einem **Stichwortkatalog** zusammenstellen, wobei man von vornherein eigene Formulierungen verwenden sollte.

In der Regel behält man die im Text angelegte Reihenfolge auch in der Inhaltsangabe bei. Es kann jedoch auch sinnvoll sein, die Argumente des Autors neu zu ordnen, wenn dadurch der Zusammenhang deutlicher hervortritt.

Aufgabe 15

Arbeiten Sie aus dem Zeitungstext "Der Krieg als Freizeitspaß" die einzelnen Argumentationsschritte heraus, und geben Sie diese in Stichworten wieder.

Bei der Zusammenfassung eines Textes sollte vor allem deutlich gemacht werden, daß es sich nicht um die eigenen Argumente, sondern um diejenigen des Autors handelt. Dies kann mit Hilfe von verschiedenen Verben oder Einschüben erfolgen. Ein maßvoller Umgang mit diesen sprachlichen Mitteln ist dabei allerdings angebracht.

Beispiele:

- der Autor/Verfasser/Schreiber/Journalist/X (Name des Autors) usw. meint, glaubt, behauptet, schreibt, fordert, verlangt, schlägt vor, argumentiert, geht davon aus, weist darauf hin ...
- nach Meinung des Autors, wie X vorschlägt, laut X, dem Verfasser zufolge, so argumentiert der Autor

Aufgabe 16

Fassen Sie den Zeitungstext von G. M. in eigenen Worten zusammen, und verwenden Sie dabei einige der oben angesprochenen sprachlichen Mittel.

Bei vielen Inhaltsangaben wird nach der Textwiedergabe noch eine **persönliche Stellungnahme** zu der im Text angesprochenen Problematik verlangt, die je nach Aufgabenstellung unterschiedlich lang ausfallen kann. Um so wichtiger ist dann – sowohl in sprachlicher als auch in optischer Hinsicht (neuer Abschnitt) – die klare Unterscheidung zwischen der Meinung des Verfassers und den eigenen Ansichten.

Aufgabe 17

Wie stehen Sie zu der These des Autors G. M., daß Verbote von Kriegsspielen "wenig erbringen" dürften?

Ein kurzer, in der Regel aus einem Satz bestehender, allgemein gehaltener **Schluß** rundet die gesamten Ausführungen ab.

Beispiele:

- Die Gefahren, die der Verfasser in seinem Text skizziert, betreffen die ganze Gesellschaft und müssen deshalb auch von ihr gelöst werden.
- Der Verfasser hat zwar die Problematik in ihrem ganzen Umfang erkannt, aber seine Schlußfolgerungen gehen meines Erachtens nicht weit genug.

Aufgabe 18

Fassen Sie den folgenden Text zusammen.
Wie bewerten Sie die Ursachenanalyse des Verfassers?

Michael Schnieber: Die Opfer der Selbstverwirklichung

17 261 Ehen sind 1992 in Baden-Württemberg geschieden worden, etwas mehr als im Jahr zuvor. Nach den erschreckenden Zuwachsraten der 80er Jahre registrieren die Statistiker die "Stagnation auf relativ hohem Niveau" schon mit einem Unterton der Erleichterung. Haben wir uns so sehr daran gewöhnt, daß mehr als ein Drittel
5 aller Ehen scheitert, daß der Bruch des Ja-Wortes, ob es nun mehr oder weniger ernst gegeben worden ist, als normal empfunden und achselzuckend hingenommen wird?

Die Statistiker lenken die Aufmerksamkeit auf die fast 14 000 Kinder in Baden-Württemberg, die im vergangenen Jahr zu Scheidungswaisen geworden sind. Was
10 sich statistisch nicht erfassen läßt, bleibt im Schatten dieser nüchternen Zahl: der Kummer, das Leid, der seelische Schaden und die Tränen dieser Kinder, die zum Opfer von Streit und Trennung ihrer Eltern werden. In einer für ihren Lebensweg

entscheidenden Phase verlieren sie die Geborgenheit der Familie, sind sie den prägenden Eindrücken der bitteren Konflikte ausgesetzt, die ihre Eltern in der Ehe und
15 in den weitaus meisten Fällen auch nach der Trennung austragen.

Natürlich kann und darf nicht pauschal geurteilt und verurteilt werden, wenn Ehen zerbrechen. Oft genug gibt es keinen anderen Ausweg als die Trennung, die dort unausweichlich wird, wo am Ende statt Liebe nur noch Haß regiert. Oft genug werden aber auch die Ursachen übersehen, die am Anfang stehen. Sie werden nur allzu
20 gern als "unlösbare Probleme" der "Gesellschaft" abgehakt. Sie werden nur allzu schnell als unvermeidlich verdrängt, weil mit der Abschaffung des "Verschuldensprinzips" im Scheidungsrecht weithin auch das Gefühl für persönliche Schuld abhanden gekommen ist.

Wo das Eheversprechen in vielen Fällen nur noch unter Vorbehalt gegeben wird,
25 wo es mit einem Versuch auf Zeit verwechselt wird, der sich bei Bedarf abbrechen läßt, wo die Bindung "bis daß der Tod uns scheidet" zur Formel verkommen ist, dort sind die Aussichten auf den Bestand einer Ehe von Anfang an gering.

Zwar sind so klare Begriffe wie Egoismus oder Selbstsucht aus der Mode gekommen. Aber auch dort, wo die Ersatz-Religion der "Selbstverwirklichung" – keines-
30 wegs nur die der Frau, sondern auch die des Mannes – zum Maß aller Dinge auch in der Ehe erhoben wird, kann sie nur auf Kosten der Partnerin und des Partners gehen. Und auf Kosten der Kinder, die ohne Schuld und oft für ihr ganzes Leben zum Opfer leichtfertiger Verbindungen und leichtfertiger Trennungen werden.

Aus: Schwäbische Zeitung vom 4. 3. 1993

Zusammenfassung

Der **Inhaltsangabe von Sachtexten** liegen Zeitungsartikel, Kommentare zu Sachthemen oder Textauszüge aus Fachbüchern zugrunde.
– Zeitstufe: Präsens (Gegenwart)
– objektive, sachliche Wiedergabe des Inhalts in geordneter Reihenfolge
– eigener Sprachstil
– Unterscheidung zwischen Autorenmeinung und eigener Stellungnahme

Gliederungsschema

Einleitung
    Autor, Titel des Textes, Textart, Quelle
    Thema des Textes

Hauptteil
    Textwiedergabe
    (Stellungnahme zum Thema)

Schluß
    Bewertung des Textes, Folgerung, Aktualität des Themas

2 Problemerörterung

Die freie Erörterung geht von einem bestimmten Sachthema aus und stellt die verschiedenen, damit zusammenhängenden Seiten möglichst objektiv dar. Allerdings sollte der Schreiber anschließend auch seine eigene Meinung zur Geltung bringen, wobei er sich auf die zuvor erörterten Gesichtspunkte beziehen sollte.

Wer eine gute Problemerörterung verfassen will, muß über das entsprechende Thema genau Bescheid wissen. Außerdem sollte man die wichtigsten Argumente kennen, die für oder gegen das zu erörternde Problem in der allgemeinen Diskussion vorgebracht werden. Ein zu emotionales, einseitiges Herangehen an die Aufgabe ist von vornherein zum Scheitern verurteilt. Zunächst sollte nämlich das Thema sehr sachlich und inhaltlich ausgewogen dargeboten werden, bevor man zu dem ganzen Sachverhalt klar und problembewußt Stellung bezieht.

Je nach Aufgabenstellung unterscheidet man zwei Arten der freien Erörterung: die dialektische und die steigernde Form. Der unterschiedliche Ausgangspunkt erfordert einen jeweils anderen Aufbau und damit eine anders geartete Gestaltung.

Die **dialektische Erörterung** ahmt in ihrem Aufbau das philosophische Prinzip des Vorgehens in drei Gedankenschritten nach: 1. These (Behauptung) – 2. Antithese (Gegenbehauptung) – 3. Synthese (Lösung). Der Widerspruch, der zwischen den beiden gegensätzlichen Thesen besteht, wird also auf einer höheren Ebene aufgehoben. Ähnlich verfährt man auch bei der Gliederung einer dialektischen Erörterung, die von einem Gegensatz ausgeht und am Ende zu einer (persönlichen) Lösung findet.

Die Aufgabenstellung tritt in der Regel in drei verschiedenen Erscheinungsformen auf:

(1) **Entscheidungsfrage:** Sollte für politische Ämter eine Quotenregelung für Frauen eingeführt werden?
Sowohl für die Bejahung als auch für die Verneinung einer solchen Frage sollte man verschiedene Argumente erörtern und danach seine eigene Haltung zu dieser Sache kundtun.

(2) **Pro und Contra:** Das Auto spielt in unserer Gesellschaft eine beherrschende Rolle. Welche Vor- und Nachteile hat diese technische Erfindung mit sich gebracht?

Wie bei der Entscheidungsfrage ergeben sich auch bei dieser Aufgabenart zwei unterschiedliche Positionen, die beide erst einmal sachkundig erläutert werden müssen, bevor der Schreiber seine eigene Meinung dazu wiedergibt.

(3) **Gegensatzpaar:** Zur Miete wohnen oder Wohneigentum erwerben? Für welche Lebensform würden Sie sich entscheiden?
Die beiden Alternativen sollten jeweils bezüglich ihres Für und Wider beschrieben werden. Mit einer persönlichen Schlußfolgerung kann der Verfasser daraufhin seine Vorliebe begründen.

Obwohl es bei der Formulierung einer Aufgabe zu verschiedenen Fragestellungen kommen kann, läßt sich ein allgemeines Gliederungsschema für die dialektische Erörterung erstellen:

I.   Einleitung: Hinführung zum Thema
II. Hauptteil
     1. Pro-Argumente/Vorteile
     2. Contra-Argumente/Nachteile
     3. Lösung/eigene Meinung
III. Schluß: Fazit, Zusammenfassung

Ein solches Strukturprinzip dient einer ersten Orientierung für das weitere Vorgehen, sollte dabei jedoch den jeweiligen Aufgabentyp gebührend berücksichtigen.

Die **Einleitung** darf noch keine wichtigen Argumente zum Thema enthalten, sondern soll nur in die Problematik einführen und vor allem das Interesse des Lesers für die gesamte Darstellung wachrufen. Deshalb kann man mit einer aktuellen Nachricht, einer verblüffenden These oder einer interessanten statistischen Erhebung beginnen. Auch Zitate, Sprichwörter oder Slogans aus der Werbung können den Zweck erfüllen, Aufmerksamkeit und Neugier hervorzurufen. Man sollte aber nicht vergessen, daß die Einleitung mit dem Hauptteil inhaltlich verknüpft wird, d. h. es ist erforderlich, eine gute Überleitung herzustellen.

Beispiel:

Thema: Der Erfolg von Schnellimbißketten
In allen großen Städten Europas sieht man bereits auf den Zugangsstraßen riesige Reklameschilder, die für Fast-food-Ketten wie Mc Donald's, Burger King, Wimpy usw. werben. Inzwischen

findet man sogar auf den Marktplätzen von Kleinstädten diese Schnellimbißrestaurants vor. Wie erklärt sich die Attraktivität dieser sich rasch ausbreitenden neuen Gaststättenart?

Aufgabe 19

Immer mehr Kommunen gehen dazu über, eine autofreie Innenstadt zu schaffen. Welche Vor- und Nachteile ergeben sich daraus, und was halten Sie von dieser Entwicklung?
Notieren Sie einige Möglichkeiten für eine Einleitung zu diesem Thema. Entscheiden Sie sich für eine dieser Lösungen, und formulieren Sie eine entsprechende Einleitung, die gleichzeitig zum Hauptteil überleitet.

Die größte Mühe besteht darin, für eine Erörterung auch genügend Argumente zu finden, die den ganzen Sachverhalt verdeutlichen und ihn möglichst neutral, so wie er in der Öffentlichkeit diskutiert wird, wiedergeben können. In einer Art brainstorming kann man zunächst alles notieren, was einem zu dem ausgewählten Thema einfällt. Dabei sollte man sich in die Lage der jeweiligen Interessengruppen hineinversetzen und sich überlegen, mit welchen Thesen sie ihre eigene Position untermauern und wie sie den Einwänden ihrer Kritiker wohl begegnen würden. Man sollte alle wichtigen Gesichtspunkte sammeln, ohne selbst wertend einzugreifen, weil es darauf ankommt, das Für und Wider eines Themas möglichst objektiv darzustellen.

Wenn man auf diese Weise eine umfangreiche **Stoffsammlung** erarbeitet hat, sollte man die einzelnen Beispiele ordnen und durch eine sinnvolle Zuweisung zu einigen wesentlichen Oberbegriffen eine Gliederung vornehmen.

Dies könnte dann folgendermaßen aussehen:

Pro-Argumente	Contra Argumente
1. These	2. Antithese
1.1	1.1
1.2	1.2
1.3	1.2.1
2. These	1.2.2
2.1	2. Antithese
2.1.1	2.1
2.1.2	2.2
2.2	usw.
2.3	

Aufgabe 20

Erarbeiten Sie für das Thema "Autofreie Innenstadt" eine gegliederte Stoffsammlung, indem Sie entsprechende Vor- und Nachteile in Stichworten zusammenstellen.

Erst wenn die Vor- und Nachteile in hinreichender Anzahl zusammengetragen sind und in einem ausgewogenen Verhältnis zueinander stehen (d. h. ungefähr gleich viele Argumente für jede Position), sollte man seine eigene Meinung bzw. Lösungen in Stichworten (je nach Aufgabenstellung!) notieren. Entscheidend dabei ist, daß man auf die Pro- und Contra-Argumente Bezug nimmt und so zu einer gut begündeten, sachlichen Haltung gelangt, die den Charakter einer Art Schlußfolgerung aufweist.

Mit einem **Schlußteil** sollen die Überlegungen zu einem Thema abgerundet werden. Daher bieten sich eine kurze Zusammenfassung der eigenen Meinung oder die Formulierung des Gesamtergebnisses an. Auch mit einem Ausblick in die Zukunft oder mit dem Hinweis auf die Dringlichkeit einer Lösung kann die Erörterung abgeschlossen werden. Ähnlich wie bei der Einleitung kann auch ein Zitat, ein Sprichwort oder ein Slogan am Ende stehen. Man beachte jedoch, daß mit den letzten Sätzen keine neue Erörterung in Gang gesetzt wird. Vielmehr soll die gesamte Darbietung zu einem sinnvollen Abschluß gebracht werden.

Aufgabe 21

Formulieren Sie Ihre eigene Ansicht zu dem Thema "Autofreie Innenstadt", und verfassen Sie einen dazu passenden Schlußteil.

Eine nochmalige Sichtung der geordneten Stoffsammlung kann zu manchen Änderungen, Ergänzungen oder Streichungen einzelner Aspekte oder Teile führen. Diese überarbeitete Gliederung wird nun zum Ausgangspunkt der Niederschrift der Erörterung gemacht. Wiederholungen einzelner Argumente dürften auf diese Weise ausgeschlossen sein. Es kommt nun aber darauf an, die gesammelten und geordneten Gesichtspunkte zu dem Thema in abwechslungsreicher Gestaltung zu formulieren. Nach gewissen Sinneinheiten sind Abschnitte zu machen, so daß der Leser auch von der äußeren Erscheinung der Erörterung her den Aufbau nachvollziehen kann. Außerdem sollten die Formulierungen so gewählt werden, daß der Eindruck einer inhaltlichen Geschlossenheit entsteht. Es sollten also entsprechende Überleitungen hergestellt werden. Abrupte Gedankensprünge sind zu vermeiden. Der Leser sollte am Ende einsehen können, warum und wie der Schreiber zu seiner Meinung gelangt ist.

27

Die **steigernde Erörterung** fragt nicht wie die dialektische Form nach Vor- und Nachteilen, sondern analysiert die Ursachen eines Phänomens und sucht nach möglichen Lösungen. Bereits die Aufgabenstellung zielt also in eine andere Richtung.

In ihrem Aufbau verfolgt die steigernde Erörterung das Prinzip der ansteigenden Spannung. Eine genaue Untersuchung der Hintergründe eines Sachverhalts stellt die Basis für Vorschläge dar, wie man das Problem erfolgreich angehen könnte, um eine für alle Seiten befriedigende Regelung zu finden. Auch die eigene Meinung darf am Schluß zur Sprache kommen, allerdings spielt sie in dieser Erörterungsart eine geringere Rolle als bei der dialektischen Form, weil bereits bei den Aufgaben nach allgemeineren, objektiven Aspekten gefragt wird. Dabei geht es zunächst stets um die Ursachen eines bestimmten Phänomens, und anschließend sollen mögliche Lösungen erörtert oder, je nach Fragestellung, die Folgen einer Entwicklung aufgezeigt werden.

Beispiele:

- Private Fernsehkanäle gewinnen zunehmend an Bedeutung und drängen die öffentlich-rechtlichen Programme immer mehr in den Hintergrund.
  Welche Gründe könnte es dafür geben? Welche Folgeerscheinungen könnten sich daraus entwickeln?
- Die Arbeitslosigkeit steigt unaufhaltsam. Selbst in wirtschaftlich guten Zeiten nimmt die Zahl der Erwerbslosen zu.
  Erörtern Sie die Ursachen, und erarbeiten Sie einige Lösungsvorschläge.

Trotz unterschiedlicher Fragestellung ergibt sich für die steigernde Erörterung ein Aufbauprinzip, das sich auf die meisten Aufgaben anwenden läßt. Dennoch sollte man das folgende **Gliederungsschema** nicht stur übernehmen, sondern den jeweiligen Gegebenheiten anpassen:

I. Einleitung

II. Hauptteil
  1. Sachverhalt, Beispiele
  2. Ursachen
  3. Lösungen, Folgen

III. Schluß

Für die **Einleitung** gelten die gleichen Grundregeln wie für die dialektische Erörterung. Man sollte nicht sofort mit der Analyse der Ursachen eines Problems beginnen, sondern erst das Thema umreißen. Zitate, Schlagzeilen aus der Zeitung, Sprichwörter, Thesen oder aktuelle Informationen können dazu herangezogen werden. Außerdem sollte man sich eine sprachlich gelungene und inhaltlich verbindende Hinführung zum Hauptteil überlegen.

Beispiele:

- Die Fernsehzuschauer haben mit der Fernbedienung abgestimmt. Private Anbieter sind ihnen lieber als ARD und ZDF. Wie läßt sich dieser Wandel der letzten Jahre erklären?
- "Müßiggang ist aller Laster Anfang." So heißt es in einem Sprichwort. Doch in unserer Gesellschaft zwingt die wirtschaftliche Entwicklung immer mehr Menschen zum Nichtstun. Viele Erwerbslose würden gerne einer geregelten Tätigkeit nachgehen, aber sie finden keine Arbeitsstelle.

Aufgabe 22

 Junge Bürger nehmen ihr Wahlrecht immer seltener in Anspruch. Zeigen Sie mögliche Gründe dafür auf, und erörtern Sie, wie man diese Wahlverdrossenheit beheben könnte.
Verfassen Sie zu diesem Thema eine Einleitung!

Bevor man die Ursachen eines Sachverhalts untersucht, sollte man die Problematik selbst **genau beschreiben** und durch einige Beispiele veranschaulichen. Erst daraus läßt sich die ganze Bandbreite einer gesellschaftlichen Erscheinung ersehen, und die weitere Erörterung wird somit von vornherein auf eine breitere Grundlage gestellt. Die anschließende Darstellung der Gründe für eine bestimmte Entwicklung sollte möglichst sachlich und vielseitig erfolgen. Persönliche Wertungen sind vorerst wegzulassen und auf den Schlußteil zu verschieben. Wenn aber **Lösungsvorschläge** zu einem Thema präsentiert werden, sollte natürlich die vorhergegangene Ursachenanalyse gebührend berücksichtigt werden. Es wäre nicht sinnvoll, Lösungen anzubieten, die das erläuterte Problem nicht beseitigen oder zumindest Lndern würden.

Eine gute Grundlage für die Gestaltung des Hauptteils stellt eine umfangreiche, geordnete **Stoffsammlung** dar. Man kann zunächst alle Gedanken, die einem zu dem Thema einfallen, in Stichworten notieren und, wenn die Liste ausreichend erscheint, die Argumente nach Themengruppen ordnen. Erst danach sollte man den Hauptteil ausformulieren, wobei darauf zu achten ist, daß die einzelnen Teile in einem ausgewogenen Verhältnis zueinander stehen.

Aufgabe 23

 Legen Sie zu dem obengenannten Thema (Wahlverzicht der Jungwähler) eine gegliederte Stoffsammlung an.

Um die Ausführungen zu einem abrundenden Ende zu bringen, sollte der kurze, möglichst aus nur einem oder zwei Sätzen bestehende **Schluß** die erarbeiteten Ergebnisse zusammenfassen oder die eigene Meinung verdeutlichen. Auch Erwartungen oder Hoffnungen bezüglich der Lösungsvorschläge können ebenso zum Ausdruck gebracht werden wie Besorgnisse oder Ausblicke in die Zukunft. Jedoch sollte kein neues Thema eingeführt werden, auch eine Erweiterung des eben erörterten Problems sollte vermieden werden.

Aufgabe 24

 Formulieren Sie einen Schlußteil zum Thema "Wahlverzicht der jungen Bürger", indem Sie sich auf Ihre Stoffsammlung beziehen.

Wie für die dialektische Erörterung gilt auch für die steigernde Form die Regel, daß die einzelnen Teile (Einleitung, jeweilige Abschnitte des Hauptteils und Schluß) durch Einrücken einer Zeile oder durch sonstige Kennzeichnung der Abschnitte hervorzuheben sind. Der Leser sollte aber auch erkennen, daß die einzelnen Abschnitte inhaltlich aufeinander bezogen sind, d. h. daß die gesamte Argumentation einen inneren Zusammenhang aufweist. Der formale und der inhaltliche Aufbau sollten sich also bestmöglich ergänzen.

Zusammenfassung

Die **Problemerörterung** kommt in zwei Formen vor:

	Dialektische Erörterung	Steigernde Erörterung
Aufgaben	Frage nach Vor- und Nachteilen bzw. nach Pro und Contra eines Themas	Frage nach Ursachen und Lösungen
Vorgehen	– Erfassen des Themas: Erkennen der Erörterungsart – Überlegungen zu einer Gliederung – Erarbeitung einer Stoffsammlung – Zuordnung der Argumente – Niederschrift	
Gestaltung	objektive Darstellung der Vor- und Nachteile; subjektive Darbietung der Lösungsvorschläge bzw. der eigenen Meinung	objektive Darstellung der Ursachen und Lösungen; eigene Meinung im Schlußteil oder bei den Lösungsvorschlägen
	– Die Einleitung führt zum Thema hin, und der Schlußteil rundet die Ausführungen ab. – Inhaltliche Verknüpfung der verschiedenen Teile (Überleitungen!) **Aber:** Markierung der einzelnen Teile durch Abschnitte!	

3   Texterörterung

Bei der textgebundenen Erörterung wird die Bearbeitung eines Themas auf der Grundlage eines vorgegebenen Textes verlangt. Meistens handelt es sich dabei um Kommentare, Zeitungsartikel, Leserbriefe oder Buchauszüge, die zuerst in eigenen Worten wiederzugeben sind, bevor man sich mit deren Inhalt kritisch auseinandersetzt und zu den darin enthaltenen Thesen Stellung bezieht. Die größte Schwierigkeit bei der Texterörterung besteht denn auch darin, klar zwischen den Ansichten des Autors und der eigenen Meinung zu unterscheiden, was sowohl durch den Aufbau als auch durch sprachliche Mittel zu kennzeichnen ist.

In der Regel werden bei dieser Erörterungsart dem zu erarbeitenden Text drei Aufgaben vorangestellt, die sich, bei verschiedenen Variationen, auf den folgenden Nenner bringen lassen:
(1) Geben Sie den Inhalt des Textes in eigenen Worten wieder.
(2) Setzen Sie sich mit den Behauptungen des Autors auseinander.
(3) Welche Folgen sind bei diesem Thema Ihrer Meinung nach zu beachten?
    oder: Welche Lösungsmöglichkeiten halten Sie für erstrebenswert?

Während bei der ersten Aufgabe einzig und allein der Text, der möglichst sachlich und unkommentiert zusammengefaßt werden soll, im Mittelpunkt steht, kommt die eigene Position zu dem Thema in den zwei anderen Aufgaben immer mehr zur Geltung. Allerdings spielt der Text zunächst noch eine wesentliche Rolle. Erst zum Schluß darf die zur Diskussion stehende Problematik freier erörtert werden, wobei der Bezug zu den Thesen des Autors aber nicht ganz aus den Augen verloren werden sollte. Nur wenn das Prinzip einer inhaltlichen Steigerung die Texterörterung durchzieht und ein roter Faden bei der ganzen Auseinandersetzung erkennbar bleibt, ist eine in sich geschlossene, zusammenhängende Darstellung gewährleistet.

Die Art der Aufgaben bestimmt den **Aufbau** einer Texterörterung, der in einem allgemeinen Schema wie folgt veranschaulicht werden kann:

> I.   Einleitung
> II. Hauptteil
>   1. Textwiedergabe
>   2. Stellungnahme zum Text
>   3. Auseinandersetzung mit dem Thema
>   (Folgen, Lösungen)
> III. Schluß

Mit der **Einleitung** gibt man einige Informationen zu dem beigegebenen Text an und führt kurz in die zum Ausdruck gebrachte Problematik ein. Folgende Daten und Aspekte sollten erwähnt werden:
- Name des Autors/der Autorin (und evtl. Ausführungen zu Leben und Werk)
- Titel und Art des Textes
- Ort und Datum der Veröffentlichung, evtl. Anlaß
- Hauptthema.

Damit sich der Leser bei der Einleitung nicht wegen der vielen nüchternen Fakten langweilt, empfiehlt es sich, mit dem Thema zu beginnen, um somit das Interesse auf inhaltliche Gesichtspunkte zu lenken.

Beispiel:

> Der Bundespräsident sollte durch eine direkte Wahl bestimmt werden.
> Diese Forderung vertritt der parlamentarische Geschäftsführer der nordrhein-westfälischen Grünen, Michael Vesper, in einem Kommentar, der am 17. 9. 1993 in dem Hamburger Wochenblatt "Die Zeit" erschienen ist.

Auf diese Weise kann man gut zum **Hauptteil** überleiten, der mit der Zusammenfassung des Textinhalts beginnt.

Aufgabe 25

 Stellen Sie die wichtigsten Daten zum anschließenden Text zusammen, und verfassen Sie auf dieser Basis eine angemessene Einleitung.

Elfriede Hammerl: Etwas mehr Toleranz, bitte!

Passivrauchen ist zumutbar! So ungesund ist das nämlich gar nicht. Es ist nicht erwiesen, daß es einen umbringt. Jawohl.

Den anderen ins Gesicht zu spucken ist den anderen zumutbar. So ungesund ist das gar nicht. Daran ist noch keiner gestorben.

5 Vors Schienbein getreten zu werden ist zumutbar. So ungesund ist das gar nicht. Es ist nicht erwiesen, daß es tödlich wirkt.

Toleranz ist angesagt! Seid tolerant, Nichtraucher, Angespuckte, Getretene! Was euch nicht erwiesenermaßen ins Jenseits befördert, könnt ihr ruhig aushalten. Toleranz kommt von Dulden, also erduldet gefälligst, was man euch zufügt.

10 Die Raucher sind äußerst duldsam. Sie dulden UN-Truppen auf den Golanhöhen, Ölbohrtürme in Kuwait, Opernfestspiele in Verona und jede Menge Andenkenläden in Bad Ischl.

Die Raucher sind auch sehr tolerant gegenüber den Nichtrauchern: Ob ein Nichtraucher katholisch ist, evangelisch, Radfahrer oder Vegetarier – es ist ihnen
15 komplett egal, sie mischen sich überhaupt nicht ein.

Da kann man doch wirklich verlangen, daß auch die Nichtraucher den Rauchern ein bißchen entgegenkommen und sich nicht aufregen, wenn sie eingequalmt werden!

Aber nein, wie die Bespuckten und Getretenen schreien auch die Nichtraucher nach dem Gesetzgeber, der ihre kleinlichen Interessen wahren soll. Das ist unsere heutige
20 Zeit: Der Egoismus blüht. Lärmempfindliche hätscheln ihren Wunsch nach Stille, statt sich zu freuen, daß ihre ausgelassenen Nachbarn jeden Tag einen Grund zum Feiern finden. Besorgte Eltern denken an ihren Nachwuchs statt an die chemische Industrie und fordern Umweltauflagen, die die Industrie gefährden (sagt die Industrie und verliert vor Angst Dioxin). Selbstsüchtige Alte wollen ihre Renten
25 gesichert wissen. Dabei waren sie doch auch einmal jung und haben sich ihre Inflation geleistet. Wohin soll das führen? Zu einem Gemeinwesen, in dem die Schwachen ungefährdet vor sich hin leben?

Was die Nichtraucher anlangt, so können sie ja daheim, im stillen Kämmerlein, nicht rauchen. Da stören sie keinen. Muß denn immer alles öffentlich geschehen,
30 sogar das Nichtrauchen? Wo bleibt da die Schamgrenze?

Nichtraucher können ja unter ihresgleichen, unter Nichtrauchern, ihrem Laster frönen. Aber unter Rauchern – im Büro, in der Montagehalle, im Restaurant – können sie sich doch ein bißchen zusammenreißen, Herrgott! Die Raucher reißen sich ja auch zusammen. Unverdrossen zünden sie sich ihre Lulle an, sogar vergrippt
35 und auf nüchternen Magen. Dagegen ist das bißchen Passivrauchen die reinste Kur!

Auch darf man den finanziellen Aspekt nicht außer acht lassen: Während der Raucher sich krumm rackert, um sich Zigaretten kaufen zu können, schmarotzt der Passivraucher einfach mit. Ach, verkehrte Welt! Statt daß die Passivraucher dankbar sind, weil sie ganz ohne Eintrittsgeld teilhaben dürfen am Rauch des Rauchers,
40 maulen sie und gebärden sich als Opfer. Nicht zuletzt gibt es, falls das Rauchen tatsächlich ein Ärgernis darstellen sollte oder eine Gefahr, weit größere Ärgernisse und weit bedrohlichere Gefahren. Und diesen Ärgernissen und Gefahren begegnet man am besten – wie? Gewonnen, gewonnen! Indem man übers Rauchen nicht mal ein Wort verliert.

45 Denken Sie an Autoabgase! Oder ans Ozonloch! Dadurch wird der Zigarettenqualm doch praktisch aufgehoben. Wird er nicht? Sie husten? Asthma? Kein Wunder. Ich sage nur: Regenwald. Denken Sie mal drüber nach. Und keuchen Sie nicht so aufsässig.

Aus: Stern Nr. 45 vom 4. 11. 1993

Eine Texterörterung sollte man erst niederschreiben, wenn man den Ausgangstext genauestens durchgearbeitet und sich einige Aspekte für seinen persönlichen Standpunkt überlegt hat. Um sich nicht der Gefahr auszusetzen, die Formulierungen des Autors zu übernehmen, wäre es vorteilhaft, bei der Durcharbeitung des Textes die wichtigsten Thesen in Stichworten zu notieren und dabei möglichst eigene Satzkonstruktionen und Begriffe zu benutzen. Manchmal bietet es sich auch an, der Gedankengang des Verfassers etwas umzustellen. Dies sollte jedoch nur in begründeten Fällen geschehen. Im allgemeinen sind also die Argumente des Autors der Reihe nach, allerdings in gestraffter Form, wiederzugeben. Der Blick für das Wesentliche ist dabei von entscheidender Bedeutung, denn nur die wichtigsten Ausführungen sollten zusammengefaßt werden, und Nebensächlichkeiten sollte man nicht berücksichtigen. Es sollten möglichst auch keine Zitate vorkommen, weil damit die Aufgabe, die Textwiedergabe in eigenen Worten vorzunehmen, gefährdet wäre. Bei der Niederschrift muß man dann durch entsprechende Wendungen deutlich machen, daß die dargebotenen Behauptungen nicht die eigenen, sondern die des Verfassers sind. Hilfreich für dieses Unternehmen sind vor allem Einschübe (z. B. "nach Meinung des Autors", "wie XY behauptet") oder hervorhebende Verben (z. B. der Verfasser meint, behauptet, glaubt, vertritt die These), fordert, die jedoch nur in Maßen und gut verteilt gebraucht werden sollten. Eine zu häufige Verwendung dieser sprachlichen Mittel wirkt zu aufdringlich und insgesamt langweilig.

Aufgabe 26

 Geben Sie die wichtigsten Argumente der Autorin Elfriede Hammerl in Stichworten wieder.
Formulieren Sie danach eine Textwiedergabe in eigenen Worten.

Wie die Textwiedergabe sollten auch die **Textkritik** und der anschließende Meinungsteil zunächst durch eine Stoffsammlung in Stichworten vorbereitet werden. Eine nochmalige kritische Sichtung des Textes führt dann zu weiteren Kritikpunkten, die zunächst gesammelt und dann entsprechend einem durchdachten Aufbauprinzip geordnet werden. Es ist dabei zu beachten, daß Kritik nicht nur die Beanstandung einzelner Argumente des Verfassers heißt, sondern auch positive Wertungen einschließen kann. Eine reine Lobeshymne auf den Text sollte aber nicht angestimmt werden.

Bei der Erschließung der dritten Aufgabe muß genau auf die Problemstellung geachtet werden. Ansonsten geht man ähnlich wie bei der Textkritik vor: Notieren einzelner Aspekte in Stichworten – Ordnen – Niederschrift. Auch wenn die letzte Aufgabe von dem Text wegführt, ist der Bezug zu den übrigen Abschnitten des Hauptteils zu wahren. Insgesamt sollte nämlich eine inhaltliche Einheit des kompletten Aufsatzes zu erkennen sein.

Beim Übergang von der Textwiedergabe zur Textkritik muß der Wechsel der Perspektive hervorgehoben werden, d. h. man muß durch entsprechende sprachliche Mittel klarmachen, daß nun die eigene Argumentation einsetzt und die objektive Darlegung der Autorenmeinung beendet ist. Durch geeignete Personal- und Possessivpronomen oder kontrastive Bezeichnungen kann dieser Übergang zu einer subjektiven Darstellung vollzogen werden.

Beispiele:

- *ich* meine; wie *ich* glaube; diese Ansicht kann ich nicht teilen; usw.
- *meiner* Meinung nach; dies entspricht nicht *meiner* Überzeugung; in *meinen* Augen hat der Verfasser Unrecht usw.
- *(ich)* dagegen, hingegen, jedoch, allerdings, im Gegensatz dazu usw.

Jeder Teil, der jeweils einer Aufgabe entspricht, sollte auch optisch durch Einrücken oder durch das Markieren von Abschnitten kenntlich gemacht werden.

Aufgabe 27

 Notieren Sie Ihre Kritikpunkte an Elfriede Hammerls Äußerungen. Wie könnte man Ihrer Meinung nach eine befriedigende Lösung des Raucherproblems herbeiführen?

Mit dem **Schlußteil** kann man seine Meinung zu dem besprochenen Problem noch einmal verdeutlichen. Man kann jedoch auch auf die Position des Verfassers verweisen und somit den Gegensatz zu der eigenen Ansicht herausstellen. Auf allgemeinere Art kann die Texterörterung mit einem Ausblick in die Zukunft, einem Fazit, einer Warnung oder einem Appell beendet werden.

Beispiel:

Die Volkswahl des Bundespräsidenten wirft also schwerwiegende politische Probleme auf, die man noch einmal genau durchdenken sollte. Sonst stellt man in gutgemeinter Absicht die Verfassung unserer parlamentarischen Demokratie auf den Kopf.

Aufgabe 28

 Verfassen Sie einen Schluß zum Thema "Mehr Toleranz für Raucher!".

Zusammenfassung

Die **Texterörterung** erfordert die inhaltliche Auseinandersetzung mit einem Text, der zusammengefaßt wiedergegeben, aber auch bewertet werden soll.

– Texte
   Kommentare, Zeitungsartikel, Leserbriefe, Buchauszüge
– Einleitung
   Hinführung zum Text und seinem Thema
   (Angabe der wichtigsten Daten und Erwähnung des Hauptproblems)
– Hauptteil
   objektive Wiedergabe des Textinhalts (sprachliche Verdeutlichung, daß es sich um die Meinung des Autors handelt)
   subjektive Auseinandersetzung mit den Thesen des Verfassers
   Stellungnahme zu der allgemeinen Problematik je nach Aufgabe
– Schluß
   Gesamtbewertung der Thematik, Schlußfolgerung
– Gliederung
   Kennzeichnung der jeweiligen Teile durch Abschnitte
   inhaltliche Überleitungen

4 Textanalyse

Werbetexte und Reden versuchen ein großes Publikum zu erreichen und die jeweiligen Leser und Hörer zu beeinflussen. Zu diesem Zweck werden insbesondere sprachliche und psychologische Mittel eingesetzt. Die Textanalyse ergründet den Zusammenhang von Inhalt, Sprache und Psychologie bei Sachtexten und erfordert deshalb sowohl eine gute Einfühlung in einen entsprechenden Text und dessen Entstehungsbedingungen als auch eine klare, verdeutlichende Untersuchung der in dem Text eingesetzten Mittel.

Zu den bevorzugten Vorlagen einer Textanalyse gehören politische Reden, sprachlich interessante Kommentare und ausführlichere Werbeanzeigen. Aber auch Ausschnitte aus Fachbüchern, Flugblätter, Leserbriefe, Glossen und Kurzreportagen kommen bei dieser Aufsatzart häufig vor. Dabei geht es fast immer darum, die Argumentationsweise der Verfasser zu erläutern, ihre Intention aufzudecken und schließlich zu erklären, auf welche Weise die Textvorlage ihre Wirkung erzielt. In vielen Fällen, vor allem bei historischen Reden, muß man auch das Umfeld, also eine bestimmte geschichtliche Epoche oder Verkaufsbedingungen für gewisse Produkte, in seine Analyse miteinbeziehen. Eine genaue Bestimmung der Textsorte stellt natürlich die Voraussetzung für eine erfolgreiche Textanalyse dar.

In der Regel umfaßt die gesamte **Aufgabenstellung** sowohl den zu bearbeitenden Gebrauchtstext als auch die ihn begleitenden zwei oder drei Arbeitsanweisungen, die ungefähr wie folgt lauten können:

– Erläutern Sie die Argumentationsweise des Verfassers, und bestimmen Sie die Textsorte (sowie die Zielgruppe).
– Untersuchen Sie die formalen und sprachlichen Mittel des Textes.
– Beurteilen Sie die mögliche Wirkung des Textes im Rahmen der konkreten geschichtlichen Situation.

Es ist üblich, einzelne Aufgaben in zwei oder gar drei Bereiche aufzuteilen. Dennoch muß der inhaltliche Zusammenhang der Untersuchungsergebnisse gewahrt bleiben. Im Gegensatz zu der Texterörterung muß man sich aber nicht mit der Textvorlage inhaltlich auseinandersetzen, sondern es ist vielmehr eine Untersuchung in formaler und sprachlicher Hinsicht gefordert, die möglichst objektiv erfolgen sollte. Die eigene Meinung spielt also bei dieser Aufsatzart kaum eine Rolle.

Entsprechend der Aufgaben kristallisiert sich ein **Gliederungsschema** heraus, das man auf den folgenden allgemeinen Nenner bringen könnte:

I.   Einleitung: Informationen zum Text

II. Hauptteil

    1. Inhalt und Aufbau des Textes
    (Argumentation, Textsorte, Intention des Autors, Zielgruppe)
    2. Sprach- und Formanalyse
    (sprachliche und formale Mittel, optische Gestaltung, Funktion der Überschrift)
    3. Bewertung des Textes
    (Wirkung des Textes, Entstehungszeit)

III. Schluß: Beurteilung des Textes und seiner Intention

Mit dieser Gliederung sollte man flexibel umgehen, indem man die gestellten Aufgaben gründlich durchliest und seine Textanalyse so aufbaut, daß allen Anforderungen, möglichst in der richtigen Reihenfolge, Genüge getan wird.

Schon bei der **Einleitung** muß berücksichtigt werden, worauf die gesamte Aufgabenstellung abzielt. Einzelne Gesichtspunkte, die später näher erklärt werden sollen (wie z. B. die Intention des Autors oder die Textsorte), sollten nur kurz angedeutet oder gegebenenfalls weggelassen werden. Ansonsten sind die wichtigsten Informationen zum Text in Kürze wiederzugeben, z. B.

– Name des Autors/der Autorin (und evtl. wesentliche Angaben zu seiner Person)
– Titel des Textes, Textsorte
– Daten zum Text: Entstehung, Veröffentlichung (evtl. Quellenangabe)
– Anlaß
– Hauptthema
– Intention des Autors/der Autorin
– historischer Hintergrund, konkrete Situation
– Zielgruppe.

Aus allen diesen Möglichkeiten sind die geeignetsten Angaben sorgfältig auszuwählen. Dies sollte im Hinblick auf den beabsichtigen Aufbau der Textanalyse geschehen, denn die Einleitung sollte die im Hauptteil folgenden Ausführungen vorbereiten und das Interesse des Lesers für den Text wecken. Eine gute Verbindung von inhaltlichen Aspekten mit allgemeinen technischen Angaben ist dabei anzustreben.

Beispiel:

> Die wirtschaftlichen und sozialen Probleme im wiedervereinigten Deutschland können überwunden werden, wenn die Bürgerinnen und Bürger rechtzeitig zu teilen lernen. Mit diesem optimistischen Appell wandte sich Bundespräsident Richard von Weizsäcker bei seiner Rede, die er am 3. Oktober 1990 zum ersten Jahrestag der Einheit hielt, an die deutsche Öffentlichkeit.

Aufgabe 29

 Sammeln Sie in Stichworten die wichtigsten Informationen zu dem untenstehenden Text, und formulieren Sie anschließend auf dieser Grundlage eine entsprechende Einleitung.

Christoph Drösser: Happy Birthday, Mac!

Am 24. Januar bist du zehn Jahre alt geworden, Macintosh. Als du auf den Markt kamst, gab es zwar schon seit zwei Jahren Personal Computer, aber du warst der erste Computer mit Persönlichkeit. Der erste, der nicht nur zur Datenverarbeitung da war, sondern Spaß machte. Deine Konkurrenten hatten den Charme einer Regi-
5   strierkasse, sie ließen niemanden an sich heran, der nicht ihre Geheimsprache beherrschte (C:CHKDSK und so weiter), während man dir zärtlich mit der Maus nähertreten konnte, ohne irgendwas von Computern zu verstehen. Du warst eine antiautoritäre Maschine, deine graphische Benutzeroberfläche (was für ein Wort!) war von späten Hippies entworfen worden, von Künstlern, nicht von Beamten bei
10 Big Blue. Schon beim Einschalten begrüßtest du den *user* mit einem lächelnden Selbstportrait statt mit einem Rapport über *allocated memory size*. Auf dem Schreibtisch stand ein richtiger Mülleimer (ursprünglich sollte er sogar von einer digitalen Fliege umschwärmt werden, aber das haben sie sich dann doch nicht getraut). Zweimal klicken, und Fenster gingen auf und zu; Programme wurden
15 gestartet. Du warst der erste Computer, mit dem man ernsthaft malen und Musik machen konnte. Und wenn dir etwas nicht gefiel, hast du dem Anarcho mir die Bombe gezeigt, so eine richtige kleine runde schwarze mit brennender Lunte.

Du warst nie der beste Computer, den man kaufen konnte und gewiß nicht der bil-ligste. Man mußte immer ein bißchen verrückt sein, um sich für dich zu entschei-
20 den, deine deutschen Verkäufer haben lange Zeit Apothekerpreise genommen.

Und natürlich hast du mitgemacht im Wettrüsten um mehr RAM und Megahertz. Zwei Exemplare aus deiner Familie, für die ich mehrere Monatseinkommen hinge-blättert habe, stehen ungenutzt, unbenutzbar im Keller. Erinnerungsstücke.

Du bist in die Jahre gekommen, in denen man Kompromisse macht. Während deine
25 Würfelform noch unverwechselbar war, sehen deine Nachfolger der Konkurrenz immer ähnlicher. Sie haben häßliche Techno-Namen wie Centris oder Performa, und die einst kinderleichte Bedienung ist immer komplizierter geworden. Die Kon-kurrenz hat natürlich auch nicht geschlafen: Dein geniales Betriebssystem von Fen-stern und Ikonen haben sie längst abgekupfert und als Windows öfter verkauft als
30 das Original.

Wie man hört, bist du jetzt eine Ehe mit den Buchhaltern eingegangen. Soso, man kommt sich näher. Im Frühjahr soll die erste Generation eures gemeinsamen Nach-wuchses auf den Markt kommen. Natürlich viel besser und schneller als alles, was bisher da war. Was wird außer dem bunten Apfel auf dem Gehäuse noch übrigblei-
35 ben von deinem Charakter? Sieh dich vor, Mac!

Aus: Die Zeit Nr. 6 vom 4. 2. 1994

Im **Hauptteil** findet die eigentliche Analyse des Textes statt. Zunächst sollte man die wichtigsten Aussagen zusammenfassen und dann, wenn es die Aufgabenstel-lung verlangt, den Aufbau der Argumentation beschreiben. Wenn diese Arbeit gründlich gemacht wird, ergibt sich die Bestimmung der Textsorte fast von selbst, weil aus der Charakterisierung des Textes die wesentlichen Merkmale der Textart hervorgehen.

Selbstverständlich kann man auch mit der Festlegung der Textsorte beginnen und anschließend die inhaltlichen Besonderheiten der Vorlage herausarbeiten. Mit dieser deduktiven Methode nimmt man allerdings das Ergebnis einer inhaltlichen Untersuchung vorweg.

Aufgabe 30

Beschreiben Sie den inhaltlichen Aufbau des Textes "Happy Birthday, Mac!", bestimmen Sie die Textsorte, und legen Sie die Zielgruppe fest.

Mit der **Sprach**- und **Formanalyse** setzt die Detailarbeit am Text ein. Anstatt aber möglichst viele Eigenheiten des Textes anzuhäufen, sollte man lieber sein Augenmerk auf die wichtigsten Merkmale richten. Vor allem im Hinblick auf die spätere Analyse der Wirkung des Textes leistet dieses Vorgehen gute Dienste. Es kommt also darauf an, die sprachlichen und formalen Eigenschaften der Vorlage so gezielt herauszugreifen und treffend zu erklären, daß gleichzeitig die Intention des Verfassers damit erschlossen werden kann.

Bereits bei der Untersuchung des **Satzbaus** und der **Wortwahl** können charakteristische Stilmittel erschlossen werden. Einige Beispiele, auf die man dabei achten sollte, seien hier kurz angeführt:
– **parataktischer Satzbau/Parataxe** (Reihung von kurzen Hauptsätzen):
   Der Starter gab das Zeichen. Alle rannten los. Wir setzten uns sofort an die Spitze.
– **hypotaktischer Satzbau/Hypotaxe**
   (Satzgefüge von Haupt- und Nebensätzen):
   Kaum hatte der Regen aufgehört, als wir unseren Weg, der noch weit war, fortsetzten.
– **Ellipsen** (verkürzte Sätze durch Auslassung einzelner Wörter):
   Kein Wort davon! (statt: Davon wurde kein Wort gesagt.)
– **Aufzählungen**
   (Aneinanderreihung gleicher Wortarten oder ähnlicher Satzteile):
   Klaus, Peter, Michael und ich gingen aus. – Er kam, sah, siegte.
– **Satzarten** (bei auffallend häufiger Verwendung):
   • Aussagesätze: *Die Vorstellung beginnt.*
   • Ausrufesätze: *Was für eine schöne Gegend!*
   • Befehlssätze: *Hört endlich auf! Komme sofort her!*
   • Fragesätze: *Warum kommt ihr jetzt erst? Wann geht es los?*

- **Nominalstil** (übermäßige Verwendung von Substantiven):
  Der Anweisung des Platzwarts ist unbedingt Folge zu leisten.
- **Verbalstil** (häufiger Gebrauch von Verben):
  Der Redner sprach lauter, gestikulierte, schaute immer grimmiger auf sein Publikum und beendete dann rasch seine Ausführungen.
- Verwendung von **Fremdwörtern** und **Fachbegriffen**

Neben Eigenheiten der Satzkonstruktionen spielen **rhetorische Figuren** bei der Sprachanalyse eine entscheidende Rolle. Auch in diesem Bereich wiederholen sich immer wieder einige Besonderheiten, die man kennen sollte und mit den entsprechenden Fachausdrücken bezeichnen muß:

- **Alliteration** (Stabreim: Wiederholung desselben Buchstabens am Wortanfang):
  Wir wollen Wohlstand. Er kam mit Kind und Kegel.
- **Anapher** (gleichlautende Satzanfänge):
  Beginnen wir mit der Arbeit! Beginnen wir mit der Umsetzung dieser Pläne!
- **Antagonismus** (Gegensatz):
  Arme und Reiche! Des einen Leid ist des andern Freud.
- **Emphase** (Hervorhebung, besondere Betonung):
  Gerade darauf kommt es an!
- **Euphemismus** (Beschönigung, Verharmlosung):
  Entsorgungspark (für: Atommülldeponie), Arbeiter freisetzen (für: entlassen)
- **Hyperbel** (Übertreibung)
  Er hat Kraft für zwei. Davon bringen mich keine fünf Pferde weg.
- **Ironie** (das Gesagte als Gegenteil des Gemeinten):
  Das sind ja schöne Zustände!
- **Lautmalerei** (Nachahmung von Naturlauten oder Geräuschen):
  rattern, rasseln, tatü tata, kikeriki
- **Metapher** (bildhafter Ausdruck):
  Sie greift nach den Sternen. Ihr lebt im Glashaus.
- **Personifikation** (Vermenschlichung von Gegenständen oder Begriffen):
  Mein Wecker ärgert mich wieder. Vater Staat will es so.
- **rhetorische Frage** (Scheinfrage):
  Sollen wir das vielleicht machen? Wollt ihr dieses Chaos?
- **Slogan** (Schlagwort, Werbebegriff):
  Das Buch zum Film! Nicht immer, aber immer öfter!

- **Superlativ** (höchste Steigerungsform):
  Er ist der Größte. Immer nur vom Feinsten!
- **Vergleich** (Bewertung, Gegenüberstellung – Vergleichswörter: wie, als):
  Du bist schlau wie ein Fuchs. Sie ist freundlicher als er.

Aufgabe 31

Welche sprachlichen Mittel werden in Christoph Drössers Text eingesetzt? Greifen Sie einige typische Beispiele heraus, und erläutern Sie die Intention des Autors.

Die **Formanalyse** beschäftigt sich mit der äußeren Gestaltung des Textes. Dabei sind vor allem der Aufbau (Abschnitte), optische Mittel (Bilder, Skizzen) und die Schriftart (Fettdruck, Kursivschrift) von größerem Interesse. Auch das Verhältnis der Überschrift zum Inhalt sowie die Beziehung der einzelnen Abschnitte zueinander können in die Betrachtung einbezogen werden. Wie bei der Sprachanalyse gilt aber auch hier der Grundsatz, daß diese Aufgabe nicht einfach durch eine Aufzählung von Beispielen abgehandelt wird, sondern zu der inhaltlichen Aussage des Textes in Bezug gesetzt werden sollte.

Aufgabe 32

Skizzieren Sie die formalen Merkmale des Textes "Happy Birthday, Mac!", und zeigen Sie, wie durch diese Mittel die Aussageabsicht unterstützt wird.

Während bei der Inhaltswiedergabe, der Form- und Sprachanalyse überwiegend eine sachliche, objektive Darbietung gefragt ist, kommt bei der anschließenden **Bewertung des Textes** die persönliche Meinung etwas mehr zur Geltung, obwohl sie auch in diesem Bereich stark an textbezogene Fragestellungen gebunden ist. Verlangt wird oft die Beurteilung, wie der Text wohl auf Zeitgenossen gewirkt hat oder bei heutigen Lesern ankommt. Im Zusammenhang damit steht meist auch die Beschreibung der Zielgruppe, an die sich der Autor mit seinem Anliegen gewendet hat. Wer mit einer gründlichen Form- und Sprachanalyse eine gute Vorarbeit geleistet hat, kann leicht die daraus hervorgehenden Schlußfolgerungen ziehen und damit die psychologische Wirkung des Textes erklären.

Aufgabe 33

 Ermitteln Sie die Wirkung des Textes von Christoph Drösser, und beurteilen Sie die mögliche Reaktion der vom Verfasser angesprochenen Zielgruppe.

Eine treffende Gesamtbeurteilung der Vorlage kann eine Textanalyse erfolgreich abschließen. Meistens bewährt sich jedoch ein eigener **Schlußteil**, der die erarbeiteten Ergebnisse noch einmal zusammenfaßt, die Argumentationsweise des Verfassers und seine Aussageabsicht kritisch bewertet oder eine persönliche Einschätzung des kompletten Textes vornimmt. Mit entsprechenden Schlüsselbegriffen (also, folglich, deshalb, daher usw.) kann man den Bezug zum Hauptteil herstellen und somit für eine inhaltlich zusammenhängende Darstellung sorgen.

Beispiel:

Textanalyse zu einer Konzertkritik:
Der gesamte Text ist demnach nicht nur eine Auseinandersetzung mit einer bestimmten Popgruppe, sondern gleichzeitig mit der westlichen Musikkultur, die auf Kommerz, Show und oberflächliche Sehnsüchte der Konsumenten setzt.

Zusammenfassung

Die **Textanalyse** untersucht einen Sachtext nach Inhalt, Form und Sprache und ermittelt die von ihm ausgehende Wirkung.
– Texte: Reden, Kommentare, Glossen, Werbetexte, Flugblätter
  Einleitung:
      wichtigste Informationen zum Text
      (Autor, Textsorte, Quellenangabe, Thema)
  Hauptteil:
      Inhalt und Aufbau des Textes
      Analyse der formalen und sprachlichen Mittel
      Beurteilung des Textes bezüglich seiner Wirkung
  Schluß:
      Gesamtbewertung des Textes

– Voraussetzungen:
  Beherrschung der Fachbegriffe zur Sprach- und Formanalyse
  Aufzeigen des Zusammenhangs zwischen den eingesetzten Mitteln, der inhaltlichen Aussage und der Wirkung des Textes
  richtige Ermittlung der Textsorte und der angesprochenen Zielgruppe

Aufsatzarten zu literarischen Themen und Texten

1   Inhaltsangabe

In einer schnellebigen Zeit wie der unsrigen wächst das Bedürfnis, sich über bestimmte Dinge rasch zu informieren und sich einen Überblick zu verschaffen. Wer ins Theater geht, möchte vielleicht schon vorher erfahren, wovon das gespielte Bühnenstück handelt, oder wer einen dicken Roman kaufen will, möchte wissen, ob sich der große Zeitaufwand des Lesens auch lohnt.

Derartigen Interessen kommt die Inhaltsangabe entgegen, weil sie das Wesentliche einer literarischen Schrift oder eines musikalischen Werks (z. B. Oper, Musical, Operette) gut verständlich zusammenfaßt. In zahlreichen Roman-, Schauspiel- und Opernführern, aber auch in Literaturgeschichten und Filmlexika finden sich Inhaltsangaben, die wichtige Werke vorstellen und darüber hinaus Informationen über Autoren, Aufführungen, Entstehungsgeschichte usw. enthalten.

Eine Sonderform der Inhaltsangabe literarischer Texte stellt der **Précis** dar, der keine vollständige Wiedergabe einer Handlung anstrebt, sondern nur den Inhalt knapp umreißt und in der Regel das Ende ausspart. Diese verkürzte Art kommt besonders bei Buchumschlägen, Programmzetteln, Prospekten und Verkaufskatalogen vor. Da man erst noch Käufer, Theaterbesucher und Interessenten gewinnen will, wäre es auch nicht ratsam, gleich die ganze Geschichte in Kurzform darzubieten, sondern es soll bewußt die Spannung auf den Ausgang eines Geschehens erhöht werden.

Für jede Form der Inhaltsangabe gelten einige Regeln, die man unbedingt einhalten muß. Gefragt ist eine sachliche, knappe und objektive Wiedergabe der wichtigsten Ereignisse einer Handlung in eigenen Worten. Als Zeitstufe hat man sich für das *Präsens* (Gegenwart) zu entscheiden, so daß sich eine klare Abgrenzung gegenüber einer in der Vergangenheit stehenden Nacherzählung ergibt. Man sollte auch nicht sofort mit dem Inhalt einer Geschichte beginnen, sondern zunächst in das entsprechende Werk mit einigen grundlegenden Bemerkungen einführen. Erst wenn die Inhaltswiedergabe abgeschlossen ist, darf man im Schlußteil seine eigene Meinung in der Gestalt einiger Interpretationsansätze kundtun.

Insgesamt kann man also von dem folgenden **Gliederungsschema** ausgehen:

I. Einleitung:
    allgemeine Hinweise zu Autor und Werk

II. Hauptteil:
    Inhalt des Werks
    (Zeitstufe: Präsens)

III. Schluß:
    eigene Meinung: Ansätze zur Deutung
    des Werks

Mit der **Einleitung** wird kurz auf das Thema des zur Debatte stehenden Textes hingewiesen. Außerdem werden einige Fakten erwähnt, die für das entsprechende Werk von Bedeutung sind, z. B.
– Name des Autors/der Autorin (und evtl. ein knapper biographischer Abriß)
– Textsorte und Titel des Werks
– Hauptthema
– Schauplatz, Zeit und Hauptperson(en) der Handlung.

In möglichst wenigen Sätzen sollten diese Daten wiedergegeben werden. Im Gegensatz zum Hauptteil kann die Einleitung auch in einer Zeitform der Vergangenheit formuliert sein. Empfehlenswert ist aber auch schon zu Beginn das Präsens.

Bertolt Brecht: Ulm

1592

«Bischof, ich kann fliegen»,
Sagte der Schneider zum Bischof.
«Paß auf, wie ich's mach'!»
Und er stieg mit so nen Dingen,
5 Die aussahn wie Schwingen,
Auf das große. große Kirchendach.
Der Bischof ging weiter.
«Das sind lauter so Lügen,
Der Mensch ist kein Vogel,
10 Es wird nie ein Mensch fliegen»,
Sagte der Bischof vom Schneider.

«Der Schneider ist verschieden»,
Sagten die Leute dem Bischof.
«Es war eine Hatz.
15 Seine Flügel sind zerspellet,
Und er liegt zerschellet
Auf dem harten, harten Kirchenplatz.»
«Die Glocken sollen läuten,
Es waren nichts als Lügen,
20 Der Mensch ist kein Vogel,
Es wird nie ein Mensch fliegen»,
Sagte der Bischof den Leuten.

Aus: Kalendergeschichten, Hamburg 1953, S. 45

Beispiel für eine Einleitung:

Der Dramatiker und Lyriker Bertolt Brecht (1898–1956) kritisiert oft in seinen Werken die Rückständigkeit der Kirche. Besonders in seinem Schauspiel "Leben des Galilei" wird die sture Haltung des Vatikan an den Pranger gestellt. Auch in seiner Ballade "Ulm 1592", die auf eine wahre Begebenheit des Schneiders von Ulm zurückgeht, zeigt Brecht, wie sich ein Bischof gegenüber modernen Ideen verschließt.

Aufgabe 34

Informieren Sie sich in Lexika und Literaturgeschichten über den Schriftsteller Wolfgang Hildesheimer.
Stellen Sie die wichtigsten Informationen zu seiner Kurzgeschichte "Eine größere Anschaffung" zusammen, und verfassen Sie anschließend eine darauf aufbauende Einleitung.

Wolfgang Hildesheimer: Eine größere Anschaffung

Eines Abends saß ich im Dorfwirtshaus vor (genauer gesagt, hinter) einem Glas Bier, als ein Mann gewöhnlichen Aussehens sich neben mich setzte und mich mit gedämpft-vertraulicher Stimme fragte, ob ich eine Lokomotive kaufen wolle. Nun ist es zwar ziemlich leicht, mir etwas zu verkaufen, denn ich kann schlecht nein 5 sagen, aber bei einer größeren Anschaffung dieser Art schien mir doch Vorsicht am Platze. Obgleich ich wenig von Lokomotiven verstehe, erkundigte ich mich nach Typ, Baujahr und Kolbenweite, um bei dem Mann den Anschein zu erwecken, als

habe er es hier mit einem Experten zu tun, der nicht gewillt sei, die Katze im Sack zu kaufen. Ob ich ihm wirklich diesen Eindruck vermittelte, weiß ich nicht; jeden-
10 falls gab er bereitwillig Auskunft und zeigte mir Ansichten, die das Objekt von vorn, von hinten und von den Seiten darstellten. Sie sah gut aus, diese Lokomotive, und ich bestellte sie, nachdem wir uns vorher über den Preis geeinigt hatten. Denn sie war bereits gebraucht, und obgleich Lokomotiven sich bekanntlich nur sehr langsam abnützen, war ich nicht gewillt, den Katalogpreis zu zahlen.

15 Schon in derselben Nacht wurde die Lokomotive gebracht. Vielleicht hätte ich die-ser allzu kurzfristigen Lieferung entnehmen sollen, daß dem Handel etwas Anrüchi-ges innewohnte, aber arglos wie ich war, kam ich nicht auf die Idee. Ins Haus konnte ich die Lokomotive nicht nehmen, die Türen gestatteten es nicht, zudem wäre es wahrscheinlich unter der Last zusammengebrochen, und so mußte sie in die
20 Garage gebracht werden, ohnehin der angemessene Platz für Fahrzeuge. Natürlich ging sie der Länge nach nur etwa halb hinein, dafür war die Höhe ausreichend; denn ich hatte in dieser Garage früher einmal meinen Fesselballon untergebracht, aber der war geplatzt.

Bald nach dieser Anschaffung besuchte mich mein Vetter. Er ist ein Mensch, der,
25 jeglicher Spekulation und Gefühlsäußerung abhold, nur die nackten Tatsachen gel-ten läßt. Nichts erstaunt ihn, er weiß alles, bevor man es ihm erzählt, weiß es besser und kann alles erklären. Kurz, ein unausstehlicher Mensch. Wir begrüßten einander, und um die darauffolgende peinliche Pause zu überbrücken, begann ich: "Diese herrlichen Herbstdüfte …" – "Welkendes Kartoffelkraut", entgegnete er, und an sich
30 hatte er recht. Fürs erste steckte ich es auf und schenkte mir von dem Kognak ein, den er mitgebracht hatte. Er schmeckte nach Seife, und ich gab dieser Empfindung Ausdruck. Er sagte, der Kognak habe, wie ich auf dem Etikett ersehen könne, auf den Weltausstellungen in Lüttich und Barcelona große Preise, in St. Louis gar die goldene Medaille erhalten, sei daher gut. Nachdem wir schweigend mehrere
35 Kognaks getrunken hatten, beschloß er, bei mir zu übernachten, und ging den Wagen einstellen. Einige Minuten darauf kam er zurück und sagte mit leiser, leicht zitternder Stimme, daß in meiner Garage eine große Schnellzuglokomotive stünde. "Ich weiß", sagte ich ruhig und nippte von meinem Kognak, "ich habe sie mir vor kurzem angeschafft." Auf seine zaghafte Frage, ob ich öfters damit fahre, sagte ich,
40 nein, nicht oft, nur neulich, nachts, da hätte ich eine benachbarte Bäuerin, die ein freudiges Ereignis erwartete, in die Stadt ins Krankenhaus gefahren. Sie hätte noch in derselben Nacht Zwillingen das Leben geschenkt, aber das habe wohl mit der nächtlichen Lokomotivfahrt nichts zu tun. Übrigens war das alles erlogen, aber bei solchen Gelegenheiten kann ich der Versuchung nicht widerstehen, die Wirklichkeit
45 ein wenig zu schmücken. Ob er es geglaubt hat, weiß ich nicht, er nahm es schwei-gend zur Kenntnis, und es war offensichtlich, daß er sich bei mir nicht mehr wohl fühlte. Er wurde ganz einsilbig, trank noch ein Glas Kognak und verabschiedete sich. Ich habe ihn nicht mehr gesehen.

Als kurz darauf die Meldung durch die Tageszeitungen ging, daß den französischen
50 Staatsbahnen eine Lokomotive abhanden gekommen sei (sie sei eines Nachts vom Erdboden – genauer gesagt vom Rangierbahnhof – verschwunden), wurde mir natürlich klar, daß ich das Opfer einer unlauteren Transaktion geworden war. Des-halb begegnete ich auch dem Verkäufer, als ich ihn kurz darauf im Dorfgasthaus

sah, mit zurückhaltender Kühle. Bei dieser Gelegenheit wollte er mir einen Kran
55 verkaufen, aber ich wollte mich in ein Geschäft mit ihm nicht mehr einlassen, und
außerdem, was soll ich mit einem Kran?

Aus: Lieblose Legenden. Frankfurt/M. 1952/1980. S. 88 ff.

Nachdem die Einleitung den Leser mit einigen entscheidenden Angaben über einen Text vertraut gemacht hat, faßt nun der **Hauptteil** die Handlung des Werks zusammen. Dabei kommt es auf eine konzentrierte, sachliche Wiedergabe der Hauptereignisse an. Eine weitschweifige, poetische Nacherzählung würde den Anforderungen nicht gerecht. Auch die direkte Rede und wörtliche Übernahmen aus dem Text (Zitate!) sind zu unterlassen. Ebensowenig sollte man die indirekte Rede verwenden, da ein zu häufiger Gebrauch langweilig und umständlich wirkt.

Bei der Darbietung der wichtigsten Handlungsschritte einer Geschichte muß man darauf achten, daß man konsequent das Präsens beibehält. Lediglich wenn ein Vorgang zeitlich dem Hauptgeschehen vorausgeht, darf man auf das Perfekt ausweichen. In der Regel hält man sich bei der Wiedergabe an die chronologische Reihenfolge der Handlung. Wenn ein Werk aus vielen Rückblenden oder Zeitsprüngen besteht, kann sich eine Neuordnung der Ereignisse als sinnvoll erweisen.

Beispiel:

> Brecht: Ulm 1592
>
> An einem Tag im Jahr 1592 kündigt ein Ulmer Schneider seinem Bischof einen Flugversuch an. Der Kirchenvertreter, der fest daran glaubt, daß ein Mensch nie fliegen werde, geht seinen Weg weiter, ohne sich für das Experiment zu interessieren. Unterdessen steigt der Schneider mit seinem Fluggerät auf das Kirchendach und fliegt hinunter. Er stürzt ab und bleibt tot vor der Kirche liegen. Als die Leute den Bischof darüber informieren, sieht dieser sich in seiner Meinung bestätigt. Er ordnet jedoch an, die Glocken zu läuten.

Bei längeren Zusammenfassungen sollten einzelne Abschnitte gemacht werden, so daß sich auch vom Äußeren her ein gegliederter Aufbau zeigt. Der Umfang des Hauptteils läßt sich nicht generell festlegen. Maßgebend sind dabei der Zweck einer Inhaltsangabe und die von einem Beurteiler gestellten Anforderungen.

Die Basis für einen guten Hauptteil wird durch die **Vorgehensweise** bei der Texterschließung gelegt. Eine gründliche Lektüre ist natürlich unverzichtbar. Erst danach sollte man sich überlegen, welches die wichtigsten Handlungsschritte des Werks sind. Es empfiehlt sich, diese einzelnen Etappen in Stichworten zu notieren, ohne sich dabei den Formulierungen des Autors anzupassen. Auch das Unterstreichen der entscheidenden Textstellen kann eine solide Vorarbeit darstellen. Allerdings besteht bei dieser Methode die Gefahr, daß man den Stil des Verfassers übernimmt und damit die Forderung nach einer eigenständigen Sprachgestaltung verfehlt. Bei der Niederschrift des Hauptteils sollte man sich auf jeden Fall einen abwechslungsreichen Satzbau vornehmen.

Aufgabe 35

Notieren Sie sich die wichtigsten Handlungsschritte in Hildesheimers Kurzgeschichte "Eine größere Anschaffung", und stellen Sie diese zu einer Übersicht in Stichworten zusammen.
Formulieren Sie anschließend den Hauptteil Ihrer Inhaltsangabe.

Während in der Einleitung und im Hauptteil persönliche Wertungen ausgeschlossen sind, darf im **Schlußteil** die eigene Meinung zur Geltung kommen. Man sollte dabei jedoch auf banale Bemerkungen (wie z. B. "Dieses Buch hat mir gut gefallen.") verzichten und nur Gesichtspunkte anführen, die zum Verständnis des behandelten Werks beitragen. Der Schluß soll sogar Ansätze zur Interpretation liefern, dabei aber nicht ins Detail gehen, sondern eher allgemeine Feststellungen zum Inhalt, Aufbau oder zur Sprache treffen. Im einzelnen kann man folgende Themen aufgreifen:

- Motive der handelnden Figuren
- Darstellung der gesellschaftlichen Verhältnisse
- Menschenbild und Weltsicht des Autors
- Intention (Absicht) des Verfassers
- Besonderheiten in Form und Sprache
- Aktualität des Werkes.

Man sollte am Ende einer Inhaltsangabe jedoch nicht zu viele Einzelheiten anführen, sondern eine *Gesamtbetrachtung des Werks aus persönlichem Blickwinkel* vornehmen. Es wäre auch von Vorteil, wenn man bei dieser allgemeinen Beurteilung Gesichtspunkte vertieft, die in der Einleitung angedeutet worden sind, weil dadurch der Charakter einer inhaltlich abgerundeten Darstellung gewahrt bleibt.

Beispiel für einen Schlußteil (Brecht: Ulm 1592):

> Brechts Ballade bezieht ihre Überraschung aus dem Gegensatz von Vergangenheit (1592) und Gegenwart. In dem Werk selbst entlarvt sich der mutige Schneider, der die Grenzen der menschlichen Existenz überschreiten will, als großspuriger Angeber. Dagegen behält der Bischof, der von Anfang an den Flugversuch als Herausforderung Gottes empfunden hat, am Ende recht. Erst wenn man die Ballade auf dem Hintergrund unseres technischen Zeitalters liest, in dem das Fliegen zu einer Selbstverständlichkeit geworden ist, offenbaren sich die altmodischen, festgefahrenen Ansichten des Bischofs als fortschrittsfeindlich. Brecht führt vor, wie das starre Weltbild der Kirche mit den modernen Errungenschaften der Menschheit nicht mehr übereinstimmt.

Insgesamt sollte der Schlußteil nicht allzu lang ausfallen. Lediglich bei der *Inhaltsangabe mit Zusatzfrage* darf der normalerweise zu erwartende Umfang überschritten werden. Dennoch sollte man darauf achtgeben, daß sich die Inhaltsangabe nicht unversehens in eine Interpretation verwandelt.

Aufgabe 36

Skizzieren Sie zu Hildesheimers Kurzgeschichte einige mögliche Anhaltspunkte für einen geeigneten Schlußteil. Berücksichtigen Sie dabei Aspekte des Inhalts, der Form und der Sprache.

Zusammenfassung

Die **literarische Inhaltsangabe** faßt Romane, Erzählungen, Dramen, Balladen, Filme, Opern usw. zusammen und gibt dabei die wichtigsten Handlungsschritte des entsprechenden Werks wieder.
- Vorkommen: Roman- und Schauspielführer, Literaturgeschichten, Filmlexika, Opernführer usw.
- Die Einleitung weist auf einige wichtige Gesichtspunkte des Werks (Autor, Textsorte, Thema, Daten) hin.
- Im Hauptteil erfolgt die Zusammenfassung des Inhalts: Zeitstufe: Präsens, bei zeitlich vorausgehenden Handlungen Perfekt; objektive, konzentrierte Wiedergabe des Geschehens in eigenen Worten; Einhaltung der chronologischen Reihenfolge; keine Verwendung von direkter Rede oder Zitaten.
- Der Schlußteil nimmt eine allgemeine, persönliche Gesamtbewertung des Werks (Deutungsansätze) vor.
- Bei der Inhaltsangabe mit Zusatzfrage darf der Schlußteil (zur Erarbeitung der gestellten Aufgabe) ausführlicher gestaltet werden.

Aufgabe 37

 Erarbeiten Sie eine Gliederung für eine Inhaltsangabe von Friedrich Schillers Ballade "Die Teilung der Erde".

Friedrich Schiller: Die Teilung der Erde

"Nehmt hin die Welt!" rief Zeus von seinen Höhen
Den Menschen zu. "Nehmt, sie soll euer sein!
Euch schenk ich sie zum Erb und ewgen Lehen,
Doch teilt euch brüderlich darein."

5 Da eilt, was Hände hat, sich einzurichten,
Es regte sich geschäftig jung und alt.
Der Ackermann griff nach des Feldes Früchten,
Der Junker birschte durch den Wald.

Der Kaufmann nimmt, was seine Speicher fassen,
10 Der Abt wählt sich den edeln Firnewein,
Der König sperrt die Brücken und die Straßen
Und sprach: "Der Zehente ist mein."

Ganz spät, nachdem die Teilung längst geschehen,
Naht der Poet, er kam aus weiter Fern;
15 Ach! da war überall nichts mehr zu sehen,
Und alles hatte seinen Herrn!

"Weh mir! so soll ich denn allein von allen
Vergessen sein, ich, dein getreuster Sohn?"
So ließ er laut der Klage Ruf erschallen
20 Und warf sich hin vor Jovis Thron.

"Wenn du im Land der Träume dich verweilet",
Versetzt der Gott, "so hadre nicht mit mir,
Wo warst du denn, als man die Welt geteilet?" –
"Ich war", sprach der Poet, "bei dir.

25 Mein Auge hing an deinem Angesichte,
An deines Himmels Harmonie mein Ohr –
Verzeih dem Geiste, der, von deinem Lichte
Berauscht, das Irdische verlor!"

"Was tun?" spricht Zeus. "Die Welt ist weggegeben,
30 Der Herbst, die Jagd, der Markt ist nicht mehr mein.
Willst du in meinem Himmel mit mir leben:
So oft du kommst, er soll dir offen sein."

Aus: Werke in drei Bänden. München 1966. Band 2, S. 703 f.

2   Textinterpretation

Literarische Texte sind aufgrund ihrer Bildersprache und ihrer kunstvollen Anordnung meistens mehrdeutig. Beim Lesen achtet man deshalb nicht nur auf die inhaltlichen Aussagen, sondern auch auf die formalen und sprachlichen Eigentümlichkeiten. Viele Kunstwerke beeindrucken wegen ihrer intensiven Verflechtung von Inhalt, Aufbau und Sprache. Erst nach mehrmaliger Lektüre solcher Texte ergeben sich daher oft interessante Einsichten in die künstlerischen Gesetzmäßigkeiten eines Werks. Zahlreiche Leser empfinden von Anfang an die Schönheiten eines poetischen Textes. Für sie steht denn auch der Kunstgenuß, das persönliche Erlebnis, im Vordergrund.

Solch unterschiedliche Formen des Zugangs zur Literatur schlagen sich in der **Textinterpretation** nieder. Diese Aufsatzart versucht, literarische (fiktionale) Texte von ihrem inneren Zusammenhang her bzw. auf dem Hintergrund sozialer, politischer, geschichtlicher und biographischer Gegebenheiten zu deuten. Es sollen also Bezüge innerhalb des Textes verdeutlicht werden, indem die Gestaltungsprinzipien und die Aussageabsicht des Autors herausgearbeitet und miteinander in Beziehung gesetzt werden.

In der schulischen Praxis beschäftigt sich die Textinterpretation mit Textsorten geringeren Umfangs, z. B. mit Gedichten, Balladen, Kurzgeschichten, Satiren, Parabeln, Fabeln und Märchen. Als vorherrschende Methode wird dabei die **werkimmanente Deutung** angewandt, d. h. man betrachtet ein Kunstwerk als abgeschlossenes, in sich ruhendes Gebilde, dessen Eigentümlichkeiten man erläutern kann, ohne die Lebensgeschichte seines Autors oder gar die zeitlichen Umstände seiner Entstehung zu berücksichtigen.

Andere Interpretationsmethoden beziehen von vornherein zusätzliche Informationen ein und gehen somit über die Gegebenheiten des Textes selbst hinaus. Die **biographische Methode** stellt z. B. die enge Verbindung zwischen dem Verfasser und seinem Text heraus, während die **geistesgeschichtliche** und die **literaturgeschichtliche Deutung** die philosophischen und literarischen Strömungen aus der Entstehungszeit eines Werks sowie die Einflüsse, denen der Autor ausgesetzt war, gebührend würdigen. Das **psychoanalytische Verfahren** wiederum untersucht die Antriebskräfte, die den Autor zum Schreiben seines Textes veranlaßt haben, und versucht dabei vor allem die unbewußten Tendenzen offenzulegen.

So eindrucksvoll diese Methodenvielfalt auch erscheint, muß darauf aufmerksam gemacht werden, daß für eine gute Interpretation unabhängig von der angewendeten Methode folgende wichtige Voraussetzungen erfüllt sein müssen:

– solide Textkenntnis
– sichere Beherrschung der wesentlichen "handwerklichen" Fähigkeiten und der nötigen Fachbegriffe zur Erschließung der Textstruktur.

In der Regel wird ein zu interpretierender Text von einigen Aufgaben begleitet, die bei dem Vorgehen eine grobe Orientierung setzen. Aber auch in dem Fall, wo einem Werk die schlichte Anweisung "Interpretieren Sie das Gedicht/die Satire ..." beigefügt wird, kann man von dem folgenden **Gliederungsschema** ausgehen:

Einleitung:
> Informationen über den Autor und sein Werk
> Angaben über den zu deutenden Text

Hauptteil:
> Textwiedergabe
> Besonderheiten in Inhalt, Sprache und Form
> Aussageabsicht des Autors, literaturgeschichtliche Einordnung des Werk

Schluß:
> Zusammenfassung der Ergebnisse
> Gesamtbewertung des Textes

Mit der **Einleitung** wird sowohl auf den zu interpretierenden Text eingestimmt als auch auf die Verfahrensweise bei der Deutung hingewiesen. Demzufolge müssen einige wichtige Daten und Angaben präsentiert werden, z. B.

– der Autor und seine Werke (evtl. auch Informationen zu seiner Biographie)
– Titel des Textes, Textsorte
– Bedeutung des Textes (Stellung innerhalb des Gesamtwerks)
– Hauptthema
– Quellenangabe: Erscheinungsort und -jahr, Verlag.

Der Umfang der Einleitung ergibt sich aus dem Verhältnis zur Länge der gesamten Interpretation. Bei der Verwendung der biographischen Methode empfiehlt sich natürlich, gleich zu Beginn einiges über Leben und Werk des Autors zu schreiben, so daß man im Hauptteil auf diese Informationen zurückgreifen kann. Im allgemeinen genügen aber einige wenige Sätze, die jedoch noch keine Interpretation des Textes vornehmen, sondern diese lediglich vorbereiten sollen.

Beispiel:

E. Kästner: Sachliche Romanze

Der Satiriker Erich Kästner (1899 – 1974) hat sich vor allem durch seine beliebten, unterhaltsamen Jugendbücher (z. B. "Emil und die Detektive", "Das doppelte Lottchen") einen großen Leserkreis geschaffen Als Lyriker hat er sich bereits in den 20er Jahren den Ruf eines unerbittlichen Kritikers der politischen Verhältnisse erworben. In seinem 1929 veröffentlichten Gedicht "Sachliche Romanze" stellt Kästner auf eine nüchterne, distanzierte Art das Scheitern einer Liebesbeziehung dar, wobei er gleichzeitig die Gefühlskälte des modernen Menschen aufdeckt.

Aufgabe 38

 Suchen Sie Informationen zu Eichendorffs Gedicht "Der frohe Wandersmann", und verfassen Sie dann dazu eine Einleitung.

Joseph von Eichendorff: Der frohe Wandersmann

Wem Gott will rechte Gunst erweisen,
Den schickt er in die weite Welt;
Dem will er seine Wunder weisen
In Berg und Wald und Strom und Feld.

5 Die Trägen, die zu Hause liegen,
Erquicket nicht das Morgenrot,
Sie wissen nur von Kinderwiegen,
Von Sorgen, Last und Not um Brot.

Die Bächlein von den Bergen springen,
10 Die Lerchen schwirren hoch vor Lust,
Was sollt ich nicht mit ihnen singen
Aus voller Kehl und frischer Brust?

Den lieben Gott laß ich nur walten;
Der Bächlein, Lerchen, Wald und Feld
15 Und Erd und Himmel will erhalten,
Hat auch mein Sach aufs best bestellt!

Aus: Gedichtbuch. Deutsche Gedichte aus zwölf Jahrhunderten für die Schule. Hrsg. von Karl Pörnbacher. Bielefeld, 1987. S. 131

Mit dem **Hauptteil** setzt die eigentliche Interpretationsarbeit ein. Um eine gute Grundlage für eine Deutung zu schaffen, sollte zunächst der Inhalt des betreffenden Werks in eigenen Worten wiedergegeben werden. Diese Zusammenfassung mit der anschließenden Untersuchung von inhaltlichen, sprachlichen und formalen Eigenheiten erfolgt in der Zeitstufe des *Präsens* (Gegenwart).

Bei der **Formanalyse** gibt es natürlich je nach Textart verschiedene Besonderheiten zu beachten, weil z. B. ein Gedicht anders strukturiert ist als eine Kurzgeschichte. So unterscheiden die epischen Texte (Erzählungen, Parabeln, Märchen usw.) deutlich zwischen dem Autor und dem **Erzähler**, während man bei Gedichten von Dichter und **lyrischem Ich** spricht. Durch den Erzähler erfährt der Leser etwas über die dargestellten Ereignisse und die handelnden Figuren, aber aufgrund des jeweiligen Erzählstils wird ihm auch die Einstellung des Erzählers zu seiner Geschichte vermittelt. Die einzelnen Erzählhaltungen offenbaren die Position und die Macht des Erzählers. Der *auktoriale Erzähler*, der in der Er-Form berichtet, gibt sich allwissend und steht damit über dem Geschehen. Er kann dem Leser sowohl den äußeren Hergang als auch das Innenleben seiner Figuren (Gedanken und Gefühle) vor Augen führen.

Aus einer eingeschränkten Perspektive schildert der *personale Erzähler*, der erst in der Literatur des 20. Jahrhunderts vorkommt, die Handlung, denn er identifiziert sich weitgehend mit der Hauptfigur und beschreibt demnach nur das, was diese Person erleben kann. Der Erzähler wächst mit seiner Figur so sehr zusammen, daß diese beiden kaum noch auseinanderzuhalten sind. Deshalb fragt sich oft, ob es sich bei einzelnen Sätzen um einen *Erzählerkommentar* oder um die Äußerung der Erzählfigur handelt (*erlebte Rede*). Dieses Problem besteht bei einem *Ich-Erzähler* wiederum nicht, weil dabei der Erzähler mit der Hauptperson (*Protagonist*) identisch ist.

In der Lyrik spielt die äußere Gestaltung eine große Rolle. Ein Gedicht besteht aus *Strophen*, die sich aus mehreren *Zeilen* (bzw. *Versen*)zusammensetzen. Ein Vierzeiler wird als *Quartett* und ein Dreizeiler als *Terzett* bezeichnet. Wenn ein Satz am Ende einer Zeile nicht abgeschlossen, sondern in der folgenden Zeile weitergeführt wird, spricht man von einem *Zeilensprung* oder auch *Enjambement*. Eine Strophe oder eine Zeile, die in regelmäßigen Abständen wiederkehrt, nennt man *Refrain*.

Die meisten traditionellen Gedichte sind durch einen festen *Rhythmus* geprägt, der sich in einer regelmäßigen Folge von *Hebungen* (Betonungen) und *Senkungen* (unbetonte Silben) ausdrückt. Von diesen Versmaßen (Metrum) kommen die folgenden vier Formen am häufigsten vor:

– **Jambus** v-v- (Auf eine unbetonte folgt eine betonte Silbe.)
Du siehst, wohin du siehst, nur Eitelkeit auf Erden.
(Gryphius: "Es ist alles eitel")

– **Trochäus** -v-v (Nach einer Betonung steht stets eine unbetonte Silbe.)
Hat der alte Hexenmeister
Sich doch einmal wegbegeben!
(Goethe: "Der Zauberlehrling")

– **Anapäst** vv-vv- (Jeweils zwei unbetonte Silben gehen einer Betonung voraus.)
Schenke groß oder klein, aber immer gediegen.
(Ringelnatz: "Schenken")

– **Daktylus** -vv-vv (Eine betonte Silbe wird von zwei unbetonten abgelöst.)
Seltsam, im Nebel zu wandern!
(Hesse: "Im Nebel")

Ein weiteres Kennzeichen traditioneller Gedichte bildet der **Reim**. Die männlichen Endreime schließen mit einer Betonung ab, während die weiblichen Reime mit einer unbetonten Silbe enden.
Die vier wichtigsten Reimarten heißen:
aabb   **Paarreim**
abab   **Kreuzreim**
abba   **umarmender, umfassender** oder **umschließender Reim**
aabccb **Schweifreim**.

Aufgabe 39

Untersuchen Sie Eichendorffs Gedicht nach seinen formalen Eigenheiten.
Erarbeiten Sie den Zusammenhang zwischen Aufbau und Inhalt.

Auch für die Sprachanalyse ist die Kenntnis einiger Fachbegriffe unerläßlich. Besonders **rhetorische Figuren** verstärken die Wirkung eines Textes, indem sie inhaltliche Aussagen durch ihre eindringliche Weise unterstützen. Von den vielen rhetorischen Mitteln sollen hier einige oft auftretende Beispiele herausgegriffen werden:

– **Alliteration** (Stabreim: Kombination mehrerer Wörter, die mit demselben Buchstaben beginnen.)
*Er **h**at es mir **h**och und **h**eilig versprochen.*
*Wir **w**ollen **w**ieder **w**andern.*

57

- **Anapher** (gleiche Satzanfänge)
  Sie sitzt im Thymiane,
  Sie sitzt in lauter Duft.
  (Storm: Im Walde)

- **Antithese** (Gegensatz, Gegenüberstellung gegenteiliger Begriffe)
  Arme und Reiche, laut und leise
  "Was dieser heute baut, reißt jener morgen ein." (Gryphius: "Es ist alles
  eitel")

- **Ellipse** (verkürzter Satz durch Auslassung einzelner Wörter)
  Wer noch? (für: Wer will noch davon?)
  "Ich dich ehren? Wofür? (Goethe: "Prometheus")

- **Emphase** (nachdrücklicher Hinweis, deutliche Hervorhebung eines Worts)
  "Doch ist der Trost ihm einzuräumen:
  *Man kann sein **Unglück** auch versäumen."* (Eugen Roth: "Trost")

- **Enjambement** (Zeilensprung: Ein Satz hört nicht am Zeilenende auf, sondern
  wird in der nächsten Zeile fortgesetzt.)
  Mit einem Dach und seinem Schatten dreht
  sich eine kleine Weile der Bestand
  von bunten Pferden, alle aus dem Land,
  das lange zögert, eh es untergeht.
  (R. M. Rilke: Das Karussell)

- **Lautmalerei** (Onomatopoesie: sprachliche Nachahmung von Geräuschen und
  Naturlauten)
  klirren, knistern, rattern, rasseln
  Kuckuck! Piep! Zack! Peng!

- **Metapher** (bildhafter Ausdruck aus einem anderen Bereich)
  Fuchsschwanz (Säge), *eine salbungsvolle Rede, Dieser Mann wurde ange-*
  himmelt.

- **Personifikation** (Zuordnung menschlicher Eigenschaften an Tiere oder
  Gegenstände)
  die singende Lerche, die Sonne lacht, Vater Staat

- **Symbol** (Sinnbild, konkreter Gegenstand bzw. bestimmtes Zeichen mit über-
  tragener Bedeutung)
  Ehering = Treue, rote Fahne = Revolution/Freiheit, Kreuz = Christentum,
  Taube = Frieden

- **Vergleich** (Verweis auf Gemeinsamkeiten – Vergleichswort: wie)
  Er hatte Hunger wie ein Bär. Sie weint wie ein Kind.
- **Wortspiel** (spielerischer Umgang mit Worten: Vertauschung, Umstellung, Veränderung, Bedeutungsverschiebung – meistens in witziger Absicht)
  Und das römische Reich – daß Gott erbarm!
  Sollte jetzt heißen römisch Arm,
  Der Rheinstrom ist worden zu einem Peinstrom,
  Die Bistümer sind verwandelt in Wüsttümer, [...]
  (Schiller: "Wallensteins Lager")

Neben den rhetorischen Figuren sind bei einer Interpretation auch die **Schlüsselbegriffe** eines Textes, d. h. die wichtigsten sprachlichen Ideenträger, zu beachten. Negative und positive Wertungen (wertende Begriffe) können ebenfalls ein entscheidendes Gewicht bekommen.

Aufschlußreich kann auch die Untersuchung des Satzbaus und der Satzarten sein. Wenn einfache Hauptsätze in einem Text überwiegen, spricht man von einer **Parataxe** oder einem parataktischen Satzbau. Komplexe Sätze, also eine Häufung von Haupt- und Nebensätzen, werden dagegen als **Hypotaxe** bezeichnet.

Aufgabe 40

 Analysieren Sie die Sprache in Eichendorffs Gedicht, und zeigen Sie ihre Bedeutung für die inhaltliche Aussage auf.

Es wäre sehr unbefriedigend, wenn bei einer Interpretation lediglich die formalen und sprachlichen Mittel eines Textes aufgezählt und beschrieben würden. Bereits bei der Form- und Sprachanalyse sollte der Inhalt eines Werkes unbedingt miteinbezogen sein. Die **Inhaltsanalyse** befaßt sich dann um so intensiver mit der Aussageabsicht des Verfassers und mit der thematischen Problematik eines Textes. Dieser Teil der Interpretation konzentriert sich im wesentlichen auf die folgenden Gesichtspunkte:
- Charakter und Verhaltensweisen der dargestellten Figuren
- Motive und Intentionen der Hauptpersonen
- Verhältnis der Figuren zueinander (Freundschaft, Liebe, Rivalität usw. – Gründe)
- Funktion der Landschaften und des Milieus, Art der Naturbetrachtung

- Gesellschaftsstruktur: Schichtzugehörigkeit der Figuren, Klassengegensätze, Lebensweise und Mentalität der Menschen, Traditionen, Rolle der Religion, ethische Normen
- Politik: Wirkung von politischen Entscheidungen, Voraussetzungen der Politik, politische Grundeinstellung des Autors
- Menschenbild des Verfassers
- Epochenmerkmale: geistige und philosophische Strömungen, Modeerscheinungen, Verhältnis Vernunft – Gefühl, Stellenwert der Literatur, Einfluß der Geschichte
- Verhältnis des Titels zum Inhalt.

Während die erstgenannten Aspekte im Mittelpunkt einer werkimmanenten Betrachtungsweise stehen, verlangen die gesellschaftsorientierten, politischen, biographischen und literaturgeschichtlichen Fragestellungen nach soziologischen, psychoanalytischen oder geistesgeschichtlichen Deutungsansätzen.

Insgesamt ist eine Interpretation anzustreben, die sowohl eine gründliche Detailarbeit leistet als auch versucht, die erarbeiteten Ergebnisse in einen Rahmen einzufügen, der ein verständliches, nachvollziehbares und aufschlußreiches Bild von einem Werk und seinem Stellenwert im Leben des Verfassers und in der Literaturgeschichte ergibt. Die Untersuchung von Form, Sprache und Inhalt kann zwar jeweils getrennt vorgenommen werden, sollte aber jeweils aufeinander bezogen sein und in einen Gesamtzusammenhang eingebettet werden.

Aufgabe 41

Erarbeiten Sie die inhaltlichen Besonderheiten von Eichendorffs Gedicht, und weisen Sie dabei einige typische Epochenmerkmale der Romantik nach.

Mit dem **Schlußteil** werden die Ergebnisse der Interpretation kurz zusammengefaßt. Es kann aber auch eine Einordnung des interpretierten Textes in das Gesamtwerk des Autors oder in die entsprechende Epoche vorgenommen werden. Überlegenswert wäre es, auf die Einleitung zurückzugreifen und durch diese Verbindung eine inhaltlich geschlossene und abgerundete Darstellung zu erreichen.

Aufgabe 42

Interpretieren Sie Franz Kafkas Kurzgeschichte "Der Nachbar".
Berücksichtigen Sie dabei typische Merkmale der Form, der Sprache
und des Inhalts.

Franz Kafka: Der Nachbar

Mein Geschäft ruht ganz auf meinen Schultern. Zwei Fräulein mit Schreibmaschinen und Geschäftsbüchern im Vorzimmer, mein Zimmer mit Schreibtisch,
Kasse, Beratungstisch, Klubsessel und Telephon, das ist mein ganzer Arbeitsap-
parat. So einfach zu überblicken, so leicht zu führen. Ich bin ganz jung und die
5   Geschäfte rollen vor mir her. Ich klage nicht, ich klage nicht.

Seit Neujahr hat ein junger Mann die kleine, leerstehende Nebenwohnung, die ich
ungeschickterweise so lange zu mieten gezögert habe, frischweg gemietet. Auch ein
Zimmer mit Vorzimmer, außerdem aber noch eine Küche. – Zimmer und Vorzimmer hätte ich wohl brauchen können – meine zwei Fräulein fühlten sich schon
10 manchmal überlastet –, aber wozu hätte mir die Küche gedient? Dieses kleinliche
Bedenken war daran schuld, daß ich mir die Wohnung habe nehmen lassen. Nun
sitzt dort dieser junge Mann. Harras heißt er. Was er dort eigentlich macht, weiß ich
nicht. Auf der Tür steht: 'Harras, Bureau'. Ich habe Erkundigungen eingezogen, man
hat mir mitgeteilt, es sei ein Geschäft ähnlich dem meinigen. Vor Kreditgewährung
15 könne man nicht geradezu warnen, denn es handle sich doch um einen jungen,
aufstrebenden Mann, dessen Sache vielleicht Zukunft habe, doch könne man zum
Kredit nicht geradezu raten, denn gegenwärtig sei allem Anschein nach kein Vermögen vorhanden. Die übliche Auskunft, die man gibt, wenn man nichts weiß.

Manchmal treffe ich Harras auf der Treppe, er muß es immer außerordentlich eilig
20 haben, er huscht förmlich an mir vorüber. Genau gesehen habe ich ihn noch gar
nicht, den Büroschlüssel hat er schon vorbereitet in der Hand. Im Augenblick hat er
die Tür geöffnet. Wie der Schwanz einer Ratte ist er hineingeglitten und ich stehe
wieder vor der Tafel 'Harras, Bureau', die ich schon viel öfter gelesen habe, als sie
es verdient.

25 Die elend dünnen Wände, die den ehrlich tätigen Mann verraten, den Unehrlichen
aber decken. Mein Telephon ist an der Zimmerwand angebracht, die mich von meinem Nachbar trennt. Doch hebe ich das bloß als besonders ironische Tatsache hervor.

Selbst wenn es an der entgegengesetzten Wand hinge, würde man in der Neben-
30 wohnung alles hören. Ich habe mir abgewöhnt, den Namen der Kunden beim Telephon zu nennen. Aber es gehört natürlich nicht viel Schlauheit dazu, aus charakte-
ristischen, aber unvermeidlichen Wendungen des Gesprächs die Namen zu erra-
ten. –

Manchmal umtanze ich, die Hörmuschel am Ohr, von Unruhe gestachelt, auf den
35 Fußspitzen den Apparat und kann es doch nicht verhüten, daß Geheimnisse preisge-
geben werden.

Natürlich werden dadurch meine geschäftlichen Entscheidungen unsicher, meine
Stimme zittrig. Was macht Harras, während ich telephoniere? Wollte ich sehr über-
treiben – aber das muß man oft, um sich Klarheit zu verschaffen –, so könnte ich

40 sagen: Harras braucht kein Telephon, er benutzt meines, er hat sein Kanapee an die
Wand gerückt und horcht, ich dagegen muß, wenn geläutet wird, zum Telephon laufen, die Wünsche des Kunden entgegennehmen, schwerwiegende Entschlüsse fassen, großangelegte Überredungen ausführen – vor allem aber während des Ganzen
unwillkürlich durch die Zimmerwand Harras Bericht erstatten.

45 Vielleicht wartet er gar nicht das Ende des Gespräches ab, sondern erhebt sich nach
der Gesprächsstelle, die ihn über den Fall genügend aufgeklärt hat, huscht nach seiner Gewohnheit durch die Stadt und, ehe ich die Hörmuschel aufgehängt habe, ist er
vielleicht schon daran, mir entgegenzuarbeiten.

*Aus: Beschreibung eines Kampfes. Novellen, Skizzen, Aphorismen aus dem Nach-
laß. Frankfurt/M., 1969/1986. S. 100 f.*

Zusammenfassung

Die **Textinterpretation** deutet literarische Werke, indem sie deren inhaltliche, formale und sprachliche Besonderheiten herausarbeitet und zu einer
schlüssigen Gesamtbewertung des entsprechenden Textes gelangt.

– Es gibt verschiedene **Interpretationsmethoden**: Eine werkimmanente
Deutung konzentriert sich auf die Gegebenheiten des Textes, während die
biographische, die soziologische, die psychoanalytische oder die geistesgeschichtliche Methode jeweils außerhalb des Textes liegende Informationen einbezieht.

– **Zeitstufe**: Präsens (Gegenwart)

– Die **Einleitung** weist auf wesentliche Daten des Textes und kurz auf
Leben und Werk des Verfassers hin.

– Im Hauptteil wird zunächst der *Inhalt* des Werks kurz *zusammengefaßt*
und anschließend interpretiert.

Die *Formanalyse* achtet auf den Aufbau, die Erzählhaltung (bei epischen
Werken) sowie auf Reim und Rhythmus (bei Gedichten).

Bei der *Sprachanalyse* werden Satzbau und rhetorische Figuren untersucht.

Die *Inhaltsanalyse* befaßt sich mit den dargestellten Personen, ihrer
Umgebung, ihrer Denkweise, ihrem Verhalten und mit der in dem Werk
beschriebenen Gesellschaft. Biographische, soziologische, geschichtliche
und epochenspezifische Fragestellungen können je nach gewählter Inter-
pretationsmethode eine besondere Rolle spielen.

– Der **Schlußteil** nimmt eine knappe Gesamtbewertung des Textes vor.

Literatur

1 Literarische Gattungen

Die Vielfalt literarischer Texte kann in verschiedene Bereiche unterteilt werden. Häufig erfolgt die Zuordnung über die Autoren, die ein entsprechendes Werk verfaßt haben, wobei auf besondere Stil- und Inhaltselemente des Schreibers geachtet wird. Aber auch die Einreihung in die Literaturgeschichte kann interessante Aufschlüsse über einen Text geben, weil dabei bestimmte Epochenmerkmale aus der Entstehungszeit des betreffenden Werks nachgewiesen werden können.

Man kann Texte auch unabhängig von ihrem Verfasser und ihrer Epoche untersuchen, indem man hauptsächlich ihre Struktur und ihre Wesensart analysiert. Vor allem für eine Interpretation können Ergebnisse über die Textgestalt, die Bauelemente eines Werks, typische Merkmale sowie die sprachliche Gestaltung von großem Interesse sein.

Die strukturorientierte Vorgehensweise weist alle literarischen Texte drei **Hauptgattungen** zu, die allerdings auch in Mischformen auftreten können.

1.1 Epik

Die meisten Texte gehören der Gattung der **Epik** an. Dieser Begriff geht auf ein griechisches Wort zurück, das Bericht oder Erzählung bedeutet. Vom Äußeren her sind epische Werke dadurch gekennzeichnet, daß der Text im allgemeinen bis zum Zeilenende durchläuft und, je nach Länge, in Bücher und Kapitel eingeteilt ist. Wesentlich ist auch die Unterscheidung zwischen Autor und **Erzähler**. Während der Autor das Werk zwar geschrieben hat, erfährt der Leser oder Zuhörer das erzählte Geschehen doch von einem Erzähler, der also eine erfundene Instanz darstellt. Der Erzähler führt in die Handlung ein, präsentiert die handelnden Personen und schildert die Lebens- und Gefühlswelt seiner Figuren. In manchen Werken nimmt er auch selbst Stellung zu den berichteten Ereignissen und greift kommentierend und wertend in den Handlungsablauf ein. Eine Fülle verschiedenster Themen, Welten, Formen und Figuren treten in epischen Texten auf. Realistische Schauplätze stehen neben phantastischen Landschaften, historische Persönlichkeiten spielen ebenso eine Rolle wie Alltagsmenschen, Götter und Fabelwesen.

Im Gegensatz zu traditionellen epischen Werken halten sich moderne Texte nicht unbedingt an die zeitliche Reihenfolge(Chronologie) der vorgetragenen Geschehnisse. Rückblenden, Vorwegnahmen oder zeitliche Raffungen und Dehnungen gehören durchaus zu den wichtigen Strukturelementen der Epik.

Die bekanntesten Beispiele epischer Texte sind der Roman und die Erzählung mit allen ihren vielfältigen Variationen. Von den kleineren Formen der Epik findet der Leser insbesondere Märchen, Sagen, Legenden, Fabeln, Anekdoten, Satiren, Gleichnisse und Parabeln vor. Im 20. Jahrhundert spielen Kurzgeschichten eine wesentliche Rolle, während in den vergangenen zwei Jahrhunderten die Novelle eine epische Form von großer Bedeutung in der Literaturgeschichte war.

Aufs engste hängt der Begriff Epik mit dem **Epos** zusammen, einer Dichtungsform, die in der Antike und im Mittelalter sehr beliebt war. Dieser Gattungsart, die Erzählungen von Göttern und Helden in Versform wiedergibt, widmeten sich vor allem Homer mit seiner "Ilias" und "Odyssee", aber auch Vertreter des Ritterepos, z. B. WOLFRAM VON ESCHENBACH mit seinem "Parzival" oder der unbekannte Verfasser des "Nibelungenliedes".

Als epische Mischformen gelten in Reimen abgefaßte Fabeln (JEAN DE LA FONTAINE), Berichte und erzählerische Einlagen in Schauspielen oder das gedichtähnliche Märchenepos (z. B. WIELAND: "Oberon"). Vor allem BRECHT benutzte in seinen Dramen epische Mittel, und auch die Romantiker vermengten in ihren Werken bereits die Elemente der drei literarischen Gattungen.

Aufgabe 43

Weisen Sie an dem folgenden Romanausschnitt charakteristische epische Merkmale nach. Berücksichtigen Sie dabei sowohl formale als auch inhaltliche Gestaltungsmittel

Heinrich Böll: Die verlorene Ehre der Katharina Blum

Die Tatsachen, die man vielleicht zunächst einmal darbieten sollte, sind brutal: Am Mittwoch, dem 20. 2. 1974, am Vorabend von Weiberfastnacht, verläßt in einer Stadt eine junge Frau von siebenundzwanzig Jahren abends gegen 18.45 Uhr ihre Wohnung, um an einem privaten Tanzvergnügen teilzunehmen.

5 Vier Tage später, nach einer – man muß es wirklich so ausdrücken (es wird hiermit auf die notwendigen Niveauunterschiede verwiesen, die den Fluß ermöglichen) – dramatischen Entwicklung, am Sonntagabend um fast die gleiche Zeit – genauer gesagt gegen 19.04 –, klingelt sie an der Wohnungstür des Kriminaloberkommissars Walter Moeding, der eben dabei ist, sich aus dienstlichen, nicht privaten Gründen
10 als Scheich zu verkleiden, und gibt dem erschrockenen Moeding zu Protokoll, sie habe mittags gegen 12.15 in ihrer Wohnung den Journalisten Werner Tötges erschossen, er möge veranlassen, daß ihre Wohnungstür aufgebrochen und er dort 'abgeholt' werde; sie selbst habe sich zwischen 12.15 und 19.00 Uhr in der Stadt umhergetrieben, um Reue zu finden, habe aber keine Reue gefunden; sie bitte
15 außerdem um ihre Verhaftung, sie möchte gern dort sein, wo auch ihr 'lieber Ludwig' sei.

Moeding, der die junge Person von verschiedenen Vernehmungen her kennt und eine gewisse Sympathie für sie empfindet, zweifelt nicht einen Augenblick lang an ihren Angaben, er bringt sie in seinem Privatwagen zum Polizeipräsidium, verstän-
20 digt seinen Vorgesetzten, Kriminalhauptkommissar Beizmenne, läßt die junge Frau in eine Zelle bringen, trifft sich eine Viertelstunde später mit Beizmenne vor ihrer Wohnungstür, wo ein entsprechend ausgebildetes Kommando die Tür aufbricht und die Angaben der jungen Frau bestätigt findet.

Aus: Werke, Romane und Erzählungen 4 (1974 – 1985). Köln 1987, S. 13

1.2 Lyrik

Von allen Gattungen legt die **Lyrik** den größten Wert auf die äußere Form. Bereits auf den ersten Blick zeigt sich bei den meisten lyrischen Texten die besondere Anordnung der einzelnen Zeilen, denn deren Länge wird nicht durch den Seitenrand, sondern durch das Versmaß festgelegt. So kann z. B. in einer Zeile auch nur ein Wort stehen, das dadurch besonders hervorgehoben wird. In den traditionellen Gedichten wird die Zeilenlänge durch einen genauen **Rhythmus** (etwa den Jambus: wechselnde Folge von unbetonten und betonten Silben) bestimmt, der in der Regel bis zum Ende beibehalten wird.

Ein weiteres äußeres Merkmal bei Gedichten stellt die Einteilung in **Strophen** dar, wobei deren jeweiliger Umfang nicht gleichbleiben muß. Insbesondere in modernen Gedichten kann auf eine Stropheneinteilung ganz verzichtet werden, oder es kommt sogar zu einer chaotisch wirkenden Gliederung, bei der sich Siebenzeiler mit Dreizeilern und Ein-Wort-Strophen in bunter Reihenfolge abwechseln. Auch in der Zeilenlänge sowie im Rhythmus kann es Unregelmäßigkeiten geben, die für die inhaltliche Deutung des Gedichts meist aufschlußreich sind.

Der Begriff Lyrik stammt aus dem Griechischen: lyra war die Bezeichnung für die Leier. Ein Harfenspieler sang zu seiner Musik Lieder, die in Strophen angeordnet waren. Die Formgebung (Strophen, Versmaß) kennzeichnete also schon früh die literarische Gattung der Lyrik. Genauso bedeutungsvoll ist auch der Klang, der nicht nur durch einen festen Rhythmus, sondern auch durch Reime (sowohl Binnen- als auch Endreime) und bestimmte Lautfolgen (z. B. Alliteration oder Vokalharmonie) zustande kommt.

Dem kunstvoll geprägten Äußeren entspricht die inhaltliche Verdichtung eines lyrischen Textes. Einzelne Aussagen können in sprachlich konzentriertester Form vorgebracht werden. Aber auch ein Reichtum an Bildhaftigkeit, wie ihn z. B. die Barockzeit liebte, kann bei Gedichten angetroffen werden. Stimmungen, Gefühle und Gedanken können feierlich zum Ausdruck kommen oder auf besonders zugespitzte Weise kurz dargeboten werden. Gedichte gelten deshalb als literarische Beispiele größter Subjektivität.

Wie in den epischen Texten werden auch die Werke der Lyrik nicht direkt vom Autor an das Publikum herangetragen, sondern über einen Vermittler, das **lyrische Ich**, weitergegeben. Die Aussagen, die von einem lyrischen Ich gemacht werden, müssen also nicht unbedingt mit den Ansichten des Dichters übereinstimmen. Eine Bandbreite von Themen, die von der Liebe über die Natur, die Technik oder die Probleme der menschlichen Existenz bis zu politischen Forderungen reichen, kann in Gedichten Gestalt annehmen.

Auch die einzelnen Arten der lyrischen Texte spiegeln die Mannigfaltigkeit der Ausdrucksmöglichkeiten wider: Einfache Gedichte und Lieder gehören ebenso zur Gattung der Lyrik wie das kunstvolle Sonett, die feierliche Hymne oder die sprachlich ausgefeilte Ode. Sinnsprüche (Epigramme) zählen zu den Kleinformen der Lyrik. Die Ballade nimmt eine Sonderstellung ein. Sie gehört zwar von der formalen Gestaltung zu den lyrischen Textarten, aber sie enthält auf inhaltlicher Ebene auch viele epische (erzählerische) Elemente.

Aufgabe 44

 Erarbeiten sie in Brechts Gedichten "Böser Morgen" und "Ach, nur der flüchtige Blick" die formalen und inhaltlichen Eigenschaften der Lyrik.

Bertolt Brecht: Böser Morgen

Die Silberpappel, eine ortsbekannte Schönheit
Heute eine alte Vettel. Der See
Eine Lache Abwaschwasser, nicht rühren!
Die Fuchsien unter dem Löwenmaul billig und eitel.
5   Warum?
Heut nacht im Traum sah ich Finger, auf mich deutend
Wie auf einen Aussätzigen. Sie waren zerarbeitet und
Sie waren gebrochen.

Unwissende! schrie ich
10   Schuldbewußt.

Bertolt Brecht: Ach, nur der flüchtige Blick

"Ach, nur der flüchtige Blick
Sah sie genau
War nur durch solchen Trick
Mann meiner Frau."

5   "Nur im Vorübergehn
Hatt' ich ihn ganz
War doch, fast unbesehn
Frau meines Manns."

Haben die Zeit vertan
10   Bis uns die Zeit getrennt
Und, schon den Mantel an
Uns dann umarmt am End.

Aus: Gesammelte Werke in 20 Bänden. Frankfurt/M. 1967.
Band 10, S. 1010 und 1021

1.3 Dramatik

Im Griechischen bedeutet das Wort Drama "Handlung". Texte, die der literarischen Gattung der **Dramatik** zugeordnet werden können, sind hauptsächlich für
eine Aufführung (z. B. in einem Theater) bestimmt. Das von den Schauspielern
dargestellte Geschehen teilt sich dem Zuschauer unmittelbar mit.

Träger der gespielten Handlung sind die **Figuren**, die durch ihre Verhaltensweise
Konflikte heraufbeschwören, die für Spannung sorgen und die in den traditionel-
len Dramen durch ein Happy-End oder den Untergang des Helden gelöst werden.
In der antiken Tragödie werden zwar manche Ereignisse nicht gespielt, sondern

von einem Chor oder einem Boten lediglich berichtet, aber im allgemeinen werden die wesentlichen Ereignisse des Drameninhalts auf der Bühne vorgeführt. Durch den **Dialog** (Zwiegespräch) offenbaren sich dem Zuschauer die Übereinstimmungen und Gegensätze der einzelnen Figuren. Immer wieder kommt es auch zu einem **Monolog** (Selbstgespräch), in dem eine Figur ihre Gefühle, Gedanken und Vorhaben preisgibt.

Dramatische Handlungen sind in erster Linie also Sprechhandlungen, wobei durch den Wechsel von Rede und Gegenrede die Aufführung belebt wird. Die Gespräche zwischen den handelnden Figuren verlaufen keineswegs immer reibungslos, denn es treten häufig Mißverständnisse, Irritationen und Störungen auf. Durch Pausen und Szenenwechsel kann der Ablauf der Ereignisse unterbrochen oder verzögert werden.

Während der Zuschauer bei einer Aufführung den Haupttext, also die Äußerungen der dargestellten Figuren, direkt zur Kenntnis nimmt, kann er den Nebentext, die **Regieanweisungen**, nur indirekt über die Verhaltensweisen der Schauspieler oder über das Bühnenbild wahrnehmen. Der Dramatiker drückt mit diesen Bemerkungen seine Vorstellung über einzelne Handlungsschritte oder die Situation auf der Bühne aus.

Neben dieser Gliederung eines dramatischen Werks in einen Haupttext (Sprecherrollen) und einen Nebentext (Regieanweisungen) fällt ein weiteres äußeres Gestaltungsmerkmal auf. Die längeren Werke der Dramatik sind in **Szenen** (Auftritte) und **Akte** (Aufzüge) eingeteilt. In modernen Schauspielen findet man öfter die Strukturierung in szenischen **Bildern** vor. Einige Dramatiker eröffnen ihr Werk auch mit einem **Prolog** (Vorszene) oder einer **Vorrede** (z. B. Goethe in seinem "Faust") und beenden ihr Drama mit einem **Epilog** (Schlußbetrachtung) oder einer **Nachrede**.

Lange Zeit war das europäische Theater von der **aristotelischen Dramenkonzeption** beherrscht. Der griechische Philosoph ARISTOTELES (384 – 322 v. Chr.) hatte in seiner Schrift "Über die Dichtkunst" einige Anweisungen, wie z. B. die Lehre von den drei Einheiten (Ort, Zeit und Handlung), festgelegt, die man für ein Bühnenwerk als verbindlich betrachtete. Erst in der Moderne wurde diesem aristotelischen Theater eine Alternative entgegengesetzt, die mit traditionellen Bräuchen aufräumte. BERT BRECHT forderte in seiner Theorie des **epischen Theaters**, daß sich der Zuschauer nicht mehr mit einzelnen Figuren identifizieren sollte, um durch Furcht und Mitleid zu einer inneren Reinigung (*Katharsis*) zu gelangen, sondern daß er Distanz zu dem Spielgeschehen bewahren müsse, damit er durch Nachdenken eine Änderung seiner Ansichten einleiten kann. Mit epischen Mitteln (Bericht eines Erzählers, Zusammenfassung der Handlung vor einer Szene, Kapitelüberschriften usw.) versuchte Brecht, seine Vorstellungen von einem modernen, gesellschaftskritischen Theater umzusetzen.

Zu den Textarten der Dramatik werden vor allem die Großformen *Tragödie (Trauerspiel), Komödie (Lustspiel), Tragikomödie, Schauspiel, Hörspiel* und *Film* gerechnet. Es gibt aber auch zahlreiche Kleinformen, wie etwa die *Farce*, die *Posse*, den *Einakter* oder den *Sketch*.

Aufgabe 45

Zeigen Sie an dem folgenden Ausschnitt aus Schillers "Don Carlos" die formalen und inhaltlichen Eigenschaften eines dramatischen Textes auf.

Friedrich Schiller: Don Carlos

> *4. Akt, 7. und 8. Auftritt*
>
> *Kabinett des Königs*
>
> SIEBENTER AUFTRITT
>
> *Der König in einem Sessel – neben ihm die Infantin Clara Eugenia*
>
> 5 KÖNIG *(nach einem tiefen Stillschweigen)*
> Nein! Es ist dennoch meine Tochter – Wie
> Kann die Natur mit solcher Wahrheit lügen?
> Dies blaue Auge ist ja mein! Find ich
> In jedem dieser Züge mich nicht wieder?
> 10 Kind meiner Liebe, ja, du bist's. Ich drücke
> Dich an mein Herz – du bist mein Blut.
> *(Er stutzt und hält inne.)*   Mein Blut!
> Was kann ich Schlimmres fürchten? Meine Züge,
> Sind sie die seinigen nicht auch?
> 15 *(Er hat das Medaillon in die Hand genommen und sieht wechselweise auf das Bild und in einen gegenüberstehenden Spiegel – endlich wirft er es zur Erde, steht schnell auf und drückt die Infantin von sich.)*
> Weg! Weg!
> In diesem Abgrund geh ich unter.
>
> 20 ACHTER AUFTRITT
> *Graf Lerma. Der König.*
>
> LERMA. Eben
> Sind Ihro Majestät die Königin
> Im Vorgemach erschienen.

25 KÖNIG. Jetzt?
LERMA. Und bitten
Um gnädigstes Gehör –
KÖNIG. Jetzt aber? Jetzt?
In dieser ungewohnten Stunde? – Nein!
30 Jetzt kann ich sie nicht sprechen – jetzt nicht –
LERMA. Hier
Sind Ihro Majestät schon selbst – (*Er geht ab.*)

Aus: Don Carlos. Stuttgart (Reclam), 1986, S. 125

So wichtig die Unterscheidung der drei literarischen Gattungen Epik, Lyrik und Dramatik sowie die Kenntnis von deren Merkmalen auch ist, darf doch nicht stur an dieser Einteilung festgehalten werden. Mehrere Textarten und insbesondere moderne Werke stellen Mischformen dar oder enthalten Elemente aus den beiden anderen Bereichen, so daß eine klare Bestimmung der Gattung manchmal schwerfällt. Das epische Theater Brechts weist neben der dramatischen Handlung auch lyrische Teile (Songs, Lieder) und Mittel der Epik (Erzähler, Bericht) auf. Bereits der Literaturtheoretiker der Romantik, FRIEDRICH SCHLEGEL, verlangte, die drei Gattungen in einer "progressiven Universalpoesie" zu vermischen. Selbst in Werken traditioneller Machart kann man immer wieder Eigenheiten einer anderen Gattung antreffen. Auch die Verfilmung von Romanen läßt erkennen, wie viele Gemeinsamkeiten zwischen dramatischen und epischen Werken vorhanden sind. Allerdings zeigt sich auch deutlich, daß ein Medium nicht ohne weiteres in ein anderes überführt werden kann, ohne an Gehalt zu verlieren. Die Eigenarten einer jeden Gattung bringen also auch unterschiedliche Erlebnisweisen und Zugangsmöglichkeiten eines Lesers, Hörers oder Zuschauers mit sich.

Aufgabe 46

Ordnen Sie die folgenden Werke einer der drei Gattungen Epik, Lyrik und Dramatik zu, und kennzeichnen Sie die Texte durch eine genauere Angabe (z. B. Novelle, Tragödie, Ballade).
Benutzen Sie, wenn erforderlich, eine Literaturgeschichte.

Goethe: Egmont, Schiller: Die Bürgschaft, Storm: Der Schimmelreiter, Fontane: Effi Briest, Hebbel: Maria Magdalena, T. Mann: Die Buddenbrooks, Heine: Ich weiß nicht, Goethe: Wilhelm Meisters Lehrjahre, Kleist: Der zerbrochne Krug, S. Lenz: Das Feuerschiff, Droste-Hülshoff: Die Vergeltung, Schiller: An die Freude, Hesse: Der Steppenwolf, Zuckmayer: Der Hauptmann von Köpenick,

G. Eich: Träume, Grass: Die Blechtrommel, Gryphius: Menschliches Elende, Böll: Es wird etwas geschehen, Kafka: Vor dem Gesetz, P. Gerhardt: Nun ruhen alle Wälder, Lessing: Der Rabe und der Fuchs, Hebel: Der kluge Richter, Hauff: Das kalte Herz, Mörike: Um Mitternacht, Walser: Ein fliehendes Pferd, Handke: Kaspar, Uhland: Ich hatt' einen Kameraden, Dürrenmatt: Der Besuch der alten Dame

Zusammenfassung

Einteilung der literarischen Texte in die drei **Gattungen** Epik, Lyrik und Dramatik:

	Epik	Lyrik	Dramatik
Definition	erzählende Texte (griech.: Bericht, Erzählung)	poetische Texte (griech.: lyra: Leier)	aufzuführende Texte (griech.: Handlung)
Merkmale	durchlaufender Text	stark strukturierter Text	Sprechtext und Regieanweisungen
	Gliederung in Bücher und Kapitel	Gliederung in Strophen und Zeilen Rhythmus (metrisch gebundene Sprache) Reime	Gliederung in Akte und Szenen Dialoge und Monologe Sprechhandlungen direkte Vermittlung
Textarten	*Großformen:* Roman, Epos, Erzählung, Novelle, Kurzgeschichte	Gedicht, Ballade, Lied, Sonett, Hymne, Ode	Tragödie (Trauerspiel), Komödie (Lustspiel), Tragikomödie, Schauspiel, Hörspiel, Film
	Kleinformen: Märchen, Sage, Legende, Fabel, Gleichnis, Anekdote, Satire, Parabel	Sinnspruch (Epigramm)	Farce, Posse, Sketch, Einakter

2 Mittelalter

Die Anfänge einer deutsch-germanischen Dichtung liegen rund zweitausend Jahre zurück. Allerdings sind diese ersten literarischen Zeugnisse nur bruchstückhaft überliefert, weil die Lieder und Geschichten vorwiegend mündlich weitergegeben wurden. Die aus Island stammende Liedersammlung "Edda" zeigt am deutlichsten, wie sich die Ereignisse der germanischen Völkerwanderung in den Heldengesängen und Totenklagen niederschlugen.

Um das Jahr 800 kristallisierte sich ein erster Höhepunkt der deutschen Literatur heraus. Die in **Althochdeutsch** verfaßte Dichtung vereinigt sowohl heidnische als auch christliche Stoffe. Während die *Merseburger Zaubersprüche* magische Formeln enthalten, schildert das fragmentarische *Hildebrandslied* die tragische Begegnung zwischen Vater und Sohn. Der um seine Ritterehre besorgte Hildebrand tötet seinen ihm fremd gewordenen Sohn im Zweikampf.

Nach der Bekehrung der germanischen Stämme zum Christentum treten religiöse Themen immer mehr in den Vordergrund, was in dem *Wessobrunner Gebet* oder im *Muspilli*, einem Gesang über den Weltenbrand, zum Ausdruck kommt. Das Leben Christi, so wie es in den vier Evangelien dargestellt ist, aber aus ritterlich-germanischer Sicht, wird im *Heliand* und im *Evangelienbuch* des OTFRIED VON WEIßENBURG nacherzählt.

Im 9. Jahrhundert wird die deutsche Sprache zunehmend vom Lateinischen verdrängt, und die Literatur wird fast ausschließlich zur Angelegenheit der Geistlichen. Selbst Rittergeschichten wie das *Waltharilied* entstehen in den Klöstern, den zentralen Bildungsstätten der damaligen Zeit.

Erst um die Mitte des 12. Jahrhunderts setzt sich die deutsche Sprache wieder durch, und um das Jahr 1200 läßt sich ein zweiter Höhepunkt deutscher Dichtung verzeichnen. Unter den Stauferkaisern FRIEDRICH I. BARBAROSSA (1152 – 1190) und FRIEDRICH II. (1215 – 1250) erlebt das Rittertum seine Blütezeit. Bedingt durch die Kreuzzüge, fand ein reger Kulturaustausch mit dem Orient und den europäischen Nachbarländern, besonders mit Frankreich, statt. Sogar die Mönche verfaßten nun Rittergeschichten und Sagen in deutscher Sprache (z. B das *Rolandslied* des Pfaffen Konrad, um 1170), ohne aufdringlich auf die christliche Heilslehre zu verweisen. Fahrende Spielleute zogen von einer Burg zur anderen und unterhielten die höfische Gesellschaft mit der Beschreibung von Abenteuern, wobei ritterliche Tugenden als Maßstab für die ideale Lebensweise gepriesen wurden. Als Vorbild schlechthin galt der christliche Kreuzritter, der sowohl

durch seine Frömmigkeit als auch durch seine kämpferischen Fähigkeiten über-
zeugte. Treue, Ehre, Reinheit, Mut und Selbstbeherrschung wurden neben der
Beständigkeit (staete) und der inneren Ausgeglichenheit (saelde) zu den wichtigsten Werten erhoben.

Für die Literatur des **Mittelhochdeutschen** (um 1200) lassen sich drei große
Bereiche unterscheiden: das Heldenepos, das höfische Epos sowie der Minnesang. Während die althochdeutsche Dichtung den *Stabreim* (drei Wörter in
einer Zeile mit demselben Anfangsbuchstaben) verwendet hatte, setzte sich nun
der *Endreim* durch, wobei die Alliteration noch nicht völlig vergessen wurde.

Das Heldenepos

Die beiden bedeutendsten Ritterepen, das *Nibelungenlied* und das *Kudrunlied*,
haben ihre thematischen Wurzeln in der germanischen Völkerwanderung. Verschiedene Sagenkreise wurden jedoch gemischt und zu einer jeweils neuen Einheit zusammengefügt. In diesem Zusammenhang gelangten auch wieder heid-
nisch-vorchristliche Vorstellungen zu einer unterschiedlich starken Geltung. Im
Gegensatz zum Nibelungenlied, das Turniere, Kämpfe, Jagden und glänzende
Feste verherrlicht und dabei Rache und Haß als Hauptantriebskräfte der handelnden Personen bewertet, stellt das Kudrunlied eher christliche Motive heraus und
ruft zu Friedensliebe, Ritterlichkeit und Versöhnung auf. Wie bei Volksliedern
sind auch die Verfasser der Heldenepen unbekannt.

Das höfische Epos

Für ein höfisches Publikum waren die stark von christlichem Gedankengut
geprägten und in Reimform verfaßten Rittergeschichten der im allgemeinen gut
bekannten Autoren gedacht. Diese Epen, die eine erzieherische Wirkung bei
ihren Hörern zum Ziel hatten, wurden am Hof vorgetragen, aber nicht gesungen.
Vorwiegend aus französischen Quellen stammten die Stoffe, wobei CHRÉTIEN
DE TROYES (1140 – 1190) die meisten Anregungen vermittelte. Besonders beliebt
waren die Sagen um den legendären König Artus, der um 500 in England gelebt
haben soll. Die an der dortigen Tafelrunde versammelten Ritter konnten in
besonderem Maße als tapfere, gottsuchende Kämpfer verehrt und damit als nach-
ahmenswerte Menschen zum Idealbild einer ritterlichen Lebensweise erhoben
werden.
Zu den herausragenden Werken der auch um formale Perfektion bemühten Dichter zählen:

- HARTMANN VON AUE (1160 – 1210): Erec, Iwein, Gregorius, Der arme Heinrich
- WOLFRAM VON ESCHENBACH (1170 – 1220): Parzival, Titurel, Willehalm
- GOTTFRIED VON STRAßBURG (1170 – 1215): Tristan und Isolde.

Der Minnesang

Auch die Minnelyrik geht hauptsächlich auf französische Einflüsse zurück. Die Troubadours verfaßten als erste ritterliche Liebeslieder, die sie an den Höfen Frankreichs zu einer eigenen Melodie vortrugen. Entweder mit einer Harfe oder einer Zither begleiteten die Dichter ihre Texte selbst.

Die Minnelieder werden in zwei deutlich unterscheidbare Bereiche eingeteilt. In der **niederen Minne**, die sich an ein breiteres Publikum wendet, wirbt ein Mann um eine Frau oder umgekehrt, wobei die körperliche Vereinigung nicht ausgeschlossen wird. Die Sehnsucht nach dem Partner, die persönliche Hingabe oder die Sinneslust wurden immer wieder von den bedeutendsten Vertretern dieser Lyrikform, dem RITTER VON KÜRENBERG, DIETMAR VON AIST oder von HEINRICH VON VELDEKE, thematisiert.

Ganz anders verfährt die **hohe Minne**, die an eine verheiratete Frau gerichtet ist und von vornherein jeden Gedanken an ein gemeinsames Glück ausschließt. Vielmehr gibt sich der Dichter bereits zufrieden, wenn die von ihm erkorene Herrin durch einen Gruß oder ein Lächeln zu verstehen gibt, daß sie die Huldigung geschmeichelt anerkennt. Aus der Spannung von Verlangen und Entsagung entstand ein idealisiertes Frauenbild, das Respekt und sittliche Werte umfaßte. Diese höfische Standeslyrik wurde besonders von Sängern aus dem Adel, wie z. B. HEINRICH VON MORUNGEN und REINMAR VON HAGENAU, aber auch von Fürsten gepflegt. Selbst von Kaiser Heinrich VI. (1165 – 1197), einem Sohn Friedrich Barbarossas, sind Minnelieder überliefert.

Aufgrund seiner Vielseitigkeit, die sowohl hohe und niedere Minnelyrik als auch politische Lieder umfaßt, nimmt WALTHER VON DER VOGELWEIDE eine Sonderstellung ein. Dieser Sänger beklagt dann auch am Ende seines Lebens den einsetzenden Verfall des Minnesangs. Nach dem Ende der Stauferherrschaft (1254) und dem damit verbundenen Niedergang des Rittertums verloren die fahrenden Spielleute zunehmend an Bedeutung, und die deutsche Literatur wurde fortan von den Bürgern der aufblühenden Städte geschaffen.

Wichtigste Werke

Althochdeutsche Epoche:

800	Wessobrunner Gebet
	Hildebrandslied
830	Heliand
870	Otfried von Weißenburg: Leben und Leiden Christi

Mittelhochdeutsche Epoche:

1195	Hartmann von Aue: Der arme Heinrich
1200	Nibelungenlied
	Wolfram von Eschenbach: Parzival
	Walther von der Vogelweide: Minnelieder
1210	Gottfried von Straßburg: Tristan und Isolde
1230	Kudrunlied

2.1 Das Nibelungenlied

Dieses Heldenepos, dessen Inhalt bis in unsere Zeit hinein eine herausragende Rolle spielt und immer wieder in Filmen und Jugendbüchern neu bearbeitet wird, dürfte um das Jahr 1200 von einem österreichischen Spielmann niedergeschrieben worden sein. In zehn verschiedenen Handschriften aus dem 13. Jahrhundert wurde uns der Text, der seinerseits auf einen nicht erhaltenen Urtext zurückgeht, überliefert.

Der Verlauf des Nibelungenliedes setzt sich aus verschiedenen Sagen zusammen, die jeweils einen historisch wahren Kern enthalten, aber zeitlich und örtlich weit auseinanderliegen. So wird die nordische Gestalt des Siegfried, der die in Island lebende, unüberwindbar scheinende Brunhilde besiegt und diese König Gunther zur Frau gibt, mit den Burgundern in Beziehung gesetzt. Auch die Hunnen mit ihrem König Etzel (Attila) kommen am Ende des Liedes mit den Burgundern zusammen, die bei dieser Begegnung ihren Untergang erleben.

Die handelnden Figuren lassen sich bei ihren Überlegungen und Taten vorwiegend von heidnischen Vorstellungen leiten. Christliche Beweggründe treten stark in den Hintergrund. Als Hauptantriebskräfte gelten Haß, Blutrache, Stolz und Mannesehre. Versöhnung ist nicht gefragt.

Inhalt

Kriemhild, die Schwester der Könige Gunther, Gernot und Giselher von Burgund, wuchs zu Worms in jungfräulicher Schönheit heran. Zu ihr kommt als Freier der »hörnerne« Siegfried, der Königssohn aus Xanten, der Recke mit dem Nibelungenschatz. Mit Hilfe seiner Tarnkappe bezwingt er im Wettkampf an Stelle Gunthers die begehrte und streitbare Brunhild, die Königin von Isenland, und gewinnt als Lohn dafür die schöne Kriemhild. Ein großes Fest wird zu Worms gefeiert: die Hochzeit Gunthers mit Brunhild, Siegfrieds mit Kriemhild.

Zehn Jahre leben Siegfried und Kriemhild in Xanten, als Gunther sie zu großen Festlichkeiten einlädt. Hierbei geraten die beiden Königinnen in Streit über die Vorzüge ihrer Gatten. Kriemhild preist die Stattlichkeit ihres Gemahls, und Brunhild rühmt darauf Gunther als den Dienstherrn Siegfrieds. Gunthers Gemahlin sei ein Kebsweib, von Siegfried bezwungen, erwidert ihr die erzürnte Kriemhild und zeigt Ring und Gürtel vor, die Siegfried der Brunhild in der Brautkammer Gunthers abgerungen hatte.

Nur der Tod Siegfrieds kann der in ihrem Stolz gekränkten Brunhild Genugtuung geben. Für den Mordplan gewinnt sie Gunthers besten Recken, Hagen von Tronje, der sich das Vertrauen Kriemhilds erschleicht und von ihr die verwundbare Stelle am sonst durch Drachenblut unverwundbaren Leibe Siegfrieds erfährt. Meuchlings durchbohrt Hagen auf einer Jagd Siegfried. Kriemhild weiß, daß Brunhild die Anstifterin, Hagen der Mörder ist und Gunther, alle Dankbarkeit vergessend, die Tat geduldet hat.

Dreizehn Jahre sind seit Siegfrieds Tod verflossen. Kriemhild bleibt untröstlich und ist von Rachegedanken erfüllt gegen Hagen, der ihr auch noch den Nibelungenschatz geraubt und heimlich im Rhein versenkt hat. Da wirbt Etzel, der Hunnenkönig, dem Frau Helche gestorben ist, durch seinen Recken Rüdiger von Bechlaren um Kriemhilds Hand. Sie willigt ein, weil sie hofft, mit Etzels Macht ihren Rachedurst stillen zu können.

Dreizehn Jahre ist Kriemhild Königin von Hunnenland, als Etzel auf Bitten seiner Frau die Burgunderkönige zu sich einlädt, auch Hagen, Volker, Dankwart und all die anderen Recken. Über Bechlaren, wo sich Giselher mit der schönen Tochter des Markgrafen Rüdiger verlobt, zieht die Heerschar zum Hunnenland. Dietrich von Bern, der im Dienste Etzels lebende Ostgotenkönig, und sein Waffenmeister Hildebrand begrüßen die Freunde an der Grenze, warnen sie aber auch vor Kriemhilds Rache.

Bereits zwei Tage nach der Ankunft, während des Festmahls, bricht auf Anstiften der Königin der Kampf los. Hagen erschlägt dabei mit Siegfrieds Schwert, das er nach der Mordtat an sich genommen hat, Ortlieb, das Kind von Etzel und Kriemhild. Dietrich kann seinen König und die Königin aus dem kampferfüllten Saal befreien. Da die Brüder Kriemhilds sich weigern, ihr Hagen von Tronje auszuliefern, läßt sie an den Saal Feuer legen, dessen die Burgunder aber Herr werden können.

Am nächsten Morgen entbrennt der Kampf von neuem. Auf Bitten Etzels greift jetzt auch Rüdiger von Bechlaren zum Schwert: er und Gernot fallen im Zweikampf. Auch Dietrich von Bern nimmt mit seinen Mannen die Waffen auf. Von den Burgundern bleiben nur Gunther und Hagen am Leben. Sie werden von Dietrich überwältigt und gefesselt zur Königin geführt. Kriemhild will nun von Hagen wissen, wo er den Nibelungenschatz versenkt habe. Er darf es nicht verraten, solange einer seiner Herren noch am Leben ist. Da läßt Kriemhild ihrem Bruder Gunther das Haupt abschlagen und zeigt es Hagen, der sein Geheimnis aber auch jetzt nicht preisgeben will. Darüber erzürnt, reißt Kriemhild ihm das Schwert Siegfrieds aus der Scheide und schlägt Hagen den Kopf vom Rumpfe. Entsetzt über diese Untat tötet darauf der alte Hildebrand seine Königin. Etzel, Dietrich und Hildebrand, die einzigen Überlebenden, beweinen die Toten.

Aus: Müller/Valentin: Deutsche Dichtung. Kleine Geschichte unserer Literatur. Paderborn 1981, S. 18f.

Aufgabe 47

Stellen Sie Kriemhilds Handlungen zusammen, und geben Sie dabei jeweils ihre Motive an.
Welche Wertvorstellungen werden bei diesen Taten deutlich?

Im Gegensatz zu anderen Ritterepen werden im Nibelungenlied die Menschen von heftigen Leidenschaften beherrscht. Eine düstere Grundstimmung breitet sich über das gesamte Geschehen, das von einer undurchsichtigen Schicksalsmacht beeinflußt zu sein scheint. Zu Beginn und am Ende des Epos klingen die Aspekte an, die den Spannungsbogen der Geschichte ausmachen.

Aufgabe 48

Arbeiten Sie die in den folgenden Strophen vorkommenden Gegensätze heraus, und zeigen Sie dabei die germanisch-heidnische Denkweise auf.

Anfang

Uns ist in alten mæren · wunders vil geseit
von helden lobebæren · von grôzer arebeit,
von vreude und hôchgezîten · von weinen und von klagen,
von küener recken strîten · muget ir nu wunder hœren sagen.

5 Ez wuohs in Burgonden · ein vil edel magedîn,
daz in allen landen · niht schœners mohte sîn;
Kriemhil was si geheizen · si wart ein schœne wîp.
dar umbe muosen degene · vil verliesen den lîp.

Der minneclîchen meide · triuten wol gezam;
10 ir muoten küene recken · niemen was ir gram.
âne mâzen schœne · sô was ir edel lîp.
der juncvrouwen tugende · zierten anderiu wîp.

Viel Wunderdinge melden · die Mären alter Zeit
Von preiswerten Helden · von großer Kühnheit,
Von Freud' und Festlichkeiten · von Weinen und von Klagen,
Von kühner Recken Streiten · mögt ihr nun Wunder hören sagen.

5 *Es wuchs in Burgunden · solch edel Mägdelein,*
Daß in allen Landen · nichts Schönres mochte sein.
Kriemhild war sie geheißen · und ward ein schönes Weib,
Um die viel Degen mußten · verlieren Leben und Leib.

Die Minnigliche lieben · brachte keinem Scham;
10 *Um die viel Recken warben · niemand war ihr gram.*
Schön war ohne Maßen · die edle Maid zu schaun;
Der Jungfrau höf'sche Sitte · wär' eine Zier allen Fraun.

Schluß

Dô was gelegen aller · dâ der veigen lîp:
ze stücken was gehouwen · dô daz edele wîp.
Dietrîch und Etzel · weinen dô began:
si klageten innenclîche · beidiu mâge unde man.

5 Diu vil michel êre · was dâ gelegen tôt:
die liute heten alle · jâmer unde nôt.
mit leide was verendet · des küneges hôhgezît,
als ie diu liebe leide · zaller jungeste gît.

Ich enkan iu niht bescheiden · waz sider dâ geschach,
10 wan rîter unde vrouwen · weinen man dâ sach,
dar zuo die edeln knehte · ir lieben vriunde tôt.
hie hât daz mær ein ende · ditze ist *der Nibelunge nôt.*

Die da sterben sollten · die lagen all' umher:
Zu Stücken lag verhauen · die Königin hehr.
Dietrich und Etzel · huben zu weinen an
Und inniglich zu klagen · mancher Freund und Untertan.

5 *Da war der Helden Herrlichkeit · hingelegt im Tod:*
Die Leute hatten alle · Jammer und Not.
Mit Leide war beendet · des Königs Lustbarkeit,
Wie immer Leid die Freude · am letzten Ende verleiht.
Ich kann euch nicht bescheiden · was seither geschah.
10 *Als daß man Fraun und Ritter · immer weinen sah,*
Dazu die edeln Knechte · um lieber Freunde Tod.
Hier hat die Mär' ein Ende · das ist die Nibelungennot.

Aus: Das Nibelungenlied. Mittelhochdeutsch und übertragen von Karl Simrock.
Wiesbaden, o. J., S. 6 f. und 638 ff.

Zusammenfassung

Nibelungenlied:
– Gattung: Heldenepos
– Entstehungszeit: um 1200, Österreich
– Aufbau: Vermischung verschiedener Sagenkreise (Siegfried-Sage, Burgunder-Sage, Hunnen/König Etzel
– Inhalt: Untergang der Burgunder durch Kriemhilds Rache für Siegfrieds Ermordung
– germanisch-heidnische Geisteswelt (dunkle Schicksalsmächte, Rache statt Versöhnung)

2.2 Wolfram von Eschenbach: Parzival

Um 1170 ist der aus einem fränkischen Rittergeschlecht stammende Wolfram in Eschenbach bei Ansbach geboren. Da seine Familie keine Reichtümer besaß, mußte der junge Sänger als fahrender Ritter durch die Lande ziehen und bei den Staufern Heeresdienst tun. Am Hof des kunstinteressierten Landgrafen Hermann von Thüringen traf Wolfram um 1204 auf WALTHER VON DER VOGELWEIDE, mit dem zusammen er an dem legendären Sängerkrieg auf der Wartburg teilgenommen haben soll. Seine letzten Lebensjahre hat Wolfram auf seiner Burg in Eschenbach verbracht, wo er auch um 1220 gestorben ist.

Nach seinem Hauptwerk, dem *"Parzival"*, hat Wolfram noch zwei epische Dichtungen verfaßt. Im *"Titurel"* schildert er, wie Sigune ihrem Verlobten, der für sie im Minnedienst das Leben gab, die Treue hält und den Tod als Möglichkeit zu einer Vereinigung mit ihrem Geliebten herbeisehnt. Auch der an Wolframs Lebensende entstandene *"Willehalm"* kreist um das Verhältnis zwischen Liebe, Religion und Rittertum. Der Held, Markgraf Guillaume (Willehalm) von Orange, besiegt die heidnischen Sarazenen, tritt aber auch für Versöhnung ein und wird damit zum Vorbild für ein christliches Ritterwesen.

Wie HARTMANN VON AUE hat auch Wolfram von Eschenbach viele Stoffe des Franzosen CHRÉTIEN DE TROYES bearbeitet und mit eigenen Ideen erweitert und vertieft. Der fragmentarisch gebliebene "Perceval" geriet in Wolframs Hand zum ersten deutschen Entwicklungsroman in episch-höfischer Form, wobei ein individuelles Schicksal mit dem Sagenkreis um König Artus in Beziehung gesetzt wird.

Der "tumbe tor" Parzival gelangt erst nach vielen enttäuschenden Erfahrungen zu seinem Heil, das in der Vereinigung von Rittertugenden und Gottes Gnade besteht. Schrittweise wird der anfangs weltfremde, naive Parzival in die Welt des christlichen Rittertums eingeführt. Mehrere Rückschläge und tiefe Schuldverstrickung verleiten den jungen Gralsucher zur Auflehnung gegen Gott, bis er durch Selbstüberwindung zu innerer Ausgeglichenheit und zu seiner weltlichen wie religiösen Vollendung findet.

Inhalt

Mit der Kindheit Parzivals in weltabgeschlossener Einsamkeit setzt dieser erste Entwicklungsroman der deutschen Dichtung ein. Vergeblich ist Herzeloides Bemühen, den Sohn von der Welt und den Gefahren des Rittertums, denen sein Vater früh erlag, fernzuhalten. Das ritterliche Geblüt treibt ihn, den reinen, tumben Toren, unwiderstehlich zur Fahrt in die Welt. Die verlassene Mutter stirbt vor Gram. Unwissend erschlägt Parzival im Zweikampf einen Verwandten und raubt ihm die Rüstung. Er gelangt zum Hofe des Königs Artus und wird in den erlauchten Kreis der Tafelrunde aufgenommen. Als Artusritter zieht er erneut durch die Lande, befreit die junge Kondwiramur aus Feindesnot und gewinnt sie zur Frau. Doch ritterlicher Tatendrang und Sehnsucht nach dem Unbekannten treiben ihn abermals in die Ferne. Er findet den Weg zur Gralsburg, deren König Anfortas, sein Oheim, von einer nicht heilenden Kampfwunde gepeinigt wird. Eine teilnahmsvolle Frage könnte ihn von seiner Qual befreien. Aber Parzival, einst von dem greisen Ritter Gurnemanz über höfisches Wohlverhalten und die Lebensformen der ritterlichen Gesellschaft belehrt, unterläßt die erlösende Frage. Er versagt in der Stunde der Erprobung. Kundry, die Gralsbotin, verflucht ihn und erklärt ihn der Tafelrunde für unwürdig. Trotzig und mit sich selbst hadernd, entschlossen, selbst Gottes Haß auf sich zu nehmen, schweift Parzival fast fünf Jahre lang unstet und verstört umher. Aber immer wieder bewegt ein einziges Verlangen sein unruhevolles Herz: Gott wieder zu finden, den Gral erneut zu schauen und als Begnadeter zu Kondwiramur zurückzukehren. An einem Karfreitag kehrt er bei dem Einsiedler Trevrizent, dem Bruder seiner Mutter, ein. Hier beugt er sich vor Gott im Gefühl seiner Schuld und empfängt Aufschluß über die Geheimnisse des Grals. Der Vergebung gewiß, nun erst eigentlich zum christlichen Ritter geworden, verläßt er den Einsiedler. Dieser, so heißt es, "schied ihn von der Sünde und riet ihm doch ritterlich". In glänzenden Siegen, unter anderem über Gawan, den in Kampf und Minne ersten der Artusritter, stellt Parzival seine Ehre und sein Ansehen wieder her. Er kehrt in den Artuskreis zurück. Aufs neue öffnet sich ihm der Weg zum Gral. Seine Frage heilt den Oheim. Er gewinnt die Gralskrone und vereint sich mit Kondwiramur. Sein Sohn Lohengrin wird zu seinem Nachfolger bestimmt.

Dem Gottsucher Parzival, dessen Weg über tumpheit und den zwîfel zur saelde, d. h. dem höchsten Glück führt, stellt der Dichter in Gawan den im Frauendienst vollendeten Weltritter gegenüber, den Vertreter des damaligen europäischen Rittertums.

Aus: Schwarz-Hacker: Geschichte der deutschen Dichtung. Lübeck und Hamburg. 1964, S. 17 f.

Aufgabe 49

 Skizzieren Sie die einzelnen Stufen von Parzivals Entwicklung, und geben Sie dabei jeweils die Lernerfolge bzw. Erfahrungen des Ritters an.
Welche weltlichen und religiösen Eigenschaften machen nach Wolframs Vorstellungen das Ideal eines christlichen Ritters aus?

Für Wolfram von Eschenbach war nur ein Rittertum erstrebenswert, das auf der Grundlage christlicher Werte seine Ziele durch konkrete Taten umsetzte. Die gelebte Wirklichkeit war dabei von großer Bedeutung. Nicht nur Siege und höfisch perfektes Benehmen sollten den Menschen auszeichnen, auch Niederlagen und das Versagen in entscheidenden Augenblicken gehörten zu einem Lebenslauf dazu, weil erst durch die Einsicht in seine Schuldhaftigkeit und durch tätige Reue der christliche Ritter Gottes Gnade erreichen kann. Die innere Läuterung, herbeigeführt durch die nötige Welterfahrung, schafft die Voraussetzung für die Erhöhung des Menschen. Im heiligen Gral, dem magischen Abendmahlskelch, den die Kreuzritter aus Jerusalem nach Europa gebracht hatten, symbolisiert sich die Harmonie zwischen Mensch und Gott. Aufgrund seines wechselhaften Werdegangs wird Parzival zu dem befähigten Gralsbesitzer und damit zum Musterbeispiel eines innerlich gefestigten, vom Glauben erfüllten Ritters.

Diesem Vorbildcharakter setzte Wolfram von Eschenbach den erfolgreichen, im Minnedienst vollendeten Weltritter Gawan entgegen, um damit die zu seiner Zeit vorherrschenden Idealvorstellungen vom Rittertum als oberflächlich zu kritisieren. Für Wolfram genügte eine gute Ausbildung im Umgang mit Waffen oder in den höfischen Gepflogenheiten keineswegs. Ein christlicher Ritter mußte seine Reife vor allem durch seine Lebenserfahrungen nachweisen.

Aufgabe 50

 Erarbeiten Sie aus dem folgenden Textausschnitt die beiden Extrempositionen menschlichen Daseins, dargestellt durch die Farbsymbole schwarz und weiß.

Ordnen Sie anschließend diesen zwei Lebenshaltungen Parzivals wichtigste Aktionen zu. Welche zwei Seiten in Parzivals Charakter werden dabei sichtbar?

Eingang

Ist zwîfel herzen nâchgebûr,
daz muoz der sêle werden sûr,
gesmæhet unde gezieret
ist, swâ sich parrieret
5 unverzaget mannes muot,
als agelstern varwe tuot.
der mac dennoch wesen geil:
wand an im sint beidiu teil,
des himels und der helle,
10 der unstæte geselle
hât die swarzen varwe gar,
und wirt ouch nâch der vinster var:
sô habet sich an die blanken
der mit stæten gedanken ...

Wenn der Zweifel [an Gottes Hilfe und an sich selbst] sich dem Herzen benachbart, so muß das für die Seele bitter werden. Denn es wird geschmäht und gepriesen, wenn die Gesinnung des unverzagten Mannes sich teilt wie das zweifarbige Gefieder der Elster. Und doch kann ein solcher Mensch immer noch froh sein, denn an ihm haben beide, Himmel und Hölle, teil. Nur der zuchtlose Geselle entspricht der schwarzen Farbe ganz und gar und wird sich immer an sie halten. Genau so aber hält der mit reinen und festen Gedanken sich an die weiße Farbe.

Aus: Ernst Bender: Deutsches Lesebuch. Obersekunda. Karlsruhe 1969, S. 153.

Zusammenfassung

Wolfram von Eschenbach: Parzival
- Gattung: höfisches Epos
- Entstehungszeit: um 1200
- Quelle: fragmentarisches Epos "Perceval" von Chrétien de Troyes
- Aufbau: Entwicklungsroman in epischer Form
  Der naive Parzival gelangt nach einer langen Wanderschaft mit Höhen und Tiefen an sein Ziel, der Regentschaft auf der Gralsburg.
- christliches Weltbild: Parzivals Erfolg ist nur auf der Grundlage einer intensiven Ausbildung auf waffentechnischem und religiösem Gebiet möglich. Ein an christlichen Wertvorstellungen orientiertes Rittertum schwebt dem Autor als Ideal für seine Zeit vor.

2.3 Walther von der Vogelweide

Der aus einem Rittergeschlecht kommende Walther von der Vogelweide dürfte um 1170 in Österreich, vielleicht in Tirol, geboren sein. Bereits 1190 begann er seine Laufbahn als Sänger am Hof der Babenberger in Wien, wo vermutlich REINMAR VON HAGENAU sein Lehrer war. Nach dem Tod seines Förderers, Herzog Friedrich von Österreich, mußte Walther 1198 Wien verlassen; er zog als fahrender Spielmann durch das Land. Um 1204 kam er als Gast des Landgrafen Hermann von Thüringen auf die Wartburg, um an dem sagenumwobenen Sängerwettstreit teilzunehmen. Erst im Alter von 50 Jahren gelangte Walther zur Ruhe, nachdem er von Kaiser Friedrich II., in dessen Dienst er zuvor getreten war, ein kleines Lehen in oder bei Würzburg erhalten hatte. Um 1230 ist Walther von der Vogelweide gestorben.

Er gilt wegen der Bandbreite seiner Themen und Formen als der herausragende Dichter des Mittelalters. Deutlicher als alle seine Zeitgenossen beschäftigte er sich mit den politischen Vorgängen seiner Epoche und begründete damit die Tradition der politischen Lyrik in Deutschland. Sowohl mit Sprüchen als auch mit ausgefeilten Liedern mischte sich Walther sprachgewaltig und mahnend in die Auseinandersetzung zwischen Kaiser und Papst ein, beklagte aber auch den Sittenverfall und die gesellschaftliche Orientierungslosigkeit nach dem allzu frühen Tod des bei einem Turnier gefallenen Stauferkaisers Heinrich VI. (1197).

Ich saz ûf eime steine, und dahte bein mit beine: dar ûf satzt ich den ellenbogen: ich hete in mîne hant gesmogen 5 daz kinne und ein mîn wange. dô dâhte ich mir vil ange, wie man zer welte solte leben: deheinen rât kond ich gegeben, wie man driu dinc erwurbe, 10 der keines niht verdurbe. diu zwei sint êre und varnde guot, daz dicke ein ander schaden tuot: daz dritte ist gotes hulde, der zweier übergulde. 15 die wolte ich gerne in einen schrîn. jâ leider desn mac niht gesîn, daz guot und weltlich êre und gotes hulde mêre zesamene in ein herze komen, 20 stîg unde wege sint in benomen: untriuwe ist in der sâze, gewalt vert ûf der strâze: fride unde reht sint sêre wunt. diu driu enhabent geleites niht, 25 diu zwei enwerden ê gesunt	*Ich saß auf einem Stein,* *und schlug ein Bein über das andere.* *Darauf stützte ich den Ellenbogen.* *Ich hatte in meine Hand geschmiegt* *das Kinn und meine eine Wange.* *So erwog ich in aller Eindringlichkeit,* *wie man auf dieser Welt zu leben habe.* *Keinen Rat wußte ich zu geben,* *wie man drei Dinge erwerben könne,* *ohne daß eines von ihnen verlorenginge.* *Zwei von ihnen sind Ehre und Besitz,* *die einander oft Abbruch tun;* *das dritte ist die Gnade Gottes,* *weit höher geltend als die beiden andern.* *Die wünschte ich in ein Gefäß zu tun.* *Aber zu unserm Leid kann das nicht sein,* *daß Besitz und Ehre in der Welt* *und dazu Gottes Gnade* *zusammen in ein Herz kommen.* *Weg und Steg ist ihnen verbaut,* *Verrat lauert im Hinterhalt,* *Gewalttat zieht auf der Straße,* *Friede und Recht sind todwund:* *bevor diese beiden nicht gesunden, haben* *die Drei keine Sicherheit.*

Aus: Gedichtbuch. Deutsche Gedichte aus zwölf Jahrhunderten für die Schule
(hrsg. von Karl Pörnbacher). Berlin 1987, S. 10 f.

Aufgabe 51

 Stellen Sie den zeitlichen Hintergrund dar, den Walther von der Vogelweide in seinem Lied schildert. Welche persönliche Grundeinstellung des Dichters geht aus seinen Aussagen hervor?

In seinen politischen Gedichten trat Walther für den Frieden im Reich und für das Gemeinwohl ein. Den Wirren der Stauferzeit setzte er eine klare, bekenntnishafte Werteordnung gegenüber.

Auch in seinen Minneliedern drängten persönliche Anliegen immer mächtiger in den Vordergrund. Er versuchte die formelhafte Minnelyrik, die er in seiner Jugend erlernt hatte, zu überwinden und durch eine gefühlvollere, individuelle und ehrliche Poesie zu ersetzen. Reichtum, Schönheit und hoher Stand galten für ihn nicht länger als die verehrungswürdigsten Eigenschaften einer Frau, sondern Empfindung, Aufrichtigkeit und Herzensgüte gehörten zu den wichtigsten Merkmalen seines Frauenbildes. Deshalb finden sich in Walthers Spätwerk immer häufiger Beispiele der niederen Minne.

Ein Vergleich zwischen Reimar und seinem Schüler Walther von der Vogelweide veranschaulicht den Unterschied zwischen einer konventionellen Standeslyrik (hohe Minne) und einem gefühlsbetonten Liebesgedicht (niedere Minne).

Reimar der Alte: Lob der Frau

Sô wol dir, wîp, wie reine ein nam!
wie sanfte er doch z'erkennen und ze nennen ist!
ez wart nie niht sô lobesam,
swâ duz an rehte güete kêrest, sô du bist.
5   dîn lop nieman mit rede volenden kan.
swes du mit triuwen phligest, wol im, derst ein sælic man
und mac vil gerne leben,
du gîst al der werlde hôhen muot:
wan maht och mir ein lützel fröiden geben?

Sei gepriesen, Frau, was für ein reiner Name!
Wie schön er doch zu erkennen und zu nennen ist!
Nie war es so lobenswert,
wenn du dich um die richtige Güte bemühst, so wie es dir ansteht.
Niemand kann dich mit Worten genügend loben.
Wem du mit Treue anhängst, wohl dem, denn der ist ein glücklicher Mann
und kann sich des Lebens freuen.
Du gibst der ganzen Welt einen großen Ansporn:
Wann wirst du auch mir ein wenig Freude bereiten?

Aus: Ernst Bender: Deutsches Lesebuch. Obersekunda. Karlsruhe, 1969, S. 67.

Walther von der Vogelweide: Unter der Linde

Under der linden	*Unter der Linde*
an der heide,	*auf der Heide,*
dâ unser zweier bette was,	*wo unser beider Lager war,*
dâ mugt ir vinden	*da kann man sehn*
5 schône beide	*liebevoll gebrochen*
gebrochen bluomen unde gras.	*Blumen und Gras.*
Vor dem walde in einem tal,	*Vor dem Wald in einem Tal,*
tandaradei,	*tandaradei*
schône sanc diu nahtegal.	*sang schön die Nachtigall.*
10 Ich kam gegangen	*Ich kam gegangen*
zuo der ouwe:	*zu der Wiese,*
dô was mîn friedel komen ê.	*da war mein Liebster schon vor mir gekommen.*
Dâ wart ich enpfangen,	*Da wurde ich empfangen*
hêre frouwe,	*– Heilige Jungfrau! –*
15 daz ich bin sælig iemer mê.	*daß es mich immer glücklich machen wird.*

Kuste er mich? wol tûsentstunt:	*Ob er mich küßte? Wohl tausendmal,*
tandaradei,	*tandaradei,*
seht wie rôt mir ist der munt.	*seht wie rot mein Mund ist.*
20 Dô het er gemachet	*Da hatte er bereitet*
alsô rîche	*in aller Pracht*
von bluomen eine bettestat.	*von Blumen ein Lager.*
Des wirt noch gelachet	*Daran wird sich freuen*
inneclîche,	*von Herzen,*
25 kumt iemen an daz selbe pfat.	*wer daran vorübergeht.*
Bî den rôsen er wol mac,	*An den Rosen kann er noch*
tandaradei,	*– tandaradei –*
merken wâ mirz houbet lac.	*sehen wo mein Kopf lag.*
Daz er bî mir læge,	*Daß er bei mir lag,*
30 wessez iemen	*wüßte es jemand*
(nu enwelle got!) sô schamt ich mich.	*(da sei Gott vor!), so schämte ich mich.*
Wes er mit mir pflæge,	*Was er tat mit mir,*
niemer niemen	*niemals soll jemand*
bevinde daz wan er und ich –	*das erfahren als er und als ich –*
35 Und ein kleines vogellîn,	*und die liebe Nachtigall,*
tandaradei,	*tandaradei;*
daz mac wol getriuwe sîn.	*die wird gewiß verschwiegen sein.*

Aus: Gedichtbuch. Deutsche Gedichte aus zwölf Jahrhunderten für die Schule (hrsg. von Karl Pörnbacher). 1987, S. 8 f.

Aufgabe 52

Vergleichen Sie die in den beiden Gedichten dargestellten Frauenbilder. Welche Beziehung zwischen Mann und Frau geht daraus jeweils hervor?

Zusammenfassung

Walther von der Vogelweide
– politische Lieder: Einmischung in den Streit zwischen Kaiser und Papst, Anprangerung des allgemeinen Sittenverfalls, Forderung nach Reichsfrieden
– hohe Minnelyrik: Verehrung einer (verheirateten) Frau von hohem Rang, Lob ihrer Schönheit und ihrer Tugend – Hoffnung des Sängers auf ein Zeichen des Wohlwollens seiner erwählten Herrin
– niedere Minnelyrik: Werben um eine Frau meist einfachen Standes, Hervorhebung ihrer körperlichen und seelischen Eigenschaften – Hoffnung des Sängers auf eine Vereinigung mit der Geliebten

3 Barock

Erschüttert durch die kriegerischen Auseinandersetzungen während der Reformation im 16. Jahrhundert sowie durch die Greuel und Verwüstungen des Dreißigjährigen Krieges (1618–1648), wandten sich die Menschen wieder verstärkt der Religion zu. Zerstörungen und Seuchen zeigten, wie vergänglich alles Irdische ist und daß die einzige Hoffnung im Glauben an ein besseres Leben im Jenseits besteht. Der fromme Mensch im Barock faßte die Welt als einen sündhaften Ort auf, der vom Teufel dominiert war und dem man deshalb entfliehen mußte. Nach dieser Denkweise konnte der Tod nur als eine Erlösung verstanden werden.

Allerdings war das Weltgefühl im Barockzeitalter durchaus zwiespältig. Während die einen das Motto "Memento mori" (Mensch bedenke, daß du sterben mußt!) zur Grundlage einer gottgefälligen Lebensweise machten, zogen die anderen aus demselben Erfahrungshorizont heraus eine entgegengesetzte Schlußfolgerung: "Carpe diem" (Nutze den Tag!). Weltflucht und Genußsucht waren die extremen Reaktionen auf diese beiden Sichtweisen, wobei sich diese Gegensätze auch in den unterschiedlichsten Formen vermischten. Die prächtigen Barockkirchen mit ihren farbenfreudigen Deckengemälden, ihren wuchtigen Altarbildern und ihren starken Säulen wollten die Menschen einerseits an die Macht Gottes ermahnen, dokumentierten andererseits aber auch die weltliche Präsenz der Kirche.

Der gewachsene Einfluß der Fürsten drückte sich in prunkvollen Residenzen aus, die von berühmten Baumeistern (z. B. Balthasar Neumann) entworfen wurden. In den großangelegten Schlössern, wie etwa in Versailles, Wien, Nymphenburg oder Dresden, unterstrich ein sinnenfreudiges Hofleben das gestärkte Selbstbewußtsein des Adels. Die Herrscher hielten sich zur Hebung ihres Ansehens Orchester und Theatertruppen. Dichter und Musiker hatten in Auftragsarbeiten ihren Förderern, den absolutistisch regierenden Monarchen, zu huldigen.

Durch die Gemeinsamkeit an Stilen, Motiven und Themen sowohl in der Literatur als auch in der Musik (Bach, Händel, Monteverdi), der Malerei (Rubens, Rembrandt, Velazquez) und der Baukunst (Bernini, Fischer von Erlach, Mansart) erwies sich der Barock als eine europaweite, einheitliche Epoche. Ein fast übereinstimmender Lebensstil und ein ähnliches Kunstverständnis entwickelten sich durch Nachahmung und gegenseitige Beeinflussung auf dem gesamten Kontinent. Als Vorbild der europäischen Residenzen galt der französische Hofstaat Ludwigs XIV. in Versailles, dem viele kleine Fürsten nacheiferten. Verfeinerte

Umgangsformen und eine üppige Kleidermode mit Reifrock und gepuderten Perücken standen jedoch einem wachsenden bürgerlichen Standesbewußtsein gegenüber. Die Künste wurden sowohl vom Adel als auch vom Bürgertum gepflegt.

Infolge der Kriegswirren während der Reformation und der gewaltigen Verheerungen des 30jährigen Krieges war in Deutschland jedoch die Tradition in der Literatur unterbrochen. Durch die Übernahme fremder Formen (Sonett, Epigramm) versuchten die Dichter, den Vorsprung der europäischen Nachbarländer aufzuholen. zahlreiche Fremdwörter, antike Sagengestalten und neue Versmaße wurden in die Literatur aufgenommen. Dagegen wehrten sich aber immer heftiger die vielen **Sprachgesellschaften**, die an verschiedenen Orten in Deutschland gegründet wurden (z. B. die "Fruchtbringende Gesellschaft" in Weimar) und sich die Reinigung der deutschen Sprache zum Ziel setzten. Das Deutsche sollte das Französische als Hofsprache verdrängen und in der Literatur ohne allzu viele Fremdwörter auskommen. Wichtige Anregungen für die Dichter gingen vor allem von Martin Opitz (1597 – 1639) aus, der in seinem "Buch von der deutschen Poeterey" (1624) klare Regeln für den Inhalt, die Form und die Sprachgestaltung eines poetischen Werks aufstellte. Der Nürnberger Philipp Harsdörffer entwickelte in seiner Abhandlung "Der poetische Trichter" gar ein Programm, das in wenigen Tagen die Fähigkeiten zur Dichtkunst (daher der Begriff "Nürnberger Trichter") ausbilden sollte.

Aber diese Versuche konnten nur teilweise verdecken, daß die deutsche Barockliteratur vorwiegend eine Gelehrtenpoesie war und nur selten natürliche, gefühlvolle Dichtungen hervorbrachte. Erst allmählich fanden die Autoren zu einer eigenen Darstellungsweise. Am innigsten erfolgte ein persönliches Bekenntnis in der religiösen **Lyrik**. FRIEDRICH VON SPEE und ANGELUS SILESIUS (Johann Scheffler) ließen sich in ihren Gedichten von der deutschen Mystik (Jakob Böhme) inspirieren. Der gläubige PAUL GERHARDT schuf viele Andachtslieder, die bis heute in evangelischen Gesangbüchern zu finden sind. Auch manche Mönche leisteten wichtige Beiträge zur Barockliteratur. So kritisierte der bedeutendste Vertreter des **Jesuitendramas**, JAKOB BIDERMANN, in seinem Trauerspiel "Cenodoxus" die Überheblichkeit der Menschen, und der Augustinermönch ABRAHAM A SANCTA CLARA (Ulrich Megerle) ermahnte in seinen bildhaften, sprachgewaltigen Predigten seine Zeitgenossen zur Umkehr und Buße, als die Türken 1683 vor den Toren Wiens standen.

Weltliche Lyrik, von einer mehr oder weniger religiösen Grundeinstellung beeinflußt, wurde von SIMON DACH, PAUL FLEMING und FRIEDRICH VON LOGAU hervorgebracht. Der vielseitige, gebildete und fromme ANDREAS GRYPHIUS beklagte in seinen Sonetten, Tragödien und Lustspielen die Nichtigkeit alles Irdischen und die Eitelkeit (Vanitas) der Menschen, die nicht für ihr Leben nach dem Tod sorgen wollten. Dagegen betonte der Dichter CHRISTIAN HOFMANN VON HOFMANNSWALDAU wieder mehr die Sinnenfreude, wenn er auch dabei an die Vergänglichkeit des Lebens erinnerte.

Als Versmaß in den Barockgedichten wurde vorwiegend der *Alexandriner*, ein sechshebiger Jambus, verwendet. Zahlreiche Aufzählungen und eine fast endlose Aneinanderreihung von Metaphern erfreuten sich bei den Lyrikern des Barock großer Beliebtheit. Diese Eindringlichkeit diente oft dazu, die in den Schlußzeilen formulierte Botschaft in das Bewußtsein der Menschen zu heben. Auch die häufig gebrauchten Gegensätze (Antagonismen) erfüllten den Zweck, in der Gegenüberstellung von Diesseits und Jenseits die Wichtigkeit des Seelenheils zu konstatieren.

Im Bereich des Romans ragt bis heute HANS JAKOB CHRISTOPH VON GRIMMELSHAUSEN heraus, der in seinem 1668 veröffentlichten Werk "Der abenteuerliche Simplicissimus" ein interessantes, tiefgründiges Sittengemälde des Dreißigjährigen Krieges zeichnete. Auch in seinen weiteren Romanen und Erzählungen griff Grimmelshausen aktuelle Fragen seiner Zeit auf und vermittelt so auch dem modernen Leser eine Vorstellung vom Alltag im Barockzeitalter.

Ähnlich wie der Verfasser des "Simplicissimus" verband CHRISTIAN REUTER (1665 – 1712) in seinem "Schelmuffsky" die Form des Abenteuerromans mit der des Schelmenromans, wodurch er ein heiteres, amüsantes Zeitbild schuf. Im Gegensatz dazu ließ DANIEL CASPAR VON LOHENSTEIN den Inhalt seiner Gedichte, Dramen und Romane durch ein Übermaß an Bildern und Wiederholungen ausufern. Das von vielen Barockautoren eingesetzte Pathos sowie ein damit verbundener schwülstiger Sprachstil kommen besonders in seinem monumentalen, rund 4 000 Seiten umfassenden Arminius-Roman zum Ausdruck.

Leichtere, elegantere Stilfiguren verwendete JOHANN CHRISTIAN GÜNTHER (1695 – 1723), der mit seinen gefühlvollen Liedern das Ende des Barock anzeigte und mit seinen natürlichen Versen die Dichtkunst bereits auf eine neue Epoche vorbereitete.

Wichtige Werke und Ereignisse des Barock (1600 – 1730)

1602	Jakob Bidermann: Cenodoxus (Tragödie)
1617	Gründung der "Fruchtbringenden Gesellschaft" (Palmenorden) in Weimar

1618 – 1648: Dreißigjähriger Krieg
1624	Martin Opitz: Buch von der deutschen Poeterey
1649	Andreas Gryphius: Carolus Stuardus (Tragödie)
1657	Andreas Gryphius: Cardenio und Celinde (Tragödie)

1661 – 1715: Regierungszeit Ludwigs XIV.
1668	J. J. C. von Grimmelshausen: Der abenteuerliche Simplicissimus (Roman)

1683: Belagerung Wiens durch die Türken
1696	Christian Reuter: Schelmuffsky (Roman)

3.1 Andreas Gryphius: Es ist alles eitel

Der Begründer des deutschen Trauerspiels, Andreas Gryphius, wird heute als der bedeutendste Dichter des Barock angesehen. Der begabte und hochgebildete Lyriker und Dramatiker wurde am 2. Oktober 1616 als Sohn eines lutherischen Pastors in dem schlesischen Städtchen Glogau geboren. Sein Leben war von vielen harten Schicksalsschlägen gekennzeichnet.

Nachdem er in jungen Jahren seinen Vater verloren hatte, erlebte der fünfjährige Knabe, wie seine Heimatstadt durch Söldner geplündert und verwüstet wurde. Nach dem Tod seiner Mutter folgte der nun Zwölfjährige seinem Stiefvater, der von den fanatischen Glogauer Jesuiten nach Polen vertrieben worden war. Der lerneifrige Gryphius wollte 1631 in seine Vaterstadt zurückkehren, um an dem dortigen Gymnasium seine bereits ausgezeichnete humanistische Bildung zu vertiefen, als ein heftiger Brand und die sich rasch ausbreitende Pest diesen Plan vereitelten. Daraufhin ging der junge Gryphius an das Gymnasium in Danzig und lebte, finanziell von seinem Bruder Paul, einem Pastor, unterstützt, bei dem Gelehrten Georg Schönborner, der dafür sorgte, daß 1636 die ersten Sonette des Dichters (darunter die berühmte "Trauerklage des verwüsteten Deutschlandes") gedruckt werden konnten. In diesen frühen Werken steht das Hauptthema von Andreas Gryphius, die Nichtigkeit des irdischen Lebens, bereits im Mittelpunkt.

Als sein Förderer starb, begann Gryphius 1638 ein Studium an der niederländischen Universität Leiden. Philosophie, Jura, Medizin und Astronomie interessierten den Studenten besonders. Gryphius genoß das Leben, doch weitere Rückschläge verdüsterten seine Stimmung. Kurz hintereinander entriß ihm der Tod seinen Bruder Paul und seine Schwester Anna Maria, und der junge Dichter selbst litt an einer schweren Krankheit. 1644 trat Gryphius dann als Begleiter eines Stettiner Kaufmanns eine längere Bildungsreise nach Frankreich und Italien an, wodurch er zahlreiche künstlerische Anregungen erhielt. Innerhalb weniger Monate verfaßte er anschließend die Trauerspiele "Leo Armenius", "Katharina von Georgien" und "Carolus Stuardus", die sich alle mit dem Thema beschäftigen, daß auch das Leben der mächtigen Herrscher ständig vom Tod bedroht ist, den sie aber in würdiger Haltung als ihr unentrinnbares Schicksal annehmen.

1649 heiratete Gryphius eine wohlhabende Kaufmannstochter. Als er ein Jahr später aus Glogau das Angebot erhielt, als Syndikus die dortigen Landstände zu vertreten, kehrte er in seine Vaterstadt zurück. Er schrieb das Trauerspiel "Cardenio und Celinde", das die Läuterung eines Verbrechers behandelt, sowie die Komödien "Peter Squenz" und "Horribilicribrifax", in denen der Autor Charakterschwächen seiner Zeitgenossen verspottete. Oft fuhr der erfolgreiche Dichter, der über 300 Sonette und zahlreiche Gelegenheitsgedichte veröffentlichte, in die schlesische Hauptstadt Breslau, wo er seinen Kollegen HOFMANNSWALDAU traf, mit dem ihn eine innige Freundschaft verband. Mit großem Einsatz kämpfte Gryphius für die Rechte der Protestanten in dem intoleranten katholischen Habsburgerreich. Während einer tumultartigen Ratssitzung am 16. Juli 1664 erlitt der 47jährige einen Schlaganfall, von dem er sich nicht mehr erholte.

Gryphius' Gedichte heben sich durch ihre Überzeugungskraft wohltuend von denen anderer Barockdichter ab. Persönliche Erlebnisse, eine intensive Auseinandersetzung mit den Problemen seiner Zeit und die souveräne Beherrschung der formalen und stilistischen Mittel verbinden sich zu einer meisterhaften Darstellung. Der tief empfundene Eindruck von den gewalttätigen Vorgängen während des Dreißigjährigen Krieges prägt die meisten von Gryphius' Werken, die sogar, wie das untenstehende "Es ist alles eitel" (1636), mitten in den Kriegswirren entstanden sind.

Andreas Gryphius: Es ist alles eitel

Du siehst, wohin du siehst, nur Eitelkeit auf Erden.
Was dieser heute baut, reißt jener morgen ein,
Wo itzund Städte stehn, wird eine Wiesen sein,
Auf der ein Schäferskind wird spielen mit den Herden.

5   Was itzund prächtig blüht, soll bald zutreten werden.
Was itzt so pocht und trotzt, ist morgen Asch und Bein;
Nichts ist, das ewig sei, kein Erz, kein Marmorstein.
Itzt lacht das Glück uns an, bald donnern die Beschwerden.

Der hohen Taten Ruhm muß wie ein Traum vergehn.
10 Soll denn das Spiel der Zeit, der leichte Mensch, bestehn?
Ach, was ist alles dies, was wir vor köstlich achten,

Als schlechte Nichtigkeit, als Schatten, Staub und Wind,
Als eine Wiesenblum, die man nicht wiederfind't.
Noch will, was ewig ist, kein einig Mensch betrachten.

Aus: Gryphius. Werke in einem Band. Berlin und Weimar 1969, S. 5

Aufgabe 53

 Fassen Sie den Inhalt des Gedichts zusammen.
Worin besteht das Hauptanliegen des Dichters?

Der protestantisch erzogene, tief religiös empfindende Andreas Gryphius wählte für seine lyrischen Ermahnungen an die Menschheit auch strenge, feierliche Formen, die er in rhythmischer Vollendung ausführte. Dabei bot sich vor allem das aus der italienischen Renaissance stammende **Sonett** an, eine Gedichtform mit zwei Vierzeilern (Quartette) und zwei Dreizeilern (Terzette). Die äußere Gestaltung steht mit der inhaltlichen Aussage in enger Wechselwirkung.

Aufgabe 54

 Erarbeiten Sie die formalen Mittel dieses Gedichts, und zeigen Sie deren Verknüpfung mit dem Inhalt auf.

Gryphius verstand seine Gedichte als einen Appell an seine Mitmenschen zur inneren Umkehr. Die Erkenntnis von der Unbeständigkeit aller diesseitigen Werte sollte die Augen für die unvergänglichen Güter der Ewigkeit öffnen. Um diese Hoffnung auf das Jenseits zu wecken, verwandte Gryphius sprachliche Figuren, die durch ihre Eindringlichkeit keinen Zweifel an der Einstellung des

Dichters ließen. Die kraftvolle Bildersprache des Lyrikers beschwor die Gewalt des Todes und seinen unerschütterlichen Glauben an eine höhere Welt, auf die sich die Menschen schon im irdischen Dasein vorbereiten sollten.

Aufgabe 55

Ermitteln Sie die von Gryphius verwendeten rhetorischen Figuren. In welchem Zusammenhang stehen diese sprachlichen Mittel mit dem Weltbild der Barockzeit?

In einer Reihe motivgleicher Sonette hat Gryphius das Thema der Vergänglichkeit variiert. Die Aufzählung der Erfahrungen im Dreißigjährigen Krieg, also Zerstörungen, Seuchen, Hungersnöte und Sittenverfall, machen auf die Bedingungen des Menschseins im 17. Jahrhundert aufmerksam. Trotz aller Not gelangt Gryphius aber nie zu einer pessimistischen Haltung. Selbst in seiner größten Verzweiflung verweist er auf die Heilshoffnung, wenn auch manchmal nur auf indirekte Weise. Damit ergibt sich die paradoxe Situation, daß aus dem größten Elend das höchste Glück der Menschheit erwachsen kann.

Aufgabe 56

Analysieren Sie das Gedicht "Trauerklage des verwüsteten Deutschlandes" nach Form, Sprache und Inhalt.
Welche Intention des Dichters läßt sich daraus ableiten?

Andreas Gryphius: Trauerklage des verwüsteten Deutschlandes

Wir sind doch nunmehr ganz, ja mehr als ganz verdorben.
Der frechen Völker Schar, die rasende Posaun,
Das vom Blut feiste Schwert, die donnernde Kartaun,
Hat alles dies hinweg, was mancher saur erworben.
5 Die alte Redlichkeit und Tugend ist gestorben,
Die Kirchen sind vorheert, die Starken umgehaun,
Die Jungfraun sind geschänd', und wo wir hin nur schaun
Ist Feur, Pest, Mord und Tod. Hier zwischen Schanz und Korben,
Dort zwischen Maur und Stadt, rinnt allzeit frisches Blut.
10 Dreimal sind schon sechs Jahr, als unser Ströme Flut
Von so viel Leichen schwer, sich langsam fortgedrungen.
Ich schweige noch von dem, was stärker als der Tod,
Du, Straßburg, weißt es wohl, der grimmen Hungersnot,
Und daß der Seelenschatz gar vielen abgezwungen.
Aus: Gryphius. Werke in einem Band. Berlin und Weimar 1969, S. 3

Zusammenfassung

Andreas Gryphius: Es ist alles eitel
- Sonett (2 Quartette + 2 Terzette)
- Entstehungszeit: 1636 (Erfahrungshintergrund: Dreißigjähriger Krieg (1618 – 1648)
- Thema: Vergänglichkeit alles Irdischen
- Intention: Appell des Dichters an seine Zeitgenossen zur Umkehr (Hoffnung auf ein besseres Jenseits)

3.2 Johann Jakob Christoph von Grimmelshausen: Der abenteuerliche Simplicissimus

Als bedeutender Chronist seiner Zeit hat uns Johann Jakob Christoph von Grimmelshausen in seinen zahlreichen Romanen das grausame Geschehen während des Dreißigjährigen Krieges und die daraus hervorgegangenen verheerenden Folgen für Deutschland plastisch vor Augen geführt. 1622 wurde der Sohn eines Bürgers adliger Herkunft im hessischen Gelnhausen geboren. Der Krieg mit allen seinen Auswirkungen hat Grimmelshausens Leben entscheidend geprägt. Als 1634 seine Geburtsstadt von kaiserlichen Truppen völlig zerstört wurde, mußte der Junge, der früh seinen Vater verloren hatte, fliehen und als Soldat sein Leben fristen, bis er am Ende des Krieges zum Regimentsschreiber ernannt wurde. Kurz vor dem Friedensschluß wurde er noch einmal in die Kriegswirren hineingezogen. 1649 heiratete er und versuchte als Gutsverwalter der Schauenburger im badischen Renchtal seine Familie, die schließlich aus zehn Kindern bestand, mühsam zu ernähren. Als sich seine wirtschaftliche Lage immer mehr verschlechterte, besserte er durch Romanveröffentlichungen sein Einkommen etwas auf. Er betrieb einen Gasthof und wurde 1667 Schultheiß von Renchen. Dieses Amt, das die Funktionen eines Ortsvorstehers und eines Dorfrichters miteinander verband, füllte er bis zu seinem Tod am 17. August 1676 aus.

In seinem Werk, in dem der 1668 veröffentlichte Entwicklungsroman "Der abenteuerliche Simplicissimus Teutsch" eine Sonderrolle einnimmt, gibt Grimmelshausen ein eindrucksvolles, sprachgewaltiges Sittengemälde seiner Zeit. Der große Bucherfolg des "Simplicissimus" veranlaßte den Autor zu mehreren Fortsetzungen ("Continuatio") und zu weiteren "Simplicianischen Schriften", zu denen die von Brecht zu einem Schauspiel umgearbeitete "Lebensbeschreibung der Erzbetrügerin und Landstörzerin Courasche" sowie "Der seltsame Springinsfeld" und "Das wunderbarliche Vogelnest" gehören. In diesen drei letztgenannten Romanen taucht der Held des "Simplicissimus" zwar mehrfach auf, steht aber nicht im Vordergrund. Grimmelshausen verfaßte außerdem einen Josephsroman und den Geschichtsroman "Dietwald und Amelind". Sehr intensiv widmete sich der Barockdichter, der unter vielen Pseudonymen schrieb, auch der Arbeit an Kalendern.

"Der abenteuerliche Simplicissimus", der bekannteste deutsche Barockroman, der zunächst in fünf Büchern 1668 in Nürnberg erschienen ist, stellt ein umfassendes, farbenprächtiges Panorama der ersten Hälfte des 17. Jahrhunderts dar, wobei der Dreißigjährige Krieg mit allen seinen Auswüchsen eine vorherrschende Rolle spielt. Der grausame Krieg formt das Leben des Romanhelden, der zunächst als Spielball einer chaotischen Zeit in die Welt geworfen wird, bis er selbst die Zügel in die Hand nimmt, aber auch immer wieder Rückschläge erleidet, die ihn auf die tiefsten Stufen der moralischen Verkommenheit sinken lassen. Dieser Abenteuer- und Bildungsroman Grimmelshausens zeigt also keine geradlinige Entwicklung des einfältigen Bauernjungen Simplicius auf, sondern skizziert auf dem Hintergrund des unberechenbaren, schicksalhaften Kriegsgeschehens einen sprunghaften Lebenslauf eines Menschen, der sich aus einfachen Verhältnissen zu einem angesehenen respektierten Soldaten emporarbeitet, sein Leben immer wieder kritisch reflektiert und schließlich die Konsequenz aus seinem Verdruß über die unbeständige Welt zieht und Einsiedler wird.

Inhalt

Der Roman erzählt – mit zahllosen, die Handlung oft überwuchernden "Stücklein", Anekdoten, Schwänken, lehrhaften und gelehrten, moralischen und allegorischen Exkursen –, wie der kleine weltahnungslose Waldbauernbub nach Einäscherung und Plünderung des elterlichen Gehöfts allein und verängstigt durch den nächtlichen Wald flieht. Er findet zu einem Einsiedler, der ihn aufnimmt, ihn lesen lehrt und ihn in der Christenlehre unterweist, im übrigen aber seine totale Weltunerfahrenheit unverändert läßt. Der Einsiedler stirbt. Simplicius geht, nur mit den Grundlehren des Christentums ausgerüstet, in die unbekannte Welt. In Hanau wird er dem Gefolge des Stadtkommandanten eingereiht. Seiner Naivität enthüllen sich Narrheit und Laster, in welche die Welt versunken ist, während er wiederum der Welt als närrisch und als willkommener Gegenstand roher Belustigung erscheint. Daß er gleichzeitig seine Narrenrolle zu beredter Entlarvung des moralisch verkommenen Offizierskorps benutzt, erstaunt allerdings nicht nur die Betroffenen, sondern auch den Leser. Aber dergleichen gehört zu den Unstimmigkeiten, über die sich der Autor unbekümmert hinwegsetzt, weil er diese Materie samt den dazugehörigen Stücklein und Anekdoten in der Gegenüberstellung des tumben Knaben und der verrotteten Moral der Besatzungsoffiziere am wirksamsten erzählerisch ausbeuten kann. Kroaten rauben den Halbwüchsigen, wie einst den jungen Grimmelshausen, und machen ihn zum Troßbuben. In die wilde Welt des Krieges gerissen, erfährt er inmitten eines Heerhaufens das wüste Wechselspiel des Feldlebens, die Tugenden und vor allem die Laster der Soldaten, treugesinnte Freundschaft, diesen einzigen verläßlichen Wert, den Grimmelshausen kennt, weit mehr aber Bosheit und Roheit und den zügellosen Kampf um Genuß und Beute. Er gewinnt den herzensguten Herzbruder zum lebenslangen Freund und macht sich den von Grund auf bösen Olivier zum Feind. Er findet sich vor der belagerten Stadt Magdeburg, wird Augenzeuge der Schlacht bei Wittstock.

Dann verschlägt es ihn nach Westfalen, und das Glück trägt ihn, den "Jäger von Soest", empor. Er gewinnt Ruhm und reiche Beute. Die Woge der Fortuna trägt ihn bis nach Paris, wo er als "beau Allemand" ungeahnte Kavaliererfolge erlangt, aber in die Netze des verfeinerten Lasters gerät. Dann folgt jäher Sturz in entstellende Krankheit und Elend, mühsames Sichdurchschlagen unter Betrügern, Marodeuren und Banditen, bis die Welle ihn wieder emporhebt. In immer neuen Daseinsbereichen und Schicksalen macht er die stets gleiche Erfahrung der Unbeständigkeit aller Dinge, vor allem aber des menschlichen Herzens. Die Not lehrt ihn immer wieder beten, aber kaum davongekommen, sind Reue und gute Vorsätze schnell vergessen. So wird er schließlich Einsiedler auf einsamer Schwarzwaldhöhe. Freilich hat er sich mit Hörrohr und Fernglas versorgt, um den Kontakt mit der geliebten, gehaßten Welt nicht ganz zu verlieren. Auch bezweifelt er von vornherein, ob sein Einsiedlertum von langer Dauer sein wird. Diesem ursprünglichen Schluß fügte Grimmelshausen bald eine Fortsetzung und den endgültigen Abschluß zu: Das unbeständige, viel gescholtene und noch mehr geliebte Leben lockt ihn aufs neue zur abenteuerlichen Fahrt in die Welt, bis er als Seefahrer an einer einsamen Insel strandet, sich dort robinsonhaft einrichtet und gottwohlgefällig endet.

Aus: Fricke/Schreiber: Geschichte der deutschen Literatur. Paderborn [20]1988. S. 77.

Aufgabe 57

 Stellen Sie die aus dieser Inhaltswiedergabe hervorgehenden Lebenserfahrungen des Simplicius zusammen, und ordnen Sie diese nach positiven und negativen Bewertungen.
Welches Idealbild schwebt dem Autor für den Menschen seiner Zeit vor?

In seinen "Simplicissimus" hat Grimmelshausen viel Selbsterlebtes einfließen lassen, und manche Interpreten haben aus diesem Werk auch Rückschlüsse auf die Biographie des Autors gezogen. Dennoch darf man diesen Roman nicht als einen autobiographischen Bericht mißverstehen. Grimmelshausen hat zwar einige Lebensstationen seines Helden (z. B. Spessart, Hanau, Westfalen, Schwarzwald) selbst kennengelernt, aber sein erzählerisches Zeitporträt schlägt einen größeren Bogen und bezieht vor allem im 5. Buch sowie in der "Continuatio" (allgemein als 6. Buch angesehene Fortsetzung) eine Weltreise der Romanfigur ein, die diese von Paris über Moskau bis nach Korea und Ägypten führt.

Bereits zur Entstehungszeit des "Simplicissimus" wurden Grimmelshausens Fantasie, sein Einfallsreichtum und seine ausgeprägte Fähigkeit zur bildhaften Darstellung, aber auch sein Humor und seine Sprachkraft bewundert. Derbe volkstümliche Szenen wechseln sich mit anspruchsvollen, ernsthaften Abschnitten ab, zeitkritische Elemente und lyrische Teile stehen in enger Verbindung. Zahlreiche Dialektausdrücke und umgangssprachliche Wendungen finden sich ebenso wie heftige oder witzige Dialoge. Bei alledem kommt immer wieder zur Geltung, wie der Autor mit der Sprache spielerisch umgehen kann und wie somit manchmal eine Formulierung auch eine hintergründige Bedeutung erhält. Dies verdeutlicht z. B. gleich der Anfang des Romans, in dem Simplicius doppeldeutig von seiner Herkunft erzählt.

Das I. Kapitel

Vermeldet Simplicii bäurisch Herkommen
und gleichförmige Auferziehung

Es eröffnet sich zu dieser unserer Zeit (von welcher man glaubt, daß es die letzte sei) unter geringen Leuten eine Sucht, in der die Patienten, wenn sie daran krank liegen, und so viel zusammen geraspelt und erschachert haben, daß sie neben ein paar Hellern im Beutel ein närrisches Kleid auf die neue Mode mit tausenderlei
5 seidenen Bändern antragen können, oder sonst etwa durch Glücksfall mannhaft und bekannt worden, gleich rittermäßige Herren und adelige Personen von uraltem Geschlecht sein wollen; da sich doch oft befindet, daß ihre Voreltern Taglöhner,

Karchelzieher* und Lastträger; ihre Vettern Eseltreiber; ihre Brüder Büttel und Schergen; ihre Schwestern Huren; ihre Mütter Kupplerinnen oder gar Hexen; und in 10 Summa ihr ganzes Geschlecht von allen 32 Anichen* her also besudelt und befleckt gewesen, als des Zuckerbastels Zunft zu Prag* immer sein mögen; ja sie, diese neuen Nobilisten, sind oft selbst so schwarz, als wenn sie in Guinea geboren und erzogen wären worden.

Solchen närrischen Leuten nun mag ich mich nicht gleich stellen, obzwar, die 15 Wahrheit zu bekennen, nicht ohn ist, daß ich mir oft eingebildet, ich müsse ohn-fehlbar auch von einem großen Herrn, oder wenigst einem gemeinen Edelmann, meinen Ursprung haben, weil ich von Natur geneigt, das Junkernhandwerk zu treiben, wenn ich nur den Verlag* und das Werkzeug dazu hätte. Zwar ohngescherzt, mein Herkommen und Auferziehung läßt sich noch wohl mit eines Fürsten verglei-20 chen, wenn man nur den großen Unterscheid nicht ansehen wollte. Was? Mein Knan* (denn also nennet man die Väter im Spessart) hatte einen eignen Palast, so wohl als ein anderer, ja so artlich, dergleichen ein jeder König mit eigenen Händen zu bauen nicht vermag, sondern solches in Ewigkeit wohl unterwegen lassen wird; er war mit Leimen* gemalet und anstatt des unfruchtbaren Schiefers, kalten Bleis 25 und roten Kupfers mit Stroh bedeckt, darauf das edel Getreid wächst; und damit er, mein Knan, mit seinem Adel und Reichtum recht prangen möchte, ließ er die Mauer um sein Schloß nicht mit Mauersteinen, die man am Weg findet oder an unfrucht-baren Orten aus der Erden gräbt, viel weniger mit liederlichen gebackenen Steinen, die in geringer Zeit verfertigt und gebrannt werden können, wie andere große Her-30 ren zu tun pflegen, aufführen; sondern er nahm Eichenholz dazu, welcher nützliche edle Baum, als worauf Bratwürste und fette Schinken wachsen, bis zu seinem voll-ständigen Alter über hundert Jahr erfordert: Wo ist ein Monarch, der ihm derglei-chen nachtut? Seine Zimmer, Säl' und Gemächer hatte er inwendig vom Rauch ganz erschwarzen lassen, nur darum, dieweil dies die beständigste Farb von der Welt ist, 35 und dergleichen Gemäld bis zu seiner Perfektion mehr Zeit brauchet, als ein künst-licher Maler zu seinen trefflichsten Kunststücken erfordert. Die Tapezereien waren das zarteste Geweb auf dem ganzen Erdboden, denn diejenige machte uns solche, die sich vor alters vermaß, mit der Minerva selbst um die Wett zu spinnen*. Seine Fenster waren keiner anderen Ursache halber dem Sant Nitglas* gewidmet, als 40 darum, dieweil er wußte, daß ein solches vom Hanf oder Flachssamen an zu rech-nen, bis es zu seiner vollkommenen Verfertigung gelangt, weit mehrere Zeit und Arbeit kostet als das beste und durchsichtigste Glas von Muran, denn sein Stand macht' ihm ein Belieben zu glauben, daß alles dasjenige, was durch viel Mühe zuwege gebracht würde, auch schätzbar und desto köstlicher sei, was aber köstlich 45 sei, das sei auch dem Adel am anständigsten. Anstatt der Pagen, Lakaien und Stall-knecht hatte er Schaf, Böcke und Säu, jedes fein ordentlich in seine natürliche Libe-rei gekleidet, welche mir auch oft auf der Weid aufgewartet, bis ich sie heim getrie-ben. Die Rüst- oder Harnischkammer war mit Pflügen, Kärsten, Äxten, Hauen, Schaufeln, Mist- und Heugabeln genugsam versehen, mit welchen Waffen er sich 50 täglich übet'; denn Hacken und Reuten war seine disciplina militaris wie bei den alten Römern zu Friedenszeiten, Ochsen anspannen war sein hauptmannschaftliches Kommando, Mist ausführen sein Fortifikationwesen und Ackern sein Feldzug, Stallausmisten aber seine adelige Kurzweil und Turnierspiel; hiermit bestritt er die ganze Weltkugel, soweit er reichen konnte, und jagte ihr damit alle Ernt ein reiche

55 Beut ab. Dieses alles setze ich hintan und überhebe mich dessen ganz nicht, damit
niemand Ursach habe, mich mit andern meinesgleichen neuen Nobilisten auszula-
chen, denn ich schätze mich nicht besser, als mein Knan war, welcher diese seine
Wohnung an einem sehr lustigen Ort, nämlich im Spessart liegen hatte, allwo die
Wölf einander gute Nacht geben. Daß ich aber nichts Ausführlicheres von meines
60 Knans Geschlecht, Stamm und Namen für diesmal doziert, geschiehet um geliebter
Kürze willen, vornehmlich, weil es ohne das allhier um keine adelige Stiftung zu
tun ist, da ich soll auf schwören; genug ists, wenn man weiß, daß ich im Spessart
geboren bin.

Worterklärungen und Anmerkungen

Karchelzieher – Karrenzieher. *Anichen* – Ahnen. *Zunft zu Prag* – In einer in Prag spielenden
Gaunernovelle von Nikolaus Ulenhart (1617; Verdeutschung von Cervantes' Novelle, Rinco-
nete y Cortadillo) ist der Zuckersieder der Anführer der Diebsbande. *Verlag* – das nötige Geld.
Knan – o. Knän, hess. Mundart; mhd. g(e)nanne, gename = Namensvetter; schon im Mhd. als
Anrede für 'Vater' gebräuchlich. *Leimen* – Lehm. *spinnen* – Anspielung auf die Sage von
Arachne, einer berühmten Weberin, die von Minerva in eine Spinne verwandelt wurde. *Sant
Nitglas* – Wortspiel mit dem Namen Niklas – Nichtglas. Sie waren aus ölgetränktem Papier,
daher 'vom Hanf oder Flachssamen an zu rechnen'.

*Aus: Grimmelshausen: Der abenteuerliche Simplicissimus. München 1967. S. 77 ff.
und 639*

Aufgabe 58

Erarbeiten Sie die phantastischen Aussagen des Erzählers über seine
Abstammung und seine Heimat, und übersetzen Sie die dabei verwen-
deten Begriffe in die Realität.
Welches Verständnis hat der Erzähler von seiner Rolle?

Bei aller Freude an der Themenvielfalt, der erzählerischen Breite und der üppi-
gen Sprachgestaltung ist der "Simplicissimus" doch kein typischer Barockroman.
Anstatt in die antike Vergangenheit auszuweichen oder historische Stoffe aus
dem Mittelalter aufzuarbeiten, konzentrierte sich Grimmelshausen ganz auf seine
eigene Epoche. Dabei war seine Erzählperspektive für seine Zeit eher unge-
wöhnlich, denn die Ereignisse werden aus der Sicht eines tölpelhaften Bauernburschen geschildert, der sich zwar am Ende als der Abkömmling eines Adligen
herausstellt, aber seine (zumindest anfängliche) Unbildung und Roheit nicht
verleugnen kann.

Als charakteristischer für seine Epoche erweist sich der Roman allerdings in seiner Tendenz und in seinem religiösen Menschenbild: Der Verfasser breitet zwar
sein gesamtes Menschenleben in seinen Höhen und Tiefen aus, aber seine belehrende und erzieherische Absicht kommt dennoch deutlich zum Vorschein. Das

Glück, das der Held bei seinen militärischen bzw. kriminellen Erfolgen empfindet, ist nicht von langer Dauer und kann deshalb auch nicht als Ziel des Lebens gelten. Vielmehr zeigt sich stets bei allen Höhepunkten die Unbeständigkeit des Lebens. Die Suche nach seinem Seelenfrieden bleibt die vorrangige Aufgabe des Menschen, der zwischen Lebenslust und Weltüberwindung hin und her schwankt. Am Ende verzichtet Simplicius auf eine angesehene Position in der Gesellschaft und zieht sich als Eremit in die Einsamkeit zurück.

Das XXIV. Kapitel

Behüt dich Gott o Welt, denn obwohl der Leib bei dir ein Zeitlang in der Erden liegen bleibt und verfaulet, so wird er doch am Jüngsten Tag wieder aufstehn, und nach dem letzten Urteil mit der Seel ein ewiger Höllenbrand sein müssen; alsdann wird die arme Seel sagen: 'Verflucht seist du Welt! weil ich durch dein Anstiften
5 Gottes und meiner selbst vergessen, und dir in aller Üppigkeit, Bosheit, Sünd und Schand die Tag meines Lebens gefolgt hab; verflucht sei die Stund, in der mich Gott erschuf! verflucht sei der Tag, darin ich in dir o arge böse Welt geborn bin! O ihr Berg, Hügel und Felsen fallet auf mich, und verbergt mich vor dem grimmigen Zorn des Lamms, vor dem Angesicht dessen, der auf dem Stuhl sitzet; ach Wehe
10 und aber Wehe in Ewigkeit!'

O Welt! du unreine Welt, derhalben beschwöre ich dich, ich bitte dich, ich ersuche dich, ich ermahne und protestiere wider dich, du wollest kein Teil mehr an mir haben; und hingegen begehre ich auch nicht mehr in dich zu hoffen, denn du weißt, daß ich mir hab vorgenommen, nämlich dieses: Posui finem curis, spes & fortuna
15 valete*."

Alle diese Wort erwog ich mit Fleiß und stetigem Nachdenken, und bewogen mich dermaßen, daß ich die Welt verließ und wieder ein Einsiedel ward: Ich hätte gern bei meinem Saurbrunnen im Mückenloch gewohnt, aber die Baurn in der Nachbarschaft wollten es nicht leiden, wiewohl es für mich ein angenehme Wildnis war; sie
20 besorgten, ich würde den Brunnen verraten und ihre Obrigkeit dahin vermögen, daß sie wegen nunmehr erlangten Friedens Weg und Steg dazu machen müßten. Begab mich derhalben in eine andere Wildnis, und fing mein Spessarter Leben wieder an; ob ich aber wie mein Vater sel. bis an mein End darin verharren werde, stehet dahin. Gott verleihe uns allen seine Gnade, daß wir allesamt dasjenige von ihm erlangen,
25 woran uns am meisten gelegen, nämlich ein seliges

ENDE

Anmerkung

valete – 'Ich hab ein End gesetzt meinen Sorgen, Hoffnung und Glück, lebt wohl.' Der Hexameter ist ein bekannter Grabspruch.

Aus: Grimmelshausen: Der abenteuerliche Simplicissimus. München 1967. S. 482 und 660

Aufgabe 59

 Wie beurteilt der Erzähler die Welt, und warum beschließt er, ein Leben als Einsiedler zu führen?
Welche typischen Merkmale des Barockzeitalters lassen sich in diesem Schlußabschnitt erkennen?

Zusammenfassung

Johann Jakob Christoph von Grimmelshausen: Der abenteuerliche Simplicissimus Teutsch

– Abenteuer- und Bildungsroman der Barockzeit
– Veröffentlichung: 1668 in Nürnberg
– Aufbau: 5 Bücher (später "Continuatio" als 6. Buch hinzugefügt)
– Thema: Entwicklungsgang eines tölpelhaften Bauernjungen zum erfolgreichen Soldaten ("Jäger von Soest"). Am Ende seines Lebens zieht sich der Held Simplicius von der Welt zurück und wird Einsiedler.
– zeitlicher Hintergrund: Ereignisse des Dreißigjährigen Krieges 1618 – 1648
– Schauplätze: Lebensstationen der Titelfigur (Spessart, Hanau, Magdeburg, Wittstock, Westfalen, Paris, Schwarzwald – im 6. Buch: Weltreise über Moskau, Korea und Ägypten)
– Erzählperspektive: Ich-Erzähler, Sichtweise eines anfangs ungebildeten Bauernburschen, der zunehmend die Schwächen seiner Mitmenschen durchschaut und für sich selbst ausnutzt

4 Aufklärung

"Aufklärung ist der Ausgang des Menschen aus seiner selbst verschuldeten Unmündigkeit." Mit dieser Definition beschrieb der Philosoph IMMANUEL KANT seine eigene Epoche als den Versuch einer Befreiung der Gesellschaft von staatlicher Bevormundung und Unterdrückung. Als Mittel für diese Umsetzung diente die Vernunft: "Sapere aude! Habe Mut, dich deines eigenen Verstandes zu bedienen! ist also der Wahlspruch der Aufklärung."

Das durch Handwerk und Handel zu Wohlstand gekommene Bürgertum versuchte sich immer stärker von feudalistischen Zwängen zu lösen. Insbesondere die freier denkenden Stadtbewohner lehnten sich gegen die tyrannischen Fürsten auf, die vom Adel politisch gestützt wurden. Die Privilegien dieser herrschenden Gesellschaftsschicht wurden mehr und mehr hinterfragt, zumal das Bürgertum keine politische Macht hatte, die seinem gestiegenen Selbstwertgefühl angemessen gewesen wäre.

Wie das Barock war auch die Aufklärung eine gesamteuropäische Geistesbewegung, die sowohl die ganze Gesellschaft als auch die Kultur beeinflußte und veränderte. Die Wurzeln lagen bereits in der italienischen Renaissance und im Humanismus. Als bedeutender Wegbereiter hatte der französische Denker RENÉ DESCARTES eine Philosophie formuliert, die den Zweifel in den Vordergrund stellte (Cogito ergo sum: Ich denke, also bin ich.) und den kritischen Menschen zum Maß aller Dinge machte. Der englische Empirismus, begründet durch die Philosophen BACON, HOBBES, LOCKE und HUME, ging von der Erfahrung als Grundlage allen Denkens und Urteilens aus, und der deutsche Gelehrte und Forscher GOTTFRIED WILHELM LEIBNIZ erklärte auf logischer Grundlage die Welt als ein Spiegelbild Gottes, weil nur eine vernünftige Welt die einzige Rechtfertigung Gottes (Theodizee) sein könnte.

Ein neues optimistisches Weltbild trat also an die Stelle der barocken, jenseitsorientierten Frömmigkeit. Die Überzeugung, daß der Mensch als Krone der Schöpfung die Gesetze der kosmischen Ordnung durchschauen mußte, brach sich allmählich Bahn. Eine zunehmende Lebensfreude und die hoffnungsvolle Einrichtung im Diesseits wurden durch eine auf die Vernunft setzende Weltanschauung begründet. Mit naturwissenschaftlichen Experimenten und mit mathematischer Grundlagenforschung versuchten die Denker der Aufklärung ein Gedankengebäude zu erstellen, das auf einsichtigen Regeln und nachvollziehbaren Ordnungen beruhte. Nichts sollte mehr allgemeingültige Anerkennung finden, das nicht zuvor durch den gesunden Menschenverstand geprüft worden war.

Auch von den seit Jahrhunderten bestehenden, festgefügten Autoritäten machten die Aufklärer nicht halt. Vor allem die Religionen und in erster Linie die Kirchen wurden auf ihre Glaubwürdigkeit und ihre intellektuelle Rechtfertigung hin untersucht. Sogenannte Wunder wurden angezweifelt oder auf natürliche Weise erklärt. Auch die Bibel galt nicht länger als unumstrittene Instanz, weil in ihr Widersprüche und Ungereimtheiten zutage traten. Somit wurde der Einfluß der großen Kirchen zurückgedrängt, und auch der für Europa geltende absolute Anspruch des Christentums wurde in Frage gestellt.

Ebenso kritisch wurden die einzelnen Staatssysteme, besonders die absolutistisch regierten Fürstentümer, einer kritischen Betrachtung unterzogen. Der französische Theoretiker MONTESQUIEU forderte die Gewaltenteilung im Staat, und der spätere Preußenkönig Friedrich II. kam vor seiner Thronbesteigung in seiner Schrift "Antimachiavell" zu dem Ergebnis: "Der Fürst ist der erste Diener des Staates." Dieser so begründete **aufgeklärte Absolutismus** strebte ein geordnetes Staatswesen an, das die allgemeine Wohlfahrt, die Förderung des Gewerbes und die Achtung der Menschenrechte zum Ziel erklärte. Dennoch änderte sich in Europa vorerst nur wenig. Die Fürsten, die sich von Gott in ihrer Funktion eingesetzt und sich infolgedessen nur ihm gegenüber verantwortlich fühlten, regierten weiterhin selbstherrlich. Sie forderten Frondienste der Bauern, hielten das Bürgertum in politischer Ohnmacht und garantierten die traditionellen Vorrechte des Adels. Selbst das Preußen Friedrichs des Großen, in dem zwar die Folter abgeschafft und religiöse Freiheit eingeführt wurde, verharrte in alten Feudalstrukturen.

Die Aufklärung wollte die **Toleranz** nicht nur in der Religion, sondern auch in der Gesellschaft und in der Politik verwirklicht sehen. Als praktische Forderung hatten ihre Vertreter dabei die Emanzipation der in ihren Rechten stark eingeschränkten Juden, die Gleichstellung des unterdrückten Bürgertums sowie die Überwindung nationaler Engstirnigkeit und demnach die Realisierung eines Weltbürgertums (Kosmopolitismus) vor Augen. Erst in der Amerikanischen Unabhängigkeitserklärung (1776) und in der Französischen Revolution (1789 - Motto: Freiheit, Gleichheit, Brüderlichkeit) wurden viele Vorschläge der Aufklärer in die Tat umgesetzt.

Die heitere, lebensbejahende Weltsicht zeigte sich schon vorher in der Musik (Mozart), in der Baukunst (Cuvilliés) und in der Malerei (Watteau, Boucher). Das **Rokoko** nahm viele Motive der Barockzeit auf und entwickelte sie in zierlichen, verspielten Formen weiter.

Eine ebenso das Gemüt ansprechende, aber mit ernsthaftem religiösen Hintergrund versehene Bewegung war der **Pietismus**, eine einflußreiche Strömung des Protestantismus. Die Pietisten verlangten eine "innere Wiedergeburt" des Menschen und erstrebten ein Christentum des Herzens und der Tat. Mit zahlreichen Kirchenliedern und Erbauungsschriften wollten sie eine Vertiefung des Glaubens herbeiführen, die sich, wie es die Herrnhuter Brüdergemeine vorlebte, in der dienenden Nächstenliebe äußern sollte.

Wie die weltlich orientierten Aufklärer glaubten auch die Pietisten an eine Verbesserung der Welt, die man durch eine solide Erziehung der Menschen erreichen könnte. Sie errichteten deshalb berühmte Schulen, aus denen bedeutende Dichter (z. B. Lessing, Klopstock) hervorgingen.

Die **Literatur der Aufklärung** setzte je nach Herkunft der Autoren auf *Vernunft* und *Kritik* oder auf *Empfindsamkeit* und *religiöse Innerlichkeit*. Wesentliche Werte wie Toleranz, Humanität oder Nächstenliebe standen dabei im Mittelpunkt. Viele Werke, insbesondere Fabeln, Satiren und Sinngedichte, versuchten ihre Leser mit moralischen Verhaltensregeln zu belehren. Trotzdem wurde der Eigenwert des Individuums anerkannt. Mit Hilfe der Literatur sollte eine Welt des Glücks geschaffen werden, in der die Menschen sich selbst ohne störende Fremdeinflüsse verwirklichen und in Harmonie friedlich zusammenleben konnten.

Aufklärerische Tendenz und pietistische Grundüberzeugung verbanden sich in CHRISTIAN FÜRCHTEGOTT GELLERTS damals vielgelesenen, volkstümlichen *Fabeln*. Gellert, der auch fromme Lieder und Oden schrieb, übte Kritik an menschlichen Schwächen und versuchte seine Leser mit einer moralischen Schlußfolgerung am Ende seiner Tiergeschichten zum Besseren zu bekehren.

Auch MATTHIAS CLAUDIUS, der Verfasser volksnaher, einfacher *Lieder* (z. B. "Der Mond ist aufgegangen") und Herausgeber des "Wandsbeker Boten", vermittelte eine für den Alltag ausgerichtete praktische Moral.

Ein Höhepunkt der pietistisch geprägten Aufklärung stellte FRIEDRICH GOTTLIEB KLOPSTOCKS *religiöses Gedicht* "Der Messias" dar. In einer bilderreichen, emotionalen Sprache beschrieb der Dichter das Leben Jesu, wobei er in seiner umfangreichen, reimlosen Ode den aus der griechischen Antike bekannten Hexameter als Versmaß in die deutsche Literatur einführte und damit gegen die bestehenden Konventionen verstieß. Diese Neuerung verwendete Klopstock auch in seinen übrigen Oden, in denen er Vaterland, Liebe, Freundschaft und Natur in anspruchsvoller poetischer Sprachgestaltung besang.

Eine bedeutende Gruppe der aufklärerischen Lyriker knüpfte an den griechischen Dichter ANAKREON (etwa 580–495 v. Chr.) an. Diese *Anakreontiker* (Ludwig Gleim u. a.) priesen in ihren Gedichten die Lebensfreude und das einfache Landleben.

Von einem aufrechten Pietisten zu einem diesseitsbezogenen Verehrer der Sinnenfreude und des Genusses wandelte sich CHRISTOPH MARTIN WIELAND, der als Fürstenerzieher nach Weimar kam und damit als Vorläufer die Weimarer

Klassik (Goethe, Schiller) begründete. Entscheidend trug Wieland mit seiner *Prosaübersetzung der Shakespeareschen Dramen* zu einer Förderung der deutschen Literatur bei. Aber auch sein *Bildungsroman* "Agathon" und seine *Schildbürgererzählung* "Die Geschichte der Abderiten", die beide zwar in der Antike spielten, doch Zustände der Gegenwart aufs Korn nahmen, wurden damals viel gelesen. Als poetisches Prunkstück bezeichnete Goethe Wielands Märchen in Versform, den 1780 veröffentlichten "Oberon".

Ein Meister des *Aphorismus*, des kurzen geistreichen Spruches, war der Göttinger Professor GEORG CHRISTOPH LICHTENBERG, der in seine "Sudelhefte" viele witzige Einfälle und überzeugende Ideen in glänzendem Stil notierte, die alle dem erzieherischen Anspruch der Aufklärung verpflichtet waren.

Um eine *Erneuerung des Theaters*, das in Deutschland fast nur der allgemeinen Volksbelustigung huldigte, bemühte sich JOHANN CHRISTOPH GOTTSCHED, der hundert Jahre nach Martin Opitz mit seinem theoretischen Werk "Versuch einer kritischen Dichtkunst" (1730) die deutsche Dichtung tiefgreifend reformieren wollte. Er empfahl seinen Zeitgenossen im Drama die Vorbilder der Antike (Aischylos, Sophokles, Euripides, Aristophanes) sowie die französischen Klassiker (Corneille, Racine, Molière) nachzuahmen. Die drei Einheiten von Ort, Zeit und Handlung sollten dabei unbedingt eingehalten werden, d. h. ein Schauspiel sollte ohne Ortswechsel geradlinig ablaufen und die Handlungsdauer von einem Tag (ja sogar zwölf Stunden) nicht überschreiten. Mit seiner eigenen Tragödie "Der sterbende Cato" wollte Gottsched beweisen, daß diese dramentheoretischen Bedingungen wirkungsvoll umgesetzt werden konnten, wobei die Kunst als eine rationale, belehrende Tätigkeit nicht zu kurz kommen durfte.

Mit Gottscheds Vorstellungen setzten sich die beiden Züricher Professoren JOHANN JAKOB BODMER und JOHANN JAKOB BREITINGER intensiv auseinander, indem sie den einseitigen Rationalismus heftig kritisierten. Ihrer Ansicht nach sollten die Fantasie, das Gefühl und auch das Wunderbare ihren Platz in der Dichtung finden. Literarische Werke sollten zwar moralisch erziehen, aber die Belehrung sollte unaufdringlich vonstatten gehen.

Aus eigener Anschauung gelangte JOHANN JOACHIM WINCKELMANN zu einer Empfehlung der Antike als Vorbild für das zukünftige künstlerische Schaffen in Deutschland. Der vorwiegend in Rom tätige Archäologe bewunderte die *"edle Einfalt und stille Größe"* der griechischen Statuen und Gemälde und wurde mit seiner 1764 herausgegebenen "Geschichte der Kunst des Altertums" zum Begründer der Kunstgeschichte.

Von Winckelmann beeinflußt, gab auch GOTTHOLD EPHRAIM LESSING kunsttheoretische Schriften heraus. Auch als Literaturkritiker und Leiter des Hamburger Theaters machte er sich schnell einen Namen. In seiner "Hamburgischen Dramaturgie" erklärte er Gottscheds Theaterregeln als mißverstandene Auslegung der Poetik des Aristoteles und setzte sich für eine Auflockerung der drei Einheiten ein. Die Handlung eines Schauspiels sollte nicht durch starre Vorschriften, sondern durch starke Charaktere getragen werden. Mitleid und Furcht sollte die Tragödie bei den Zuschauern auslösen und somit über die Einsicht zur Besserung des Menschen beitragen. Mit seinen bürgerlichen Trauerspielen "Miß Sara Sampson" und "Emilia Galotti" kehrte sich Lessing von der herkömmlichen Dramaturgie ab, indem er statt Versen Prosa verwendete und die Handlung nicht mehr in höchsten Gesellschaftskreisen, sondern im gehobenen Bürgertum ansiedelte. Das Lustspiel "Minna von Barnhelm" kombinierte einen spannenden Verlauf mit der psychologisch motivierten Gestaltung der Personen sowie einer anspruchsvollen Umgangssprache. In seinem Drama "Nathan der Weise" hielt Lessing ein Plädoyer für religiöse Toleranz und Menschenwürde. Mit dem zum ersten Mal eingesetzten Blankvers, dem später von Goethe und Schiller übernommenen fünfhebigen Jambus, der damit den barocken Alexandriner ersetzte, wurde Lessing zum Wegbereiter der deutschen Klassik.

Wichtige Werke der Aufklärung (1730 – 1780)

1730	Gottsched: Versuch einer kritischen Dichtkunst (Poetik)
1749	Klopstock: Der Messias (Versepos)
1755	Lessing: Miß Sara Sampson (bürgerliches Trauerspiel)
1764	Winckelmann: Geschichte der Kunst des Altertums
1766	Wieland: Die Geschichte des Agathon (Roman)
1767	Lessing: Minna von Barnhelm oder das Soldatenglück (Komödie)
1767 – 1769	Lessing: Hamburgische Dramaturgie
1772	Lessing: Emilia Galotti (bürgerliches Trauerspiel)
1774 – 1781	Wieland: Die Geschichte der Abderiten (Roman)
1779	Lessing: Nathan der Weise
1780	Wieland: Oberon (Versepos)

4.1 Gotthold Ephraim Lessing: Emilia Galotti

Der Pfarrerssohn Gotthold Ephraim Lessing wurde am 22. Januar 1729 im sächsischen Kamenz (Oberlausitz) geboren. Nach einer für die damalige Zeit herausragenden Erziehung, die durch den Besuch der Fürstenschule St. Afra in Meißen vertieft wurde, studierte der Hochbegabte Theologie, Philologie und Medizin in Leipzig. Die Begegnung mit CAROLINE NEUBER (der Neuberin) und ihrer fahrenden Schauspieltruppe veranlaßte Lessing zur Niederschrift seiner ersten Theaterstücke (u. a. "Der junge Gelehrte"), und schließlich gab er sein Studium auf, um sich in Berlin als freier Schriftsteller niederzulassen. Mit Kritiken, theologischen Schriften, Gedichten, Lustspielen und Übersetzungen schlug er sich mühsam durch. Gleichzeitig schloß er aber auch für ihn wichtige Freundschaften mit dem Verleger C. F. NICOLAI, dem Schriftsteller EWALD VON KLEIST und dem populären Philosophen MOSES MENDELSSOHN. Selbst zu dem am Hof Friedrichs des Großen weilenden französischen Dichter VOLTAIRE nahm er Kontakt auf, aber eine Mißstimmung trug ihm die lebenslange Ablehnung durch den Preußenkönig ein.

Mit seiner Tragödie "Miß Sara Sampson" (1755) revolutionierte Lessing das deutsche Theater, indem er Standesregeln (Bürgerliche statt Adlige als Hauptpersonen) und überlieferte Formen (Prosa statt Versen) verletzte und damit die literarische Gattung des bürgerlichen Trauerspiels begründete. Während des siebenjährigen Krieges war der Schriftsteller Sekretär des preußischen Generals von Tauentzien. Durch seinen Aufenthalt in Breslau (1760–1765) lernte er das gesellige Leben der Offiziere kennen, was ihm für sein Lustspiel "Minna von Barnhelm oder das Soldatenglück" (1767), der ersten Komödie, die sich mit deutschen Gegenwartsproblemen beschäftigte, zugute kam. Intensive Forschungsarbeiten in den Breslauer Bibliotheken führten zum "Laokoon", einer theoretischen Arbeit, in der Lessing die einzelnen Künste definierte und gegeneinander abgrenzte.

Aus finanziellen Gründen übernahm Lessing 1767 die Leitung des neu errichteten Hamburger Nationaltheaters. Diese fruchtbare dreijährige Tätigkeit faßte der Dramaturg und Kritiker in seiner Poetik "Hamburgische Dramaturgie" zusammen. Nachdem Lessing mit dem Versuch, einen eigenen Verlag zu gründen, gescheitert war, ergriff er das Angebot des Erbprinzen von Braunschweig, der ihn 1770 mit der Leitung der reichhaltigen Wolfenbütteler Bibliothek betraute.

In seinem abgeschiedenen Leben nutzte der Schriftsteller den großen Bücherbestand zu gründlichen Studien. 1772 gab er sein zweites bürgerliches Trauerspiel "Emilia Galotti" heraus. Um seinen adligen Arbeitgeber nicht gegen sich aufzubringen, hatte er den Schauplatz dieser Tragödie in eine italienische Residenz gelegt, obwohl die Kritik an absolutistischen Fürsten auf deutsche Verhältnisse bezogen war. Die Veröffentlichung der "Fragmente eines Ungenannten" des Theologen Reimarus führte dagegen zu einem heftigen Meinungsstreit mit dem Hamburger Hauptpastor Goeze. Auch mit seinem Familienleben hatte Lessing wenig Glück. Schon kurze Zeit nach seiner Eheschließung mit Eva König verlor er durch den Tod Frau und Kind. Den Wolfenbütteler Bibliothekar traf dieser Schicksalsschlag schwer. Dennoch fand er die Kraft, mit seinem Schauspiel "Nathan der Weise" (1779) seinem Bekenntnis zu Humanität und Toleranz ein Denkmal zu setzen und damit das literarische Meisterwerk der Aufklärung zu schaffen. Lessings letzte Arbeit, "Die Erziehung des Menschengeschlechts" (1780), beschreibt in philosophischer Form ein optimistisches Geschichtsverständnis. Am 15. Februar 1781 starb der erst 52jährige Kritiker und Dramatiker in Braunschweig.

Bereits 1757 entwarf Lessing erste Pläne zu einer Tragödie, die den Konflikt zwischen einem despotischen Herrscher und dem aufgeklärten Bürgertum darstellen sollte. Nach seinen Theatererfahrungen in Hamburg entschloß sich der Schriftsteller, seine in der "Hamburgischen Dramaturgie" niedergelegte Theaterkonzeption in einem eigenen Stück umzusetzen. Im Winter 1771/72 entstand dann das bürgerliche Trauerspiel "Emilia Galotti", das im März 1772 in Braunschweig uraufgeführt wurde. Wohlüberlegt hatte Lessing den Schauplatz seines Dramas in eine italienische Residenzstadt gelegt, obwohl er die Zustände an den Höfen der kleinen Fürstentümer in Deutschland kritisieren wollte. Dennoch gab es einige Aufführungsverbote, wodurch die Vorsicht des Autors nachträglich bestätigt wurde.

Inhalt des Trauerspiels

Schauplatz: Das italienische Fürstentum Guastalla

1. Aufzug

Ein Kabinett des Prinzen
– Hettore Gonzaga, der Prinz von Guastalla, hat sich in die Bürgertochter Emilia Galotti verliebt. Das Interesse an seiner Mätresse, der Gräfin Orsina, hat er inzwischen verloren.

- Der Maler Conti liefert dem Prinzen das von ihm bestellte Bild der Gräfin. Der Fürst schaut das Porträt kaum an. Er ist jedoch begeistert, als der Maler ihm auch eine Darstellung von Emilia zeigt.
- Der Kammerherr Marinelli teilt dem Prinzen mit, daß Graf Appiani an diesem Tag Emilia heiraten werde. Um diese Verbindung zu verhindern, soll der Graf als Brautwerber des Prinzen nach Massa geschickt werden. Marinelli erhält die Vollmacht, in dieser Angelegenheit nach seinen eigenen Plänen zu handeln.
- Der Prinz will versuchen, Emilia bei der Messe zu sehen.
- Als der Rat Camillo Rota den Prinzen ganz zerstreut vorfindet, läßt er ihn das ausgefertigte Todesurteil noch nicht unterschreiben.

2. Aufzug

Ein Saal in dem Hause der Galotti
- Odoardo Galotti macht sich Sorgen, weil seine Tochter Emilia allein in die Kirche gegangen ist.
- Angelo versucht vergeblich, den Diener Pirro für einen Angriff auf Emilias Brautkutsche zu gewinnen.
- Im Gegensatz zu seiner Frau Claudia hält sich Odoardo Galotti vom Hofleben fern. Obwohl er seinen künftigen Schwiegersohn Appiani verehrt, sieht Odoardo seine Familie durch die bevorstehende Hochzeit in Gefahr.
Er ist um so mehr beunruhigt, als er erfährt, daß der Prinz schon Emilia gesehen hat. Claudia kann jedoch die Tugendvorstellungen ihres Mannes nicht verstehen.
- Äußerst verwirrt kommt Emilia von der Messe zurück, denn der Prinz ist dort zudringlich geworden. Claudia rät ihrer Tochter, Graf Appiani diesen Vorfall zu verschweigen.
- Appiani wird nachdenklich, als ihm Emilia von ihrem Alptraum erzählt.
Wegen seiner Hochzeit hat er düstere Vorahnungen.
- Marinelli überbringt Appiani den Auftrag des Prinzen, als Brautwerber für ihn tätig zu werden. Als Appiani mit dem Hinweis auf seine eigene Hochzeit ablehnt, kommt es zum Streit, wobei Marinelli sogar ein Duell fordert, sich jedoch schnell zurückzieht.
- Appiani beruhigt die besorgte Claudia Galotti.

3. Aufzug

Vorsaal auf dem Lustschloß des Prinzen in Dosalo
- Der Prinz ist erzürnt, als Marinelli von seinem Mißerfolg bei Appiani berichtet. Nun plant Marinelli eine Entführung Emilias.

- Als draußen Schüsse fallen, erläutert Marinelli sein Vorhaben, das bereits begonnen hat.
- Marinelli erfährt von Angelo, daß der Anschlag nicht ganz gelungen sei. Zwar ist Emilia entführt, aber Graf Appiani und ein Kumpan Angelos mußten ihr Leben lassen.
- Der ängstliche Prinz will Emilia nicht als erster empfangen.
- Die verstörte Emilia trifft auf dem Schloß ein und wundert sich, als sie Marinelli erblickt..
- Emilia dankt dem Prinzen für ihre Rettung und läßt sich widerstrebend abführen.
- Marinelli bereitet sich auf die Ankunft von Claudia Galotti vor.
- Claudia erschrickt bei Marinellis Erscheinen. Sie durchschaut Marinellis Rolle bei dem Überfall. Ihre Wut steigert sich, als sie hört, daß Emilia mit dem Prinz allein ist.

4. Aufzug

Vorsaal auf dem Lustschloß des Prinzen
- Erst jetzt erfährt der Prinz von Appianis Tod. Er verweist Angelo des Landes, verzeiht aber schließlich Marinelli, der seinem Herrn die Schuld für das Scheitern seines Planes gibt.
- Als die Gräfin Orsina gemeldet wird, erschrickt der Prinz und zieht sich zurück.
- Die Gräfin ist erstaunt, daß sie trotz ihrer brieflichen Anmeldung nicht erwartet wird.
- Gedankenverloren bestellt der Prinz die Gräfin auf ein anderes Mal.
- Nachdem Gräfin Orsina von Marinelli einiges über den Überfall auf Appiani erfahren hat, beschuldigt sie den Prinz als Mörder.
- Verzweifelt sucht Odoardo Galotti seine Familie. Bevor Marinelli ihn dem Prinzen meldet, erklärt er ihm, daß die Gräfin verrückt sei.
- Von der Gräfin wird Odoardo über das ganze Geschehen informiert. Orsina teilt ihm auch ihren Verdacht über das hinterhältige Vorhaben des Prinzen mit. Dankbar nimmt Odoardo den von der Gräfin angebotenen Dolch an, um die Entehrung seiner Familie zu rächen.
- Odoardo befragt seine hinzukommende Frau über weitere Einzelheiten des Verbrechens. Da die Gräfin in die Stadt zurückfährt, vertraut ihr Odoardo seine Frau an.

5. Aufzug

Vorsaal auf dem Lustschloß des Prinzen
- Der Prinz und Marinelli schätzen Odoardos weiteres Vorgehen unterschiedlich ein.
- Odoardo will sich an dem Prinz rächen.
- Als Odoardo seine Tochter mit sich nehmen will, stellt sich Marinelli ihm entgegen.
- Auch der Prinz ist erstaunt, daß Odoardo Emilia in ein Kloster bringen will. Marinelli wendet ein, daß zunächst der Überfall untersucht werden müsse. Emilia brauche man dabei als Zeugin. Auf Vorschlag des Prinzen soll Emilia so lange bei dem Kanzler des Fürsten unterkommen. Odoardo will vorher aber noch mit seiner Tochter sprechen.
- Emilia erfährt durch ihren Vater vom Tod ihres Bräutigams. Es empört sie, daß sie vorerst in der Nähe des Prinzen bleiben soll. Lieber will sie sich mit Odoardos Dolch töten. Als sie an das Ehrgefühl ihres Vaters appelliert, ersticht Odoardo seine Tochter.
- Dem entsetzten Prinzen wirft Odoardo den Dolch vor die Füße. Er will sich selbst dem Gericht ausliefern und fordert seinen Herrscher auf, als Richter über ihn zu urteilen. Der Prinz verflucht Marinelli und entläßt ihn.

Den Stoff für seine Tragödie hatte der Wolfenbütteler Bibliothekar der von dem römischen Historiker Titus Livius (59 v. Chr. – 17 n. Chr.) überlieferten Virginia-Legende entnommen. Der Geschichtsschreiber berichtet darin von der gewaltsamen Auseinandersetzung zwischen den Plebejern und den Patriziern. Der römische Offizier Lucius Virginius, ein Plebejer, erstach auf dem Forum seine Tochter Virginia, um sie vor den weiteren Belästigungen durch den Decemvir Appius Claudius, einem Patrizier, zu bewahren. Durch diese blutige Tat gab Virginius das Signal zu einem Volksaufstand, bei dem die Plebejer die Alleinherrschaft der Patrizier zerbrachen.

Weil Lessing diese Vorlage weitgehend entpolitisierte (Odoardos Bluttat führt zu keinen politischen Unruhen), mußte er die Motive der handelnden Personen hauptsächlich psychologisch erklären. Dennoch tritt der Gegensatz zwischen dem intriganten Fürstenhof des Prinzen Hettore Gonzaga und dem moralischen, antihöfischen Bürgertum, verkörpert durch den Oberst Odoardo Galotti, deutlich zutage.

Personenkonstellation

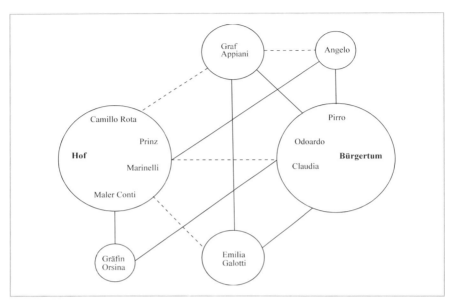

Mit dem Prinzen Hettore Gonzaga zeichnete Lessing einen typischen Vertreter des Absolutismus. Bestärkt durch seine Ratgeber, allen voran dem skrupellosen Kammerherrn Marinelli, hält sich der launische Herrscher weder an Gesetze noch an einen allgemein gültigen Moralkodex. Er handelt allein gemäß seiner eigenen egoistischen Interessen und getreu der von Ludwig XIV. geprägten Maxime "L'Etat, c'est moi" (Der Staat bin ich!). Selbst vor verbrecherischen Intrigen, die sogar einen Mord in Kauf nehmen, schreckt der Prinz nicht zurück, solange sie seine meist spontanen Wünsche verwirklichen können. Die von dem italienischen Staatstheoretiker Niccolo Machiavelli (1469–1527) in seinem Buch "Il principe" (Der Fürst) niedergelegten Handlungsanweisungen für einen unumschränkt regierenden Herrscher dienen Hettore Gonzaga als Richtschnur für sein politisches Verhalten. Die Erhaltung der Macht steht dabei im Vordergrund. Deshalb gilt moralisches Handeln als ein Zeichen der Schwäche.

Doch der Prinz wird in Lessings Drama weniger als ein politisch denkender Souverän gezeigt. Die Staatsgeschäfte überläßt er in fast grenzenlosem Vertrauen seinen Beratern. Lieber geht er seinem eigenen Vergnügen nach. Er gibt sich als

Kunstmäzen, und er pflegt, wie an vielen Höfen des 18. Jahrhunderts üblich, das Mätressenwesen. Die Verantwortung für Fehlschläge im politischen und privaten Bereich schiebt er gerne auf andere.

Aufgabe 60

Zeigen Sie an einigen Textbeispielen, durch welche Verhaltensweisen sich der Prinz als despotischer Herrscher gibt.
Was kritisiert die Aufklärung an einem absolutistischen Staatswesen?

Dem moralisch verdorbenen Hofleben wird durch das Haus Galotti ein kontrastierendes Spiegelbild entgegengehalten. Der sittlich gefestigte Charakter des Familienvaters und die tugendhafte Emilia zeigen in ihrer Grundhaltung eine Gegenwelt. Allerdings gehören die Galottis von ihrem gesellschaftlichen Stand her noch dem Adel an. Odoardo steht im Offiziersrang, hält sich jedoch von den Ausschweifungen des Hofes fern und bevorzugt das Landleben. Mutter und Tochter Galotti fühlen sich hingegen von den prunkvollen Festen und den lebhaften Ballnächten in der Residenz angezogen. Deshalb folgt Emilia ihrem Bräutigam, dem Grafen Appiani, der mit dieser Heirat gesellschaftlich an Ansehen verliert, nur zögerlich auf sein ruhiges Landgut. Trotz ihrer adligen Herkunft sind aber die Galottis und Graf Appiani von einem bürgerlichen Bewußtsein durchdrungen. Die Willkürherrschaft und den ständigen Machtmißbrauch des Prinzen lehnen sie aus tiefster Überzeugung ab. In ihrem Verhalten orientieren sie sich an festgefügten Moralvorstellungen, bei denen Menschlichkeit und Ehre einen vorrangigen Platz einnehmen.

Aufgabe 61

Skizzieren Sie die Lebensweise und die moralischen Maßstäbe von Vater und Tochter Galotti.
Durch welche Merkmale unterscheidet sich das Bürgertum von der höfischen Gesellschaft?

Es erscheint paradox, wenn Lessing sein Drama, in dem vorwiegend Adlige vorkommen, als "bürgerliches Trauerspiel" bezeichnet. Aber die von Gottsched formulierte Ständeklausel für das Theater erlaubte nicht, daß Bürgerliche zu Hauptpersonen einer Tragödie erhoben werden. Lessing, der für eine Liberalisierung der strengen Vorschriften Gottscheds eintrat, löste das Problem, indem er einen

Konflikt nicht durch unterschiedliche Gesellschaftsklassen, sondern durch eine gegensätzliche Moral darstellte. Die bürgerliche Welt, die durch den niedrigen Adel vertreten wird, bildet ein Gegengewicht zu der höfischen Kultur mit allen ihren Auswüchsen, indem sie ihre unbeugsame Tugendhaftigkeit herausstellt. Der Aufklärer Lessing richtet damit einen Appell an die Fürsten, auf ihre feudalistische Willkür zu verzichten und statt dessen nach vernünftigen, humanen Prinzipien zu regieren. An einen politischen Umsturz hat der Dramatiker, der ja in Diensten eines absolut herrschenden Herzogs stand, nicht gedacht. Vielmehr war Lessing, der seit 1771 Mitglied der Hamburger Loge zu den drei Rosen war und damit das Humanitätsideal der Freimaurer repräsentierte, davon überzeugt, daß man die Gesellschaft durch eine aufklärerische "Erziehung des Menschengeschlechts" verbessern müsse.

Aufgabe 62

 Von welchen Motiven lassen sich Odoardo Galotti und der Prinz in ihrer Auseinandersetzung am Ende des Dramas leiten?
Welches Verhältnis zwischen Bürgertum (Odoardo) und Adel (Prinz) zeigt sich in folgender Schlußszene?

5. Aufzug, 8. Auftritt

Der Prinz. Marinelli. Die Vorigen.
DER PRINZ *(im Hereintreten)*. Was ist das? – Ist Emilien nicht wohl?
ODOARDO. Sehr wohl, sehr wohl!
DER PRINZ *(indem er näher kömmt)*. Was seh ich? – Entsetzen!
5 MARINELLI. Weh mir!
DER PRINZ. Grausamer Vater, was haben Sie getan!
ODOARDO. Eine Rose gebrochen, ehe der Sturm sie entblättert. – War es nicht so, meine Tochter?
EMILIA. Nicht Sie, mein Vater – Ich selbst – ich selbst –
10 ODOARDO. Nicht du, meine Tochter – nicht du! – Gehe mit keiner Unwahrheit aus der Welt. Nicht du, meine Tochter! Dein Vater, dein unglücklicher Vater!
EMILIA. Ah – mein Vater – *(Sie stirbt, und er legt sie sanft auf den Boden.)*
ODOARDO. Zieh hin! – Nun da, Prinz! Gefällt sie Ihnen noch? Reizt sie noch Ihre Lüste? Noch, in diesem Blute, das wider Sie um Rache schreiet? *(Nach einer*
15 *Pause)* Aber Sie erwarten, wo das alles hinaus soll? Sie erwarten vielleicht, daß ich den Stahl wider mich selbst kehren werde, um meine Tat wie eine schale Tragödie zu beschließen? – Sie irren sich. Hier! *(Indem er ihm den Dolch vor die Füße wirft.)* Hier liegt er, der blutige Zeuge meines Verbrechens! Ich gehe und liefere mich selbst in das Gefängnis. Ich gehe und erwarte Sie als Richter – Und
20 dann dort – erwarte ich Sie vor dem Richter unser aller!

DER PRINZ *(nach einigem Stillschweigen, unter welchem er den Körper mit Entsetzen und Verzweiflung betrachtet, zu Marinelli).* Hier! Heb ihn auf. – Geh! sag ich. – Gott! Gott! – Ist es, zum Unglücke so mancher, nicht genug, daß Fürsten Menschen sind: müssen sich auch noch Teufel in ihren Freund
25   verstellen?

Aus: G. E. Lessing: Emilia Galotti. Stuttgart (Reclam) 1990, S. 78 f.

Mit "Emilia Galotti" begründete Lessing die Tradition des bürgerlichen Trauerspiels in Deutschland, die später von Schiller, J. M. R. Lenz und Hebbel weitergeführt wurde. Er gab die metrisch gebundene Sprache (Alexandriner) in der Tragödie auf und verwendete an deren Stelle Prosa. Die drei Einheiten von Ort, Zeit und Handlung respektierte er, aber in gelockerter Form. So spielt sich das Drama innerhalb eines Tages (vom Morgen bis zum Abend) ab, wobei sich das Geschehen auf die Beziehung zwischen dem Prinz und Emilia konzentriert. Lediglich die Schauplätze teilen sich in drei Bereiche auf: Residenz, Haus der Galottis und Lustschloß des Prinzen. Allerdings erfolgt innerhalb der einzelnen Aufzüge kein Szenenwechsel. Mit seinen lebendigen, anschaulichen Dialogen und seinen impulsiven Figuren nimmt Lessing bereits Tendenzen des Sturm und Drang vorweg.

Zusammenfassung

Gotthold Ephraim Lessing: Emilia Galotti (1772)

– Gattung: bürgerliches Trauerspiel
– Stoff: Legende vom Tod der Virginia des römischen Historikers Titus Livius (59 v. Chr. – 17. n. Chr.)
  Aufstand der Plebejer gegen die Patrizier;
  Lessing entpolitisiert diese Geschichte.
– Schauplatz: Residenz des italienischen Fürstentums Guastalla (Stadtschloß – Haus der Galottis – Lustschloß)
– Sprache: Prosa (keine metrisch gebundene Sprache)
– Inhalt: Der despotische Fürst Hettore Gonzaga begehrt die Bürgertochter Emilia Galotti, die aber den Grafen Appiani heiraten will. Nach dem Plan des Kammerherrn Marinelli wird Emilia an ihrem Hochzeitstag entführt und auf das Lustschloß des Prinzen gebracht. Dort ersticht Odoardo Galotti seine Tochter, um die Ehre der Familie zu wahren.
– Konflikt: intriganter Fürstenhof – moralisches, antihöfisches Bürgertum

4.2 Nathan der Weise

Lessings Drama "Nathan der Weise" beleuchtet das Verhältnis der drei mono-
theistischen Weltreligionen Judentum, Christentum und Islam. Im Brennpunkt
Jerusalem, wo Vertreter dieser Konfessionen auf engstem Raum zusammenleben,
prallen die ideologischen Gegensätze heftig aufeinander, zumal auch noch
politische Interessen ins Spiel kommen. Als zentrale Gestalt des Schauspiels
versucht die Titelfigur, der vom Leben schwer geprüfte, aber wohlhabende Jude
Nathan, zwischen den Parteien zu vermitteln und die Gemeinsamkeiten über das
Trennende zu stellen. Damit erweist sich Nathan als ein vorbildlicher Reprä-
sentant aufklärerischen Denkens und Handelns.

Die Religionen und ihre Repräsentanten
- Judentum: Nathan, Recha (durch ihre Erziehung)
- Christentum: Tempelherr, Patriarch, Klosterbruder, Recha (durch ihre Her-
  kunft), Daja
- Islam: Sultan Saladin, Sittah, Derwisch Al-Hafi

Inhalt des Dramas

Schauplatz: Jerusalem um 1192

1. Aufzug

Flur in Nathans Hause:
- Der Jude Nathan kehrt von einer einträglichen Geschäftsreise zurück. Seine
  Hausangestellte Daja, eine Christin, teilt ihm mit, daß sein Haus gebrannt habe
  und seine Tochter Recha von einem jungen Tempelherrn, der kurz zuvor von
  dem Sultan begnadigt worden war, gerettet worden sei.
- Der Derwisch Al-Hafi, inzwischen Schatzmeister des Sultans, fragt bei
  Nathan vergeblich um eine finanzielle Unterstützung nach.

Ein Platz mit Palmen:
- Beauftragt von dem Patriarchen, versucht ein Klosterbruder, den Tempelherrn
  als Spion und Meuchelmörder des Sultans anzuwerben. Der Tempelherr lehnt
  diese Aufgabe entrüstet ab.
- Auch Dajas Einladung in Nathans Haus weist der Tempelherr zurück.

2. Aufzug

Des Sultans Palast:
- Sultan Saladin verliert absichtlich im Schachspiel gegen seine Schwester Sittah. Die Geschwister unterhalten sich über ihren verschollenen Bruder Melek.
- Als der Sultan den Derwisch auffordert, Sittah ihren Gewinn auszuzahlen, erläutert dieser seinem Herrn die schlechte Finanzlage. Saladin schlägt vor, bei Nathan Geld zu leihen, was aber der Derwisch für unrealistisch hält.
- Sittah erkennt eine bessere Möglichkeit, um an Nathans Vermögen zu gelangen.

Vor dem Hause des Nathan:
- Nathan hat bemerkt, daß sich Recha in den Tempelherrn verliebt hat.
- Als Nathan dem Ritter für die Rettung seiner Tochter danken will, reagiert der junge Mann zunächst sehr schroff, schließt jedoch bald mit dem Juden Freundschaft. Nathan wundert sich über den Namen des Tempelherrn (Curd von Stauffen), dessen Vorfahren er zu kennen glaubt.
- Inzwischen wurde Nathan zum Sultan bestellt. Al-Hafi warnt seinen Freund vor der Geldgier des moslemischen Herrschers.

3. Aufzug

In Nathans Haus:
- Recha lehnt Dajas Wunsch ab, mit ihr bald nach Europa zu gehen.
- Als der Tempelherr vorbeikommt, kann sich Recha endlich bei ihm für ihre Rettung bedanken. Auf der Stelle verliebt sich der Kreuzritter in Nathans Tochter.

Ein Audienzsaal in dem Palaste des Saladin:
- Saladin bespricht mit Sittah, wie er Nathan mit List sein Geld entlocken könnte.
- Bei der Audienz fragt der Sultan Nathan nach der richtigen Religion. Nach kurzer Bedenkzeit erzählt der weise Jude die *Ringparabel*. Der Sultan ist von der Geschichte so beeindruckt, daß er Nathan spontan seine Freundschaft anbietet. Dieser will ihm Geld zur Verfügung stellen. Außerdem berichtet er, wie der von Saladin begnadigte Tempelherr seine Tochter aus dem Feuer geholt habe.

Unter den Palmen, in der Nähe des Klosters:
- Der Tempelherr hält bei Nathan um die Hand Rechas an. Er ist enttäuscht, als der Jude sich zögerlich verhält.
- Daja offenbart dem Tempelherrn, daß Recha eine Christin ist.

4. Aufzug

In den Kreuzgängen des Klosters:
- Der Tempelherr sucht bei dem Patriarchen Rat. Er schildert ihm den "theoretischen" Fall eines Juden, der ein christliches Mädchen in seiner Religion erzieht. Unerbittlich verurteilt der Patriarch den Juden.
- Der Patriarch will der Sache genauer nachgehen.

Ein Zimmer im Palaste des Saladin:
- Saladin erhält von Nathan Geld. Sittah hat ein Bild ihres Bruders Assad gefunden.
- Der enttäuschte Tempelherr erzählt dem Sultan, daß Nathan sein Heiratsgesuch nicht angenommen hat.
- Sittah will Recha zu sich holen lassen und sie dann dem Tempelherrn zur Frau geben.

Der offene Flur in Nathans Haus:
- Daja tritt für Rechas Heiratsabsichten ein, aber Nathan bittet um Geduld.
- Der Klosterbruder warnt Nathan vor den Nachstellungen des Patriarchen. Vor Jahren hatte der Klosterbruder Recha (die Tochter des Wolf von Filnek) zu Nathan gebracht. Nathan erzählt, wie die Christen seine Frau und seine sieben Söhne getötet hatten.
- Daja benachrichtigt Nathan, daß Sittah Recha zu sich gerufen habe.

5. Aufzug

Ein Zimmer in Saladins Palast:
- Der Sultan erwartet gute Einkünfte von einer zurückkehrenden Karawane.

Die Palmen vor Nathans Hause:
- Der Tempelherr macht sich Vorwürfe, daß er Nathan in Schwierigkeiten gebracht hat.
- Der Klosterbruder hat Nathan ein Brevier gegeben, in dem Rechas Herkunft dokumentiert ist.
- Der Tempelherr entschuldigt sich bei Nathan für sein unvorsichtiges Verhalten und bittet erneut um Rechas Hand. Statt einer Zustimmung führt Nathan den Tempelherrn zum Sultan, wo sich Rechas Verwandte einfinden werden.

In Sittahs Harem:
- Recha ist wegen Dajas Informationen bezüglich ihrer christlichen Herkunft verwirrt.
- Der Sultan tröstet Recha.

– Der Sultan will Nathan das geliehene Geld zurückgeben. Als Saladin Recha dem Tempelherrn zuführen will, schreitet Nathan ein. Er erzählt, daß Recha (ursprünglicher Name: Blanda von Filnek) und der Tempelherr Geschwister seien. Anhand des Breviers beweist er, daß ihr Vater Assad, der Bruder des Sultans, war, der eine Deutsche geheiratet hat. Die Anwesenden umarmen sich in großer Freude.

Personenkonstellation

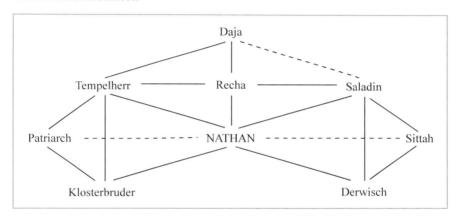

Dieses Spätwerk Lessings (1779) stellt nicht nur eine starke Persönlichkeit in ihrer Vermittlerrolle dar, sondern verbindet auch von der Form her gegensätzliche Gattungen zu einer neuen Einheit. Eine Vermischung von Tragödie und Komödie führt zu diesem "dramatischen Gedicht", wie Lessing sein Drama im Untertitel nennt. Die belehrende Funktion kommt nicht nur in der Ringparabel des dritten Aufzugs zum Ausdruck, sondern beherrscht das ganze Theaterstück.

Dabei nimmt es der Autor mit den historischen und geographischen Tatsachen nicht sehr genau. Zwar läßt sich der Zeitpunkt der Handlung auf das Jahr 1192 festlegen, aber in einigen Bereichen fügt Lessing unwahrscheinliche Gegebenheiten zusammen. Das historische Vorbild des Sultan Saladin, Salah-ed-Din (1138–1193), der das ägyptische Reich reorganisiert hatte, eroberte 1187 den Kreuzfahrerstaat Jerusalem. Der von Richard Löwenherz angeführte dritte Kreuzzug hatte zum Ziel, die heiligen Stätten des Christentums wieder unter abendländische Herrschaft zu stellen. Zunächst erzielten die christlichen Heere auch einige militärische Erfolge, aber im Jahr 1192 zog Richard Löwenherz einen Waffenstillstand mit dem Sultan weiteren verlustreichen Angriffen vor. Immerhin konnte er damit erreichen, daß christliche Pilger freien Zugang zu den Verehrungsplätzen in Jerusalem erhielten. Doch die Stadt selbst blieb im Besitz der Moslems.

Unter dem Sultan nahmen die Emire (s. Fünfter Aufzug), die Befehlshaber der Armee, wichtige Positionen im Staat ein, und die Mamelucken, ehemalige Sklaven, leisteten ihrem Herrscher wichtige Kriegsdienste. Die Derwische hingegen waren islamische Bettelmönche, die als Einsiedler oder gemeinschaftlich in Klöstern lebten.

Neben anderen christlichen Ritterorden gehörten auch die Tempelherren dem Kreuzzugsheer an. Sie erfüllten militärische und missionarische Aufgaben. Allerdings mußte der Patriarch, der Bischof von Jerusalem, nach der Eroberung der Stadt durch den Sultan seine Residenz verlasen und dürfte wohl 1192, zur Zeit des Waffenstillstandes, nicht in Jerusalem gelebt haben. In seinem Drama hatte Lessing den Patriarchen, dessen historisches Vorbild Heraklius als niederträchtig und blutrünstig galt, positiver geschildert, als es der damaligen Realität entsprochen hatte.

Die geographischen Voraussetzungen weichen hingegen noch viel stärker von der Wirklichkeit ab und verwandeln den Orient in ein von der europäischen Phantasie übertrieben gezeichnetes Märchenreich. So beträgt z. B. die Strecke zwischen Babylon und Jerusalem rund 1000 km, wodurch Nathans Geschäftsreise zu einer äußerst beschwerlichen Angelegenheit geraten wäre. Auch der Hinweis des Tempelherrn, daß er eine kurze Zeit auf der Halbinsel Sinai verbracht habe, muß unter den damaligen Verkehrsverhältnissen als unrealistisch bezeichnet werden.

Für Lessing war der religiöse Hintergrund von größerer Bedeutung als landschaftliche und geschichtliche Belange. Jerusalem als Knotenpunkt von drei Weltreligionen bot eine gute Grundlage, um die Anliegen der Aufklärung zu verdeutlichen. Die Engstirnigkeit orthodoxer Glaubenssysteme sollte zugunsten einer aufgeklärten **Vernunftreligion** bekämpft werden. Sowohl das Christentum als auch der Islam offenbaren in Lessings Drama deutliche Schwächen, die der gesunde Menschenverstand nicht hinnehmen durfte.

Aufgabe 63

Zeigen Sie an einigen Beispielen, welche Fehler den Religionen in Lessings Schauspiel zugeschrieben werden.
Warum müssen vom Standpunkt der Aufklärung aus diese negativen Begleiterscheinungen kritisiert werden?

Lessing focht einige Jahre vor der Entstehung seines Dramas einen erbitterten theologischen Streit aus. Der Hamburger Professor Hermann Samuel Reimarus hatte nach seinem Tod einige bibelkritische Schriften hinterlassen, in denen er u. a. an den von Jesus vollbrachten Wundern und an seiner Auferstehung zweifelte. Mit Erlaubnis von Sohn und Tochter des Verstorbenen gab Lessing in seiner Funktion als Wolfenbütteler Bibliothekar diese Aufzeichnungen heraus, die er ab Herbst 1774 in mehreren Folgen unter dem Titel "Fragmente eines Ungenannten" veröffentlichte. Im Januar 1778 erfolgte dann ein scharfer Angriff des Hamburger Hauptpastors Johann Melchior Goeze gegen Lessing, obwohl dieser zu dem Inhalt der Fragmente stets eine gewisse Distanz gewahrt hatte. Lessing konterte mit mehreren Kampfschriften (u. a. "Anti-Goeze"), bis er auf Betreiben seiner Gegner von seinem Landesherrn ein Publikationsverbot (Juli 1778) in dieser Angelegenheit erhielt.

Lessing beschloß, den Streit mit anderen Mitteln fortzuführen und wählte das Theater als Stätte dieser Auseinandersetzung. So entstand ab August 1778 der "Nathan", der im Jahr danach veröffentlicht, aber erst nach Lessings Tod in Berlin uraufgeführt wurde (1783). Unverkennbar hatte Lessing in der sarkastischen Karikatur des Patriarchen seinen Hauptgegner Goeze wiedergegeben. Dem Autor wurde schon früh vorgeworfen, das Christentum in seinem Drama verzerrt und gegenüber dem Judentum und dem Islam herabgesetzt zu haben.

Aufgabe 64

Prüfen Sie anhand von Textbeispielen die These, daß Lessing die christliche Religion und ihre Vertreter zu negativ dargestellt habe.

Sowohl die dogmatische Erstarrung der Religionen als auch die pietistische Frömmelei wurde von Lessing kritisiert. Schon früh forderte er statt dessen ein "Christentum der Vernunft" (Titel einer theoretischen Abhandlung Lessings aus dem Jahr 1753). in dem sich Rationalität, Gewissenhaftigkeit und sittliches Handeln zu einer echten Religiosität vereinigen. Der Appell an die Menschen, die Wahrheit ihrer Religionen durch ihr Verhalten zu beweisen, setzt diese Vorstellung konsequent um.

Diese Grundaussage der **Ringparabel** steht infolgedessen auch im Zentrum des Dramas. Mit seiner Erzählung legt Nathan dem Sultan seine Ansicht von dem Streit der Religionen dar, und die belehrende Tendenz wird von dem Autor rückhaltlos unterstützt.

Lessing hat den Stoff zu seiner Parabel einer Novelle aus Boccaccios "Decamerone" entnommen. Der zweite Teil der Geschichte, der von dem Urteil des Richters handelt, stellt eine eigene Idee des Dramatikers dar.

Inhalt der Ringparabel

In grauer Vorzeit wurde in einer Familie von Generation zu Generation ein Ring weitergegeben, der vor Gott und den Menschen angenehm machte. Jeweils der geliebteste Sohn sollte den Ring erhalten. Dies ging so lange, bis ein Vater von drei Söhnen sich nicht entscheiden konnte, wem er das Erbstück vermachen sollte. Da er alle drei Söhne gleich liebte, ließ er Imitationen des Rings anfertigen, so daß er auf seinem Totenbett jedem einen Ring geben konnte.
Nach dem Tod des Vaters entstand unter den drei Nachfolgern ein Streit um die Herrschaft des Hauses. Weil man den richtigen Ring nicht ausfindig machen konnte, sollte ein Richter den Fall entscheiden. Dieser zögerte zunächst und kam schließlich zu einem überraschenden Urteil: Wenn es zutreffe, daß sich der richtige Ring durch seine Ausstrahlungskraft erweise, müsse jeder der drei Söhne durch seine Taten zeigen, daß er das echte Erbstück besitze. Eine endgültige Entscheidung müsse aber bis zu diesem Ereignis aufgeschoben werden.

Bereits in vielen Märchen zuvor wurde einem Ring magische Kraft zugeschrieben. So wie der Ring die Söhne mit ihren Ahnen verbindet, stellt die Religion eine enge Beziehung der Menschen zu Gott her. Die Formen der Religionen (Lehren, Gebräuche, Lebensweisen usw.) unterscheiden sich voneinander, weil sie der Geschichte unterliegen und im Verlauf der Zeit verändert werden.

Aufgabe 65

Warum erzählt Nathan dem Sultan eine Geschichte, anstatt auf seine Frage direkt zu antworten?
Beziehen Sie die Ringparabel auf die drei Weltreligionen, und erläutern Sie daran die Problematik der richtigen Lehre.

In engem Verhältnis zu der Ringparabel stehen die verwandtschaftlichen Beziehungen der Hauptfiguren in Lessings Drama. Die humorvoll gezeichnete Erkennungsszene der Geschwister und ihres Oheims trägt märchenhafte Züge. Menschen unterschiedlicher Religionen, die zuvor weit voneinander entfernt zu sein scheinen und Berührungsängste haben, werden im Schlußakt zu einer Familie zusammengeführt. Eine seltsame Verkettung von Zufällen führt genauso zu diesem harmonischen Finale wie die Intrigen von Nathans Hausangestellter Daja. Auch der skrupellose Patriarch leistet, wenn auch ungewollt, seinen Beitrag zu dieser Familienidylle. Allerdings bleiben Daja und der Patriarch von dem Happy-End ausgeschlossen, weil sie nicht die Voraussetzungen für eine glaubwürdige Versöhnung der Religionen mitbringen.

Verwandtschaftsbeziehungen

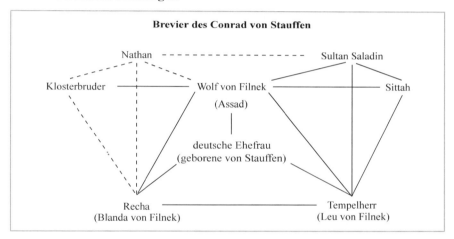

Trotz der Rivalität, die unter den Konfessionen herrscht, triumphiert am Ende das Gemeinsame, das sich, abgesehen von den Glaubensinhalten, auch in den Verwandtschaftsbeziehungen äußert.

Die alles beherrschende Figur ist jedoch Nathan, der mit seinen klugen Nachforschungen und seinem großmütigen Charakter den glücklichen Ausgang arrangiert und den neuen/alten Verwandten als geistiger Vater verbunden bleibt.

Aufgabe 66

Was sagt die Umarmungsszene am Ende von Lessings Drama über das Verhältnis der Religionen zueinander aus?
Welche Elemente gehören zu einer von der Aufklärung geforderten Vernunftreligion?

Zusammenfassung

Gotthold Ephraim Lessing: Nathan der Weise (1779)

– Schauspiel, "ein dramatisches Gedicht" (Bezeichnung des Autors)
– Ort und Zeit der Handlung: Jerusalem, 1192 (Waffenstillstand zwischen Sultan Saladin und dem christlichen Heer unter Richard Löwenherz)
  • märchenhafte Züge
  • historische und geographische Unwahrscheinlichkeiten
– Thema: Vertreter der drei gegensätzlichen Religionen Judentum, Christentum und Islam versöhnen sich am Ende, weil sie sich ihrer gemeinsamen Wurzeln bewußt werden. Dabei ist Nathan die zentrale Figur. Die Vernunft siegt über die Vorurteile.
– Hauptaussage: Die einzig richtige Religion läßt sich nicht ermitteln. Vielmehr sollen die Konfessionen nach Wahrheit und Toleranz streben (Fazit der Ringparabel).
– Anlaß: Lessings Streit mit dem Hamburger Hauptpastor Goeze; Eintreten der Aufklärer für eine Vernunftreligion

5 Sturm und Drang (1765–1785)

Mitten in der Epoche der Aufklärung entstand die literarische Jugendbewegung des Sturm und Drang, die nach dem Titel eines Schauspiels von F. M. KLINGER ihren Namen erhielt. Wie die Rationalisten der Aufklärung kämpften auch die Stürmer und Dränger gegen Fürstenwillkür und für die Durchsetzung der Menschenrechte. Doch gegen die erstarrten Regeln und einen einseitigen Vernunftbegriff setzten sie mehr auf das **Gefühl** und die **Individualität.**

Zwei wesentliche historische Ereignisse prägten den relativ kurzen Zeitabschnitt des Sturm und Drang. Der Kampf der amerikanischen Siedler gegen ihre englischen Kolonialherren, der schließlich mit der Unabhängigkeitserklärung 1776 zu Ende ging, wurde in Europa mit großem Interesse verfolgt. Lange vor der Französischen Revolution (1789) wurden zum ersten Mal Grundrechte der Menschen in einer Staatsverfassung als allgemein verbindlich festgelegt. Ein wichtiges Anliegen der Aufklärung wurde dadurch politische Wirklichkeit.

Auf dem europäischen Festland kam es nach dem Siebenjährigen Krieg (1763) mehrmals zu Hungersnöten, was zu einer gesteigerten Warenproduktion Anlaß gab. Der Wiederaufbau der verwüsteten Gegenden führte allmählich zu einem steigenden Wohlstand des Bürgertums, das durch Handel und neue ökonomische Herausforderungen (Manufakturen) von dieser Lage profitierte. Das damit wachsende bürgerliche Selbstbewußtsein mußte notgedrungen den **Konflikt mit dem herrschenden Adel** heraufbeschwören. Je mehr Geld die städtischen Bürger verdienten, desto weniger konnten sie sich mit ihrer politischen Ohnmacht abfinden. Außerdem hemmte sie der kleinstaatliche Absolutismus an ihrer wirtschaftlichen Entfaltung. Die tyrannischen Fürsten und die zunehmend korrupter werdenden Adligen konnten nicht mehr als Vorbilder anerkannt werden.

Viele Stürmer und Dränger, die im allgemeinen aus mehr oder weniger begüterten Bürgerhäusern stammten, traten nach ihrem Theologie-Studium eine Hauslehrerstelle bei adligen Familien an und mußten dabei ihre gesellschaftliche Minderwertigkeit und ein neues Abhängigkeitsverhältnis an ihrem eigenen Leib erfahren. Diese sensiblen Naturen empfanden bei diesen Demütigungen um so dringender das Bedürfnis nach Befreiung aus staatlicher und kirchlicher Bevormundung. Den Forderungen des Feudalstaates nach Unterordnung und Dienstverpflichtung setzten sie das Recht auf Selbstbestimmung entgegen.

Der französische Dichter und Philosoph JEAN-JACQUES ROUSSEAU (1712–1778) traf mit seinem Bekenntnis "Zurück zur Natur!" die Grundeinstellung der Stürmer und Dränger, die in einem begeisterten **Naturerlebnis** ihr leidenschaftliches Freiheitsbegehren umsetzen konnten. Die **Einheit** von **Verstand** und **Gefühl** galt als neue Lösung, und deshalb wurde den Aufklärern entgegengehalten, daß sie mit ihrer einseitigen Ausrichtung auf die Vernunft eine ganzheitliche Persönlichkeitsentfaltung behindert hätten. In der Verbindung mit dem einfachen **Volk** sahen die jungen aufbegehrenden Literaten die Garantie für eine naturverbundene Lebensweise. *Volkslieder* und *Volksbücher* ("Faust") wurden als Quellen für eine eigene originale Dichtkunst angesehen. Einer der Wegbereiter des Sturm und Drang, JOHANN GOTTFRIED HERDER, sammelte Volkslieder, die auf den jungen Goethe einen entscheidenden Einfluß ("Heidenröslein") ausübten.

Da die jungen Autoren die Lebensweise des moralisch verfallenden Adels zutiefst ablehnten, erkoren sie das **Genie**, einen im Volk wurzelnden, intelligenten Kraftmenschen, zu ihrem Leitbild. Der geniale Künstler konnte auf Vorgaben und traditionelle Formen verzichten, weil er sich seine Regeln selbst setzte und aus seinem inneren Reichtum heraus eine eigene Welt schaffen konnte. Als heroische Dichter wurden vor allem Homer und Shakespeare verehrt, denn diese hatten eine naturhafte und volksnahe Poesie voller Kraft und Leben hervorgebracht.

Die noch für die Aufklärer verbindlichen Maßstäbe für eine erstrebenswerte Dichtkunst wurden von den Stürmern und Drängern radikal in Frage gestellt. Ein Genie durfte sich nicht in beengende Formen und sprachliche Muster zwängen lassen. Deshalb hielten sich die Stürmer und Dränger auch nicht an die für das Drama vorgeschriebene Einheit von Ort, Zeit und Handlung. Auch der im Barockzeitalter häufig verwendete Alexandriner (sechshebiger Jambus) oder eine anders geartete rhythmische Sprache wurde durch die ungebundene Rede ersetzt. Wohlgeformte Sätze konnten selbstverständlich nicht als geeignetes Ausdrucksmittel für leidenschaftliche, kühne Menschen dienen. Vielmehr wurden abgebrochene Sätze, Wortfetzen oder Ausrufe und Flüche zur Darstellung heftiger Erregung der Bühnenfiguren benutzt. Eine saloppe, unbekümmerte Alltagssprache fand sich neben einer poetisch anspruchsvollen Redeweise. In Gedichten wurde häufiger auf Reime oder einen festen Rhythmus verzichtet. Selbst die Länge der einzelnen Strophen fiel manchmal sehr unterschiedlich aus. Literarische Normen wurden nicht mehr kritiklos übernommen.

Auch die Helden der neuen Romane und Schauspiele versuchten Grenzen zu überschreiten und gesellschaftliche Gepflogenheiten zu hinterfragen. Deftige Reaktionen und derbe Ausdrucksweisen waren das Kennzeichen dieser kraftstrotzenden genialen "Kerls" (vgl. Schillers "Räuber" oder Goethes "Götz von Berlichingen"). Die **selbstbewußte Tat** zeichnete den mutigen Menschen aus, der für seine Ideale auch vor dem Tod nicht zurückschreckte. So stirbt Götz mit dem trotzigen Ausruf "Freiheit! Freiheit!" im Gefängnis.

Wenn auch die Vorstellungen von einer besseren Gesellschaftsordnung nur ansatzweise formuliert wurden, nannte man die vielen sozialen Probleme um so deutlicher beim Namen. Die **Standeskonflikte** zwischen Adligen und Bürgern, die Unterdrückung durch die Fürsten, Korruption, der Verkauf von Soldaten oder die Kindesmorde von verführten jungen Müttern wurden immer wieder eindringlich dargestellt. Unmißverständlich galten aber die Sympathien der Stürmer und Dränger den Menschen aus dem einfachen Volk. Insbesondere die Frauenfiguren in den Schauspielen beeindrucken bis heute durch ihre unmittelbare Natürlichkeit und ihre frische Naivität (z. B. Gretchen in Goethes "Faust").

Lediglich in einzelnen Dramen kamen Adlige als Ideenträger für eine neue Gesellschaftsordnung vor. In Schillers frühen Werken beschwören junge Adlige durch revolutionäre Ansichten den Konflikt mit ihren in starren Formen verharrenden Vätern herauf, wobei sie allerdings am Ende scheitern. Die Angleichung der Stände durch die Umsetzung der allgemein geltenden Menschenrechte läßt sich – so die Einsicht der Stürmer und Dränger – nicht sofort verwirklichen.

Wichtige Werke des Sturm und Drang

1773   Goethe: Götz von Berlichingen (Drama)
1774   Goethe: Die Leiden des jungen Werthers (Briefroman)
       J. M. R. Lenz: Der Hofmeister (Drama)
1775   Goethe: Urfaust (Drama)
1776   H. L. Wagner: Die Kindermörderin (Drama)
       F. M. Klinger: Sturm und Drang, Die Zwillinge (Dramen)
       J. M. R. Lenz: Die Soldaten (Drama)
1781   Schiller: Die Räuber (Drama)
1784   Schiller: Kabale und Liebe (Drama)

5.1 Johann Wolfgang von Goethe: Prometheus

Als Sohn des Kaiserlichen Rates Johann Caspar Goethe wurde der berühmteste deutsche Dichter am 18. August 1749 in Frankfurt am Main geboren. Zusammen mit seiner um ein Jahr jüngeren Schwester Cornelia wuchs er in behüteten Familienverhältnissen und in Wohlstand auf. Die beiden Geschwister erhielten eine gute Erziehung, lernten frühzeitig mehrere Sprachen, vor allem Latein und Griechisch, und begeisterten sich für das Marionettentheater. Als der 16jährige Johann Wolfgang 1765 nach Leipzig zum Jura-Studium ging, bildete er seine künstlerischen Fähigkeiten durch privaten Zeichenunterricht aus. Wegen einer schweren Erkrankung mußte er allerdings drei Jahre später in sein Elternhaus zurückkehren, bevor er dann 1770 sein Studium in Straßburg fortsetzen konnte. Dort traf er den Gelehrten JOHANN GOTTFRIED HERDER, der ihn für frühe Zeugnisse deutscher Dichtkunst interessierte und ihn zum **Sammeln von Volksliedern** anhielt. Goethes Gedichte aus dieser Zeit zeichnen sich demzufolge auch durch einen schlichten, volksliedhaften Ton aus (z. B. "Heidenröslein", "Mailied"). Auch die Liebe zu der Sesenheimer Pfarrerstochter *Friederike Brion* inspirierte den Studenten zu lyrischen Werken, die eigene Erlebnisse in den Vordergrund stellten und sich damit immer mehr von der bis dahin gepflegten "vorschriftsmäßigen" Dichtung mit vorgegebenen inhaltlichen Mustern entfernten. Goethe hatte in Straßburg auch Umgang mit mehreren jungen Autoren (J. M. R. Lenz oder H. L. Wagner), die wie er selbst den Forderungen des Sturm

127

und Drang verpflichtet waren. Als ein Musterbeispiel dieser literarischen Aufbruchsstimmung entstand 1771 das Schauspiel "Götz von Berlichingen", das sich nur wenig um die von den Dramentheoretikern verlangte Einheit von Ort, Zeit und Handlung (Das Geschehen sollte sich in konzentrierter Form innerhalb von 24 Stunden an einem bestimmten Platz abspielen.) kümmerte. Das Drama ist zwar traditionell in fünf Akte eingeteilt, aber die Schauplätze wechseln ständig, mehrere Nebenhandlungen werden eingeführt, und die Zeitspanne des eigentlichen Geschehens erstreckt sich über einige Jahre.

Nach dem erfolgreichen Abschluß seines Studiums praktizierte Goethe am Reichskammergericht in Wetzlar. Seine unerfüllte Liebe zu *Charlotte Buff* und der Selbstmord eines Bekannten veranlaßten den jungen Juristen zu der Niederschrift des Briefromans "Die Leiden des jungen Werthers", der ihn über Deutschlands Grenzen hinaus bekannt machte. Viele weitere Werke entstanden in dieser künstlerisch fruchtbaren Zeit, insbesondere die Hymnen "Prometheus" und "Ganymed" sowie die erste Fassung des "Faust", die in der Forschung als "Urfaust" bezeichnet wird.

Nachdem der junge Herzog Karl August 1775 Goethe in seine Residenz nach Weimar eingeladen hatte, widmete sich der Dichter zunächst seinen neuen Verpflichtungen als Staatsdiener, der für Bergbau, Kriegsangelegenheiten und Wegebau zuständig war. Unter dem Einfluß der Hofdame *Charlotte von Stein* entstanden jedoch bald wieder neue Gedichte sowie die Dramen "Egmont", "Iphigenie auf Tauris" und "Torquato Tasso". Goethe, der vom Herzog für seine Verdienste geadelt wurde, betrieb nebenher auch naturwissenschaftliche Studien, vor allem die Mineralogie, die Botanik und die Anatomie begeisterten ihn.

1786 war Goethes Sturm-und-Drang-Zeit endgültig vorbei. Der seiner Amtsgeschäfte überdrüssige Minister reiste für zwei Jahre nach Italien, wobei er mehrere seiner Werke mitnahm und diese dort in strengere sprachliche Formen (z. B. "Iphigenie" in fünfhebige Jamben) umarbeitete. Spätestens mit Goethes Italien-Reise beginnt das Zeitalter der deutschen **Klassik**.

Als Goethe 1788 nach Weimar zurückkehrte, gab er viele seiner staatlichen Funktionen auf und widmete sich wieder intensiver der Literatur. Die Freundschaft mit FRIEDRICH SCHILLER regte ihn zur Produktion seiner bekanntesten Balladen ("Erlkönig", "Der Zauberlehrling") an und motivierte ihn zur Vollendung seines Bildungsromans "Wilhelm Meisters Lehrjahre". Auch nach Schillers frühem Tod 1805 veröffentlichte Goethe weitere Werke, die seinen Weltruhm festigten. So wurde der "Faust" vollendet, der Roman "Die Wahlverwandtschaften" wurde publiziert, die autobiographische Schrift "Dichtung und Wahrheit" erschien, und die umfangreiche "Farbenlehre" unterstrich Goethes nachhaltige Interessen für naturwissenschaftliche Fragestellungen. Am 22. März 1832 starb der 82jährige Goethe in Weimar.

In einer künstlerisch äußerst produktiven Zeit beschäftigte sich der junge Goethe mit dem aus der Antike überlieferten Stoff der Prometheus-Sage, der auch schon von zahlreichen Dichtern vor ihm (z. B. Aischylos) bearbeitet worden war. Die ursprüngliche Absicht des Autors, ein dreiaktiges Drama zu schaffen, wurde nicht zu Ende geführt, und Goethe begann im Herbst 1774 mit der Niederschrift eines reimlosen Gedichts, das einen Monolog des aufbegehrenden Prometheus gestaltete.

Johann Wolfgang von Goethe: Prometheus

Bedecke deinen Himmel, Zeus,
Mit Wolkendunst
Und übe, dem Knaben gleich,
Der Disteln köpft,
5 An Eichen dich und Bergeshöhn!
Mußt mir meine Erde
Doch lassen stehn
Und meine Hütte, die du nicht gebaut,
Und meinen Herd,
10 Um dessen Glut
Du mich beneidest.

Ich kenne nichts Ärmeres
Unter der Sonn als euch, Götter!
Ihr nähret kümmerlich
15 Von Opfersteuern
Und Gebetshauch
Eure Majestät
Und darbtet, wären
Nicht Kinder und Bettler
20 Hoffnungsvolle Toren.

Da ich ein Kind war,
Nicht wußte, wo aus noch ein,
Kehrt ich mein verirrtes Auge
Zur Sonne, als wenn drüber wär
25 Ein Ohr, zu hören meine Klage,
Ein Herz wie meins,
Sich des Bedrängten zu erbarmen.

Wer half mir
Wider der Titanen Übermut?

30 Wer rettete vom Tode mich,
Von Sklaverei?
Hast du nicht alles selbst vollendet,
Heilig glühend Herz?
Und glühtest jung und gut,
35 Betrogen, Rettungsdank
Dem Schlafenden da droben?

Ich dich ehren? Wofür?
Hast du die Schmerzen gelindert
Je des Beladenen?
40 Hast du die Tränen gestillet
Je des Geängstigten?
Hat nicht mich zum Manne
geschmiedet
Die allmächtige Zeit
45 Und das ewige Schicksal,
Meine Herrn und deine?

Wähntest du etwa,
Ich sollte das Leben hassen,
In Wüsten fliehen,
50 Weil nicht alle
Blütenträume reiften?

Hier sitz ich, forme Menschen
Nach meinem Bilde,
Ein Geschlecht, das mir gleich sei,
55 Zu leiden, zu weinen,
Zu genießen und zu freuen sich,
Und dein nicht zu achten,
Wie ich!

Aus: Goethe. Werke in 6 Bänden. Frankfurt / M. 1965, Band 1, S. 50 / 51.

Obwohl Goethes "Prometheus" zunächst nur einem kleineren Leserkreis bekannt wurde und der Dichter die Hymne erst 1789 selbst veröffentlichte, löste das Werk eine heftige literarische Debatte aus. Zu sehr hatte der junge Stürmer und Dränger die religiöse und gesellschaftliche Werteordnung in Frage gestellt. Die entrüsteten Reaktionen der frommen und konservativen Leser wurden nicht zuletzt dadurch hervorgerufen, daß Goethe an dem überlieferten Sagenstoff einige einschneidende Veränderungen vorgenommen hatte.

Die **mythologische Gestalt** des Prometheus entstammt dem Geschlecht der Titanen. Als Zeus mit seinen Verbündeten diese alten Götter (u. a. Kronos, den Vater der Zeit, und Moira, die Schicksalsgöttin) zum Kampf fordert und schließlich besiegt, erkennt Prometheus rechtzeitig die kritische Lage und schlägt sich auf die Seite der neuen Herrscher. Prometheus wird von Zeus geschont, und der Überlebende der Titanen vertreibt sich die Zeit, indem er aus Lehm Menschen formt. Als Zeus von diesen von ihm verachteten Kreaturen immer mehr Opfer fordert, stellt sich Prometheus schützend vor die Menschen, begehrt gegen den Göttervater auf und überlistet schließlich den Weltenherrscher. Um die Not der Menschen auf Erden zu lindern, stiehlt Prometheus für sie das Feuer aus dem Himmel und bringt seinen Geschöpfen die Kunst bei, die Natur zu beherrschen.

Erzürnt fordert Zeus für diese Freveltat Vergeltung. Er läßt Prometheus ergreifen und an einen Felsen im Kaukasus schmieden. Dort wird der Bestrafte jeden Tag von einem Adler aufgesucht, der die stets über Nacht nachwachsende Leber Prometheus aus dem Leib frißt. Auch die Menschen trifft der Zorn des hereingelegten Gottes. Mit der Büchse der Pandora läßt er die Übel auf die Welt bringen, die der Menschheit bis heute zusetzen.

Aufgabe 67

 Stellen Sie fest, in welchen Punkten Goethe in seinem Gedicht vom Handlungsverlauf der antiken Sage abweicht. Welche Neubewertung ergibt sich daraus für die Gestalt des Prometheus?

Was Goethes Kritiker vor allem beanstandeten, war die trotzige Herausforderung des obersten Gottes und mächtigen Weltenlenkers durch einen respektlosen Spötter. Selbst der Vorwurf des Atheismus wurde gegen den Autor erhoben. Die Stürmer und Dränger sahen dagegen in Prometheus eine Symbolgestalt für den Kampf gegen eine absolutistische Fürstenwillkür, wie sie in vielen Staaten des damals politisch zersplitterten Deutschlands anzutreffen war. Das wachsende Selbstbewußtsein des Bürgertums, das durch Handel und Geschäfte zu Wohlstand gekommen war, fand in Goethes Gedicht seinen literarischen Niederschlag. Die Privilegien des verhaßten, müßiggängerischen Adels wurden von der emporkommenden Gesellschaftsschicht der städtischen Bürger mehr und mehr in Frage gestellt, während der Stolz auf die eigenen Leistungen (Reichtum, Bürgerhäuser, strenge Moral, religiöse Lebensführung) immer deutlicher gezeigt wurde. Die Auseinandersetzung des politisch ohnmächtigen, aber allmählich aufbegehrenden Bürgertums mit der machtgierigen, aber moralisch diskreditierten Adelsschicht sahen viele Zeitgenossen Goethes in dessen Gedicht widergespiegelt. So galt der über Zeus triumphierende Prometheus als der starke, tugendhafte neue Mensch, der durch Protest die überkommene Weltordnung ins Wanken bringt.

Aufgabe 68

 Weisen Sie an Goethes "Prometheus" typische Merkmale des Sturm und Drang bezüglich des Inhalts nach.

Die Rebellion des Prometheus verdeutlicht Goethe auch durch die schonungslose, kraftstrotzende Sprache seines Helden. Die Vermischung von kunstvoller Dichter- und salopper Alltagssprache vermittelt ein eindrucksvolles Bild vom zornigen Prometheus, der Zeus in direkter Herausforderung verspottet. Auch die Form des Gedichts löst sich von geltenden Regeln und bringt somit das wilde, emotionale Aufbegehren des Anklägers besser zur Geltung. Sowohl durch seinen Inhalt als auch durch seine Sprache und Form erweist sich "Prometheus" als ein Musterbeispiel des Sturm und Drang.

Aufgabe 69

 Untersuchen Sie, wie formale und sprachliche Mittel die inhaltliche Aussage von Goethes Gedicht unterstützen.

Zusammenfassung

Johann Wolfgang Goethe: Prometheus
- Hymne, Gedicht; Entstehungszeit: 1774
- Stoff: antike Sage aus Griechenland (Goethe wählte nur eine Szene aus und interpretierte sie neu.)
- Aufbau: Monolog (direkte Anklage des Prometheus gegen Zeus)
- Sprache: reimlos, emotional, Vermischung von poetischer Sprache und salopper Umgangssprache
- Intention: Darstellung eines selbstbewußten Genies (Rebellion gegen die Götter, Schöpfertum), Herausforderung des absolutistischen Staates und der mit ihm verbündeten Kirche

In zeitlicher Nähe zu "Prometheus" entstand die Hymne "Ganymed" (1774), und Goethe selbst unterstrich den inhaltlichen Zusammenhang der beiden Gedichte noch dadurch, daß er sie in seiner von ihm selbst besorgten Werkausgabe unmittelbar nacheinander folgen ließ. Dennoch bleibt der Gegensatz zwischen den beiden Hauptfiguren unübersehbar: Während sich bei Prometheus ein Prozeß "entschiedener Verselbstung", also zunehmender Selbstfindung, beobachten läßt, bezeichnet die Forschung "Ganymed" als einen "Gesang hingebungsvoller Entselbstung" (Conrady, S. 209). Deshalb erkannte man auch in diesem Werk ein entschiedenes Bekenntnis Goethes zum Pantheismus des holländisch-jüdischen Philosophen BARUCH DE SPINOZA.

Aufgabe 70

Analysieren Sie Form, Sprache und Inhalt von Goethes Hymne "Ganymed", und zeigen Sie dabei Merkmale der Epoche des Sturm und Drang auf.

Johann Wolfgang von Goethe: Ganymed

Wie im Morgenglanze
Du rings mich anglühst,
Frühling, Geliebter!
Mit tausendfacher Liebeswonne
5 Sich an mein Herz drängt
Deiner ewigen Wärme
Heilig Gefühl,
Unendliche Schöne!

Daß ich dich fassen möcht
10 In diesen Arm!

Ach, an deinem Busen
Lieg ich, schmachte,
Und deine Blumen, dein Gras
Drängen sich an mein Herz.
15 Du kühlst den brennenden

Durst meines Busens,
Lieblicher Morgenwind!
Ruft drein die Nachtigall
Liebend nach mir aus dem Nebeltal.

20 Ich komm, ich komme!
Wohin? Ach, wohin?
Hinauf! Hinauf strebts.
Es schweben die Wolken
Abwärts, die Wolken
25 Neigen sich der sehnenden Liebe.
Mir! Mir!
In eurem Schoße
Aufwärts!
Umfangend umfangen!
30 Aufwärts an deinen Busen,
Alliebender Vater!

Aus: Goethe. Werke in 6 Bänden. Frankfurt/M. 1965, Band 1, S. 45/46.

5.2 Die Leiden des jungen Werther

Neben dem Schauspiel "Götz von Berlichingen" gehört der Briefroman "Die Leiden des jungen Werther" zu den Werken, mit denen Goethe den literarischen Durchbruch in Deutschland schaffte. Die Veröffentlichung der tragischen Liebesgeschichte Werthers machte Goethe so berühmt, daß in ganz Europa der Roman in Übersetzungen verbreitet wurde und sogar in China von dem Verfasser die Rede war. Eigenen Angaben zufolge will Goethe dieses aufsehenerregende Werk innerhalb von nur vier Wochen niedergeschrieben haben, so daß es im Frühjahr 1774 vollendet war und zur Herbstmesse in Leipzig vorlag. Schon nach kurzer Zeit erschienen zahlreiche Nachdrucke, Karikaturen und Kritiken, die sich mit dem Werk ernsthaft auseinandersetzten. Die intellektuelle Jugend in Deutschland wurde von einem regelrechten Werther-Fieber erfaßt. Goethe arbeitete seinen Roman in den 80er Jahren um und erstellte schließlich eine zweite, gemäßigtere und sprachlich geglättete Fassung.

Inhalt des Romans

Erstes Buch (4. 5. – 10. 9. 1771)

Werthers Briefe an seinen Freund Wilhelm:
– Werther kümmert sich in einer kleinen Stadt um die Erbschaftsangelegenheiten seiner Mutter. Gleichzeitig dient ihm dieser Aufenthalt auch als Flucht vor Leonore, die sich in ihn verliebt hat. In der blühenden Natur fühlt sich Werther wohl, und er genießt das einfache Landleben. Beim Spiel mit Kindern, bei Spazierfahrten und Tanzveranstaltungen versucht Werther den Tod einer früheren Freundin zu vergessen.
– Werther lernt den fürstlichen Amtmann S, den verwitweten Vater von neun Kindern, kennen.
– In dem Bauerndorf Wahlheim gibt sich Werther vor einem Wirtshaus zwei Beschäftigungen hin, dem Zeichnen und der Lektüre des Homer.
– Mit einer Kutsche holt Werther die Tochter des Amtmanns, Charlotte, zum Tanz ab. Er fühlt sich sofort von ihrer natürlichen Art und der Fürsorge für ihre acht jüngeren Geschwister angezogen. Allerdings teilt ihm eine Begleiterin mit, daß Charlotte mit Albert verlobt sei.
– Werther begeistert sich an Charlottes unternehmungslustigem Wesen. Auch auf literarischem Gebiet (Klopstock) finden die beiden zusammen.
– Während seiner häufigen Besuche bei Charlotte empfindet Werther sein vollkommenes Glück.

– Als Werther mit Lotte zu dem alten Pfarrer von St. geht, bemerkt er, wie seine
  Freundin spielend ihre Umgebung aufmuntern kann.
– Obwohl Werther spürt, daß Lotte ihn liebt, leidet er, sobald seine Begleiterin
  von ihrem Bräutigam spricht. Werther fertigt einen Schattenriß Lottes an.
– Albert kommt von einer Reise zurück. Werther schließt mit dem sympathi-
  schen jungen Mann Freundschaft. Als er aber von seinem "Rivalen" zwei
  Pistolen für einen Ritt ins Gebirge ausleiht, kommt es zu ersten Meinungs-
  verschiedenheiten über die Bewertung des Selbstmords.
– Werthers Stimmung verdüstert sich immer mehr. Er denkt öfter an den Tod,
  und er fragt sich selbstquälerisch, ob er, wie es seine Mutter wünscht, bei dem
  Minister um eine Stelle bei der Gesandtschaft anhalten soll.
– An seinem Geburtstag (28. 8.) erhält Werther von Charlotte und Albert eine
  Homer-Ausgabe. Werther verabschiedet sich von seinen Freunden, um die
  zugesagte Stelle anzutreten.

Zweites Buch (20. 10. 1771 – 6. 12. 1772)

Werthers Briefe an seinen Freund Wilhelm:
– Werther empfindet seine Arbeit zwar als willkommene Ablenkung, aber er
  ärgert sich auch über den bürokratischen Gesandten. Lediglich die Freund-
  schaften mit dem Grafen von C und Fräulein von B können ihm über seinen
  Lebensüberdruß hinweghelfen.
– Ein Verweis des Ministers (auf Bitten des kleinlichen Gesandten) und ein
  Eklat bei einer Abendgesellschaft des Grafen von C veranlassen Werther, sei-
  nen Abschied bei Hof einzureichen.
– Inzwischen haben Albert und Charlotte geheiratet.
– Bevor Werther der Einladung des Fürsten auf sein Jagdschloß Folge leistet,
  sucht er seinen Geburtsort auf, wo er seinen Erinnerungen nachhängen kann.
  Bald stört er sich an dem nüchternen Wesen des Fürsten und kehrt zu Charlotte zurück.
– Werther hadert mit seinem Schicksal. Er erkennt, daß Lotte mit ihm glücklicher geworden wäre als mit dem zurückhaltenden Albert.
– Voller Mitgefühl hört Werther die Geschichte eines Bauernburschen, der in
  unerfüllter Liebe seiner Hausfrau zugetan ist, aber von deren Bruder vertrieben wird.
– Tief betrübt erfährt Werther, daß die Pfarrersfrau von St. die schönen Nuß-
  bäume abholzen ließ. Er vertieft sich in die Naturlyrik Ossians, die ihm einen
  rauschhaften Genuß bereitet.
– Werther fühlt sich immer mehr Charlotte ausgeliefert, aber er erkennt auch
  immer deutlicher, daß die Freundin für ihn unerreichbar bleibt.

- Werther beneidet den jungen Heinrich, den ehemaligen Schreiber des Amtmanns, der aus unerfüllter Leidenschaft zu Lotte geisteskrank geworden ist.
- Während Lotte Klavier spielt, sieht Werther ihren Trauring, was ihn zu heftigen Tränen veranlaßt. Charlotte bemerkt Werthers seelische Krise.

Der Herausgeber an den Leser

In einem wertenden Bericht, der um einige Briefe und Ossian-Übersetzungen ergänzt ist, erzählt der Herausgeber von Werthers Ende:

- Werther lebt in düsterer Stimmung. Auf seine Besuche bei Lotte nimmt Albert zunächst viel Rücksicht.
- Der unglücklich verliebte Bauernbursche hat in Wahlheim seinen Rivalen erschlagen. Werther bittet zwar bei dem Amtmann um Verständnis für den Täter, aber er findet weder bei ihm noch bei dessen Schwiegersohn Albert Gehör.
- Albert fordert Charlotte auf, sich von Werther zu lösen, doch Lotte kann ihren Freund lediglich um eine Mäßigung seiner Besuche bitten. Werther wird zum Weihnachtsfest eingeladen. Albert geht inzwischen Werther meistens aus dem Weg.
- Am 21.12.1772 beginnt Werther mit der Niederschrift eines langen Abschiedsbriefes an Charlotte. Der letzte Besuch bei Lotte verläuft äußerst heftig. Die beiden weinen bei der gemeinsamen Lektüre der von Werther übersetzten Ossian-Gedichte. Als Werther seine Freundin in stürmischer Leidenschaft küßt, reißt sie sich nach einiger Zeit los und schließt sich in ein Zimmer ein.
- Werther kehrt in verwirrtem Zustand spät nach Hause zurück. Obwohl er weiß, daß er eine Sünde begangen hat, bereut er sein ungestümes Vorgehen nicht. Dennoch erinnert er sich an die Beerdigung seiner früheren Freundin.
- Lotte wagt nicht, ihrem Ehemann den Vorfall zu gestehen. Sie zittert, als sie in dunkler Vorahnung einem von Werther gesandten Knaben Alberts Pistolen aushändigt.
- Mit großer Freude erfährt Werther, daß Lotte selbst die Pistolen dem Jungen gegeben hat. Werther bringt verschiedene Angelegenheiten in Ordnung, schreibt Abschiedsbriefe an Wilhelm und Albert und trifft Verfügungen über seine eigene Bestattung.
- Um Mitternacht erschießt sich Werther. Doch erst am nächsten Morgen um sechs Uhr findet ihn sein Bedienter. Als der benachrichtigte Amtmann mit seinen ältesten Söhnen herbeikommt, lebt Werther noch. Am Mittag stirbt er. Charlotte war bei der Nachricht von Werthers Selbstmord in Ohnmacht gefallen.

– In derselben Nacht um 23 Uhr wird Werther ohne Beistand eines Geistlichen und in Abwesenheit von Charlotte und Albert an dem von ihm gewünschten Platz begraben.

Im Frühjahr 1772 verließ der erst 23jährige Goethe, der soeben sein Jura-Studium in Straßburg abgeschlossen hatte, seine Heimatstadt Frankfurt, um nach dem Wunsch seines Vaters als Praktikant am Reichskammergericht in Wetzlar seine rechtswissenschaftlichen Kenntnisse zu vertiefen. Anstatt sich aber intensiv seiner Berufsausbildung zu widmen, genoß der junge Goethe lieber das Landleben in der idyllischen Umgebung der Stadt und vertiefte sich in die Lektüre griechischer Autoren der Antike (vor allem Homer). Bald erfaßte ihn eine leidenschaftliche Liebe zu der 19jährigen Charlotte Buff, die jedoch, wie er erst später erfuhr, mit seinem Freund Christian Kestner, einem Gesandtschaftssekretär in Hannoverschen Diensten, verlobt war. Goethe löste sich aus seiner seelischen Krise, indem er im Herbst 1772 Wetzlar ohne Abschied verließ. Er blieb mit seinem Freund Kestner in Briefkontakt. Um so mehr enttäuscht war er, als er erfuhr, daß Kestner Charlotte geheiratet hatte, ohne es Goethe mitzuteilen, wie er es ihm versprochen hatte. Bevor Goethe nach Frankfurt zurückkehrte, holte er in Ehrenbreitstein seinen Freund Merck ab, der sich dort bei der bekannten Romanschreiberin Sophie von La Roche aufhielt. Goethe verliebte sich in deren Tochter Maximiliane und tröstete sich so über die unglückliche Affäre mit Charlotte hinweg. Durch die heftige Eifersucht von Maximilianes späterem Ehemann, des Kaufmanns Peter Brentano, wurde jedoch die Beziehung bald beendet.

Inzwischen nahm Goethe erschüttert die Nachricht vom Selbstmord des jungen Karl Wilhelm Jerusalem zur Kenntnis. Der braunschweigische Legationssekretär hatte sich wegen seiner aussichtslosen Liebe zu der Frau eines Freundes in Wetzlar erschossen. Unter dem Vorwand, eine Reise vorzubereiten, hatte er die Tatwaffe, eine Pistole, von Goethes Brieffreund Kestner ausgeliehen. Doch nicht nur die unglückliche Liebesbeziehung, sondern auch die engstirnige Adelsgesellschaft und die kleinlichen Beschimpfungen seines Vorgesetzten hatten Jerusalem in den Tod getrieben.

Bei der Ausarbeitung seines Romans vermischte Goethe also Selbsterlebtes mit Vorfällen aus seiner näheren Umgebung. Er verwendete dabei sowohl Briefe von und an Kestner als auch Tagebuchnotizen und literarische Vorlagen. Als äußere Form wählte er den zur damaligen Zeit sehr beliebten **Briefroman**, der insbesondere von SAMUEL RICHARDSON, JEAN-JACQUES ROUSSEAU ("La Nouvelle Héloise") und SOPHIE VON LA ROCHE zu einer anspruchsvollen poetischen Gattung entwickelt worden war. Unverkennbar sind auch Einflüsse von LESSING,

HOMER und KLOPSTOCK, die in dem Roman sogar mit Namen genannt werden. Die von MACPHERSON herausgegebenen Ossian-Gedichte spielen darüber hinaus eine zentrale Rolle, nicht nur, weil sie Werthers Stimmungslage widerspiegeln, sondern über einige Seiten hinweg in Goethes eigener Übersetzung zitiert werden.

Das Zeitalter der Empfindsamkeit kommt im "Werther" besonders in der überschwenglichen Naturschwärmerei zum Ausdruck. Das von Rousseau geprägte Motto "Zurück zur Natur!" stellt in Goethes Werk mehr als nur einen Wesenszug seines Titelhelden dar. Mit seiner Liebe zur Natur und der damit verbundenen Volksnähe begibt sich Werther bewußt in Opposition zu der in steifen Konventionen erstarrten feudalen Gesellschaft. Den enggefaßten Regeln des Adels setzt Werther ein emotionales, freiheitliches Naturerlebnis gegenüber. Durch sein pantheistisches Lebensgefühl (Gott = Natur) sieht sich Werther in vollkommener Harmonie mit dem Kosmos.

> Am 10. Mai.
>   Eine wunderbare Heiterkeit hat meine ganze Seele eingenommen, gleich den süßen Frühlingsmorgen, die ich mit ganzem Herzen genieße. Ich bin allein und freue mich meines Lebens in dieser Gegend, die für solche Seelen geschaffen ist wie die meine.
> 5 Ich bin so glücklich, mein Bester, so ganz in dem Gefühle von ruhigem Dasein versunken, daß meine Kunst darunter leidet. Ich könnte jetzt nicht zeichnen, nicht einen Strich, und bin nie ein größerer Maler gewesen als in diesen Augenblicken. Wenn das liebe Tal um mich dampft, und die hohe Sonne an der Oberfläche der undurchdringlichen Finsternis meines Waldes ruht, und nur einzelne Strahlen sich
> 10 in das innere Heiligtum stehlen, ich dann im hohen Grase am fallenden Bache liege, und näher an der Erde tausend mannigfaltige Gräschen mir merkwürdig werden; wenn ich das Wimmeln der kleinen Welt zwischen Halmen, die unzähligen, unergründlichen Gestalten der Würmchen, der Mückchen näher an meinem Herzen fühle, und fühle die Gegenwart des Allmächtigen, der uns nach seinem Bilde schuf,
> 15 das Wehen des Allliebenden, der uns in ewiger Wonne schwebend trägt und erhält; mein Freund! wenn's dann um meine Augen dämmert, und die Welt um mich her und der Himmel ganz in meiner Seele ruhn wie die Gestalt einer Geliebten – dann sehne ich mich oft und denke: Ach könntest du das wieder ausdrücken, könntest du dem Papiere das einhauchen, was so voll, so warm in dir lebt, daß es würde der
> 20 Spiegel deiner Seele, wie deine Seele ist der Spiegel des unendlichen Gottes! –
> Mein Freund – Aber ich gehe darüber zugrunde, ich erliege unter der Gewalt der Herrlichkeit dieser Erscheinungen.
>
> *J. W. Goethe: "Die Leiden des jungen Werther" mit Materialien. Stuttgart 1979. S. 5*

Aufgabe 71

Analysieren Sie die in dem oberen Textausschnitt dargelegte Naturschilderung. Welche Funktion hat die Natur für Werthers Entwicklung?

Werther fühlt sich in der einfachen häuslichen Atmosphäre der Familie des Amtmanns am wohlsten. Die natürliche, offenherzige und großmütige Art Charlottes
zieht ihn unwiderstehlich an. Zu dem beschaulichen Landleben, an dem die Kinder, die ständig um Werther herum sind, einen großen Anteil haben, bilden die
im Zweiten Buch des Romans geschilderten Erlebnisse der Hauptfigur einen
enormen Kontrast. Werthers Lebensüberdruß steigert sich in der von Eitelkeit,
Borniertheit und Langeweile geprägten Umgebung des fürstlichen Hofes. Selbst
die Freundschaft mit dem verständnisvollen Grafen von C und Fräulein von B
können Werthers hartes Urteil über die lächerlichen Adligen mit ihrem Standesdünkel nicht mildern. Vielmehr sieht er sogar in diesen beiden Bekannten deutliche Schwächen, die seiner Meinung nach von der unnatürlichen Lebensweise am
Hof herrühren.
Werther bewegt sich also zwischen zwei Lebensbereichen, die sich gegenseitig
widersprechen.

Personenkonstellation

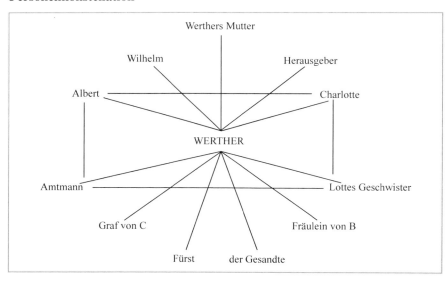

Werther, der sich als Genie empfindet, das die eigenen Lebensregeln aus sich
selbst heraus entwickelt, verachtet die festgefügten Konventionen des Adels. Die
Spießermoral der "Philister" kann er für sich nicht akzeptieren, weil sie ihn in
seinem Lebensüberschwang zu sehr einengen würde. In seiner Aufrichtigkeit

findet er sich nicht bereit, aus Rücksicht auf allgemeine Gepflogenheiten Kompromisse zu schließen. Deshalb bekommt er auch recht bald die Ablehnung der Gesellschaft zu spüren, die ihm bei einer offiziellen Veranstaltung entgegenschlägt. Der ständige Ärger im Umgang mit dem pedantischen Gesandten trägt außerdem dazu bei, daß Werther seinen Abschied einreicht und in die Nähe Charlottes zurückfindet. Damit ist aber sein Versuch gescheitert, sich durch eine berufliche Ablenkung über eine aussichtslose Liebesbeziehung hinwegzuhelfen.

Aufgabe 72

Welche Eigenschaften kritisiert Werther an der Gesellschaft des Hofes? Durch welche Merkmale zeichnet sich demgegenüber Werthers unkonventionelle Lebensweise aus?

Wenn auch Goethe nur wenige Wochen zur Vollendung seines Romans gebraucht hat, erweist sich der "Werther" doch als durchdacht aufgebautes, inhaltlich ausgewogenes Kunstwerk. Die beiden Teile (Werthers Briefe an Wilhelm) und der Bericht des Herausgebers erlauben dem Leser, die Seelenlage und den Werdegang der Hauptfigur sowohl von innen als auch von außen zu betrachten. Werther selbst fühlt sich mit der Natur und dadurch mit dem Weltganzen im Einklang. Im Wechsel der Jahreszeiten spiegeln sich auch Werthers wechselhafte Stimmungen. Sein eigenes Schicksal wird in der Geschichte des unglücklich verliebten Bauernburschen, mit dem sich Werther identifiziert, sowie in der Erinnerung an den ehemaligen Sekretär des Amtmanns vorweggenommen. Der Tod und die Todessehnsucht ziehen sich als immer wiederkehrendes Leitmotiv durch den gesamten Roman. Selbst die Pistolen leiht sich Werther zweimal von Albert aus.

In inhaltlicher und sprachlicher Hinsicht zeichnet sich Goethes "Werther" als charakteristisches Werk der Sturm-und-Drang-Zeit aus. Der Roman zeigt in seiner gesellschaftspolitischen Tendenz deutliche Spuren der Aufklärung, aber gleichzeitig weist seine emotionale und religiöse Grundstimmung über den Rationalismus hinaus. Diese Fülle von Gefühlen schlägt sich in der sprachlichen Gestaltung nieder, die Regelverletzungen bewußt in Kauf nimmt, um die psychische Befindlichkeit Werthers möglichst getreu wiederzugeben.

Aufgabe 73

Zeigen Sie am Inhalt und an der Sprache des "Werther" typische Merkmale des Sturm und Drang auf.

Nicht nur wegen seiner unkonventionellen Formgebung, sondern auch wegen seiner provozierenden Thesen und vor allem wegen des schockierenden Inhalts löste Goethes Briefroman gleich bei seinem Erscheinen heftige Reaktionen aus. Das Werk wurde mancherorts verboten, von strengen Theologen verdammt und von Literaturkritikern verurteilt. Aber es fanden sich auch viele Leser, die sich mit der tragischen Hauptfigur identifizierten und durch Nachahmungen den Werther-Kult auslösten. Man trug die typische Werther-Tracht, eine gelbe Weste und einen blauen Frack. Man pilgerte zum Grab des unglücklichen Jerusalem, und es gab mehrere junge Männer, die in Werther-Manier Selbstmord verübten. Auch auf literarischem Gebiet kam es zu Auseinandersetzungen mit dem Brief-roman auf mehr oder weniger ernsthafte Weise, woran sich Goethe selbst mit Parodien beteiligte.

Zusammenfassung

Johann Wolfgang Goethe: Die Leiden des jungen Werther

– Gattung: Briefroman (Einflüsse von Richardson, Rousseau und Sophie von La Roche)
– Entstehungszeit: Frühjahr 1774, Niederschrift innerhalb von vier Wochen
– Auslösende Motive: Goethes Liebe zu der mit seinem Freund Johann Christian Kestner verlobten Charlotte Buff in Wetzlar, Heirat von Maximiliane von La Roche und Eifersucht ihres Ehemannes gegenüber Goethe, Selbstmord des unglücklich verliebten Legationssekretärs Karl Wilhelm Jerusalem
– Inhalt: Werther verliebt sich in die mit Albert verlobte Charlotte, die älteste Tochter des Amtmanns. Eine Anstellung bei Hof läßt ihn Lotte nicht vergessen. Als Werther Lotte noch einmal in heftiger Leidenschaft näherkommt und schließlich keinen Ausweg mehr aus seiner hoffnungslosen Situation sieht, schreibt er seiner Freundin einen langen Abschiedsbrief und begeht mit der von Albert ausgeliehenen Pistole Selbstmord.
– Gesellschaftsbild: Natürlichkeit des Landlebens, das einfache Volk – das in pedantischen Regeln und Konventionen erstarrte Leben des Adels
– Aufbau: Erstes und Zweites Buch (Innensicht) plus Bericht des Herausgebers (Außensicht)
  • Parallelhandlungen: (unglückliche Liebe des Bauernburschen)
  • Leitmotive (Tod, Todessehnsucht, Selbstmord)
  • emotionale, unkonventionelle Sprache

5.3 Friedrich Schiller: Kabale und Liebe

Friedrich Schiller wurde 1759 in Marbach am Neckar als Sohn eines Wundarztes, der in Diensten des Herzogs von Württemberg stand, geboren. Aufgrund der Position seines Vaters wurde der 14jährige Schiller von Herzog Carl Eugen auf die Militärakademie (Hohe Karlsschule) nach Stuttgart befohlen, wo er unter soldatischer Strenge bis 1780 Medizin studierte. In dieser Zeit beschäftigte sich Schiller intensiv mit Shakespeares Dramen, die ihn zu seinem Schauspiel "Die Räuber" anregten. Da Schiller dieses Werk ohne Erlaubnis seines Fürsten 1782 in Mannheim aufführen ließ, wurde er mit Arrest und Schreibverbot bestraft. Dem politischen Druck entzog er sich schließlich durch seine Flucht aus Stuttgart, wo er als Regimentsmedikus tätig war. In Mannheim unterschrieb Schiller einen Vertrag als Theaterdichter. Trotz ständiger Krankheiten stellte er 1783 die beiden Tragödien "Die Verschwörung des Fiesco zu Genua" und "Kabale und Liebe" fertig. Als Gast seines Freundes *Gottfried Körner* schrieb der erfolgreiche Bühnendichter in Dresden die Ode "An die Freude" (die später von Beethoven in seiner 9. Sinfonie vertont wurde) und arbeitete das Drama "Don Carlos" aus, mit dem Schillers klassische Phase eingeleitet wurde.

Schiller setzte sich von nun an immer mehr mit historischen Stoffen auseinander, wurde Professor für Geschichte und ließ sich in Jena nieder. Das gründliche Studium von Immanuel Kants Philosophie und die Begegnung mit Goethe 1794 bildeten die Grundlage für eine neue Schaffensperiode. Die berühmten Balladen (z. B. "Die Bürgschaft", "Der Taucher", "Der Handschuh", "Die Kraniche des Ibykus") sowie die großen Dramen ("Wallenstein", "Maria Stuart", "Die Jungfrau von Orleans", "Wilhelm Tell") entstanden in den letzten zehn Jahren, die Schiller bis zu seinem Tod 1805 hauptsächlich in Weimar verbrachte.

Nach der gelungenen Aufführung seines ersten großen Schauspiels "Die Räuber" im Januar 1782 in Mannheim wurde Friedrich Schiller von seinem Herzog Carl Eugen zu vierzehn Tagen Arrest verurteilt, weil er unerlaubt das Land verlassen hatte. Der junge Militärarzt nutzte diese Zeit, um an seinem zweiten Stück "Die Verschwörung des Fiesco zu Genua" weiterzuarbeiten. Gleichzeitig soll der Häftling aber auch erste Pläne zu einem Trauerspiel entworfen haben, das den Titel "Luise Millerin" tragen sollte. Nachdem der Dichter in Stuttgart immer mehr an seinem literarischen Schaffen gehindert wurde, entzog er sich im September 1782 der gestrengen Aufsicht seines Landesherrn durch die Flucht nach Mannheim. Da Schiller aber während seiner Mannheimer Zeit ständig mit Nachstellungen von seiten Carl Eugens rechnen mußte, führte er ein unruhiges

Leben mit häufigen Wohnungswechseln. Erst nach einer Einladung durch Henriette von Wolzogen fand Schiller die nötige Ruhe, um 1783 in dem einsam gelegenen thüringischen Dorf Bauerbach bei Meiningen die Tragödie zu vollenden.

Inhalt des Trauerspiels

1. Akt

Zimmer bei Musikus Miller:
- Der Sohn des Präsidenten, Ferdinand von Walter, hat sich in Luise Miller, Tochter eines Musikus, verliebt. Die Eltern der beiden sehen diese Beziehung mit gemischten Gefühlen.
- Der Sekretär Wurm bemüht sich um Luise, wird aber von ihren Eltern abgewiesen.

Saal beim Präsidenten:
- Wurm denunziert Ferdinand bei dem Präsidenten, der seinen Sohn lieber mit der ehemaligen Mätresse des Herzogs, Lady Milford, verheiraten möchte.
- Der Präsident ruft seinen Sohn zu sich, fragt nach dessen Liebesbeziehung und eröffnet ihm seine Heiratspläne mit der Lady. Ferdinand ist empört. Der Präsident verweist aber auf die Familienehre.

2. Akt

Ein Saal im Palais der Lady Milford:
- Lady Milford freut sich auf die Liebesheirat mit Ferdinand von Walter.
- Der Herzog läßt der Lady einen Hochzeitsschmuck überbringen, für den er 7000 Landeskinder als Soldaten verkauft hat.
- Lady Milford erzählt Ferdinand ihren Lebenslauf. Ferdinand respektiert nun die Lady, aber er gesteht ihr, daß er sie nicht heiraten könne. Die Lady ist enttäuscht.

Zimmer beim Musikanten:
- Der aufgebrachte Ferdinand schildert Luise seine Zwangslage.
- Der Präsident tritt ein, beleidigt Luise und will sie abführen lassen. Ferdinand sagt sich von seinem Vater los und rettet Luise durch die Drohung, die Hintergründe seiner Karriere zu offenbaren.

3. Akt

Saal beim Präsidenten:
- Der Präsident und Wurm beraten einen Plan. Um Ferdinands Eifersucht zu wecken, soll Luise zu einem "Liebesbrief" an einen Nebenbuhler gezwungen und ihre Eltern sollen verhaftet werden.
- Der Hofmarschall von Kalb ist bereit, diesen neuen Liebhaber Luises zu spielen.

Zimmer in Millers Wohnung:
- Ferdinand will mit Luise fliehen. Doch Luise will aus Vernunftgründen die Beziehung zu Ferdinand aufgeben.
- Wurm teilt Luise mit, daß ihre Eltern verhaftet sind. Er zwingt Luise, einen diktierten "Liebesbrief" an Hofmarschall von Kalb zu schreiben. Luise verwünscht den teuflischen Wurm.

4. Akt

Saal beim Präsidenten:
- Ferdinand hat Luises "Liebesbrief" gefunden und stellt den ängstlichen Hofmarschall von Kalb zur Rede.
- Als sich der Präsident bei seinem Sohn entschuldigen und dessen Heirat mit Luise akzeptieren will, stürzt Ferdinand verstört davon.

Saal bei der Lady:
- Lady Milford fordert von Luise mit allen Mitteln den Verzicht auf Ferdinand. Als diese Ferdinand freiwillig abtritt und ihren Selbstmord ankündigt, fühlt sich die Lady gedemütigt.
- Die Lady schreibt dem Herzog einen Abschiedsbrief, in dem sie ihm die Unterdrückung seiner Untertanen vorwirft und verläßt das Fürstentum.

5. Akt

Zimmer bei Musikus Miller. Abends.
- Luise will aus dem Leben scheiden, doch ihr Vater hält sie zurück.
- Auf Ferdinands Frage gibt Luise zu, den "Liebesbrief" geschrieben zu haben.
- Ferdinand bezahlt Miller für seine Musikstunden mit Gold.
- Ferdinand läßt sich von Luise Limonade bringen, in die er Gift schüttet. Beide trinken aus dem Glas. Als Ferdinand Luise auf ihren nahen Tod hinweist, offenbart diese das Geheimnis des "Liebesbriefs".

– Nach Luises Tod klagt Ferdinand seinen herbeigeeilten Vater an. Dieser schiebt die Verantwortung auf Wurm. Der sterbende Ferdinand vergibt seinem Vater, der sich von den Gerichtsdienern abführen läßt.

Personenkonstellation

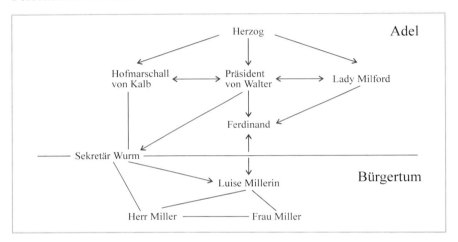

Der Mannheimer Theaterintendant HERIBERT VON DALBERG zeigte von Anfang an großes Interesse an Schillers Drama und bot dem jungen Autor einen einjährigen Vertrag als Theaterdichter an. Da Schillers berufliche Zukunft noch nicht gesichert war, konzentrierte sich der Dichter auf die rasche Erstellung einer leicht spielbaren Bühnenfassung seines Stücks. Die Aufführung am 15. April 1784 wurde von dem Mannheimer Publikum mit stürmischem Beifall bedacht.

Als Vorbild seines Werks diente Schiller Lessings Tragödie "Emilia Galotti". Auch er wollte ein Mädchen aus bürgerlichem Elternhaus in den Mittelpunkt der Handlung stellen. Deshalb nannte er sein Trauerspiel nach dem Namen der Heldin "Luise Millerin". Der 1783/84 in Mannheim tätige berühmte Schauspieler WILHELM IFFLAND schlug allerdings den wirksameren Titel "Kabale und Liebe" vor, um das Publikum auf ein interessantes Wechselspiel von Intrigen und Gefühlen neugierig zu machen. Diese Änderung hat sich schließlich in der Literaturgeschichte durchgesetzt.

Aufgabe 74

Zeigen Sie anhand von Textbeispielen, wie der Titel "Kabale und Liebe" den Inhalt von Schillers Trauerspiel verdeutlicht.

Welche programmatische Aussage strebte Schiller mit seinem eigenen Titel "Luise Millerin" an?

Mit "Kabale und Liebe" setzte Schiller in Deutschland die Tradition des **Bürgerlichen Trauerspiels** fort. Wie in Lessings "Emilia Galotti" spielt auch in Schillers Werk der Konflikt zwischen Adel und Bürgertum eine entscheidende Rolle. Ein Mädchen bürgerlicher Herkunft, das sich durch die Heirat mit einem Adligen Hoffnung auf den sozialen Aufstieg machen kann, findet am Ende den Tod. Doch Schillers Kritik an den gesellschaftlichen Verhältnissen seiner Epoche fällt radikaler aus als Lessings Zeitgemälde, zumal der Autor den Schauplatz seines Dramas in Deutschland und nicht, wie Lessing, im Ausland (Italien) ansiedelte. Obwohl der Herzog in "Kabale und Liebe" selbst nie auftritt, bleibt sein Willkürsystem stets gegenwärtig, und alle Figuren, einschließlich der Intriganten, sind in ihren Verhaltensweisen von seiner tyrannischen Unterdrückung geprägt. Sowohl die als Soldaten verkauften Landeskinder als auch die ehemalige Mätresse Lady Milford und der sterbende Ferdinand erheben Anklage gegen den Herzog, der sich am Tag des Jüngsten Gerichts wegen seiner Taten zu rechtfertigen hat.

Aufgabe 75

Vergleichen Sie "Kabale und Liebe" mit Lessings Drama "Emilia Galotti", und arbeiten Sie dabei die grundlegenden Unterschiede heraus.

Welche Fortschritte des bürgerlichen Selbstbewußtseins lassen sich in Schillers Stück (1783) gegenüber Lessings Werk (1772) erkennen?

Das Motto "In tyrannos" (Gegen die Tyrannen!), das Schiller seinen "Räubern" vorangestellt hat, könnte auch auf "Kabale und Liebe" angewendet werden. Doch im Gegensatz zu seinem ersten Stück hat Schiller die Gesellschaftskritik in seinem Bürgerlichen Trauerspiel breiter angelegt. Es geht weniger um das Fehlverhalten eines einzelnen brutalen Menschen als um die Darstellung eines fundamentalen Standesunterschiedes, der sich auf die Verhaltensweisen der einzelnen Personen auswirkt und letzten Endes tragische Folgen hat. Der Zuschauer erhält Einblicke in die Welt der bürgerlichen Moralvorstellungen der damaligen Zeit, aber er erlebt auch den sittlichen Verfall des Adels. Immerhin erkennt der Präsident beim Tod seines Sohnes das Ausmaß seiner Intrige und stellt sich seiner Verantwortung. Schillers Trauerspiel endet also mit der Hoffnung auf die Veränderbarkeit der Menschen durch Einsicht. Es ist gleichzeitig ein Appell an die Stände, die gegenseitige starre Abgrenzung zu überwinden und statt einem schädlichen Standesdünkel mehr Menschlichkeit walten zu lassen.

Aufgabe 76

Beschreiben Sie, wie in der folgenden Szene der Konflikt zwischen Adel und Bürgertum zum Ausdruck kommt.

Von welchen (moralischen) Grundsätzen lassen sich der Präsident und sein Sohn Ferdinand bei ihren Handlungen leiten?

Inwiefern übt Schiller in diesem Textausschnitt Kritik am Adelsstand?

Zweiter Akt

Siebente Szene

Gerichtsdiener. Die Vorigen.
FERDINAND *(eilt auf Luisen zu, die ihm halb tot in den Arm fällt).* Luise! Hilfe! Rettung! Der Schrecken überwältigte sie!
MILLER *(ergreift sein spanisches Rohr, setzt den Hut auf und macht sich zum Angriff*
5 *gefaßt).*
FRAU *(wirft sich auf die Knie vor den Präsident).*
PRÄSIDENT *(zu den Gerichtsdienern, seinen Orden entblößend).* Legt Hand an im Namen des Herzogs – Weg von der Metze, Junge – Ohnmächtig oder nicht – Wenn nur erst das eiserne Halsband um hat, wird man sie schon mit Stein-
10 würfen aufwecken.
FRAU Erbarmung, Ihro Exzellenz! Erbarmung!
MILLER *(reißt seine Frau in die Höhe).* Knie vor Gott, alte Heulhure, und nicht vor – Schelmen, weil ich ja doch schon ins Zuchthaus muß.
PRÄSIDENT *(beißt die Lippen).* Du kannst dich verrechnen, Bube. Es stehen noch
15 Galgen leer! *(Zu den Gerichtsdienern.)* Muß ich es noch einmal sagen?
GERICHTSDIENER *(dringen auf Luise ein).*
FERDINAND *(springt an ihr auf und stellt sich vor sie, grimmig).* Wer will was? *(Er zieht den Degen samt der Scheide und wehrt sich mit dem Gefäß.)* Wag es, sie anzurühren, wer nicht auch die Hirnschale an die Gerichte vermietet hat. *(Zum*
20 *Präsidenten.)* Schonen Sie Ihrer selbst. Treiben Sie mich nicht weiter, mein Vater.
PRÄSIDENT *(drohend zu den Gerichtsdienern).* Wenn euch euer Brot lieb ist, Memmen –
GERICHTSDIENER *(greifen Luisen wieder an).*
25 FERDINAND Tod und alle Teufel! Ich sage: Zurück – Noch einmal. Haben Sie Erbarmen mit sich selbst. Treiben Sie mich nicht aufs Äußerste, Vater.
PRÄSIDENT *(aufgebracht zu den Gerichtsdienern).* Ist das euer Diensteifer, Schurken?
GERICHTSDIENER *(greifen hitziger an).*
30 FERDINAND Wenn es denn sein muß *(indem er den Degen zieht und einige von denselben verwundet)*, so verzeih mir, Gerechtigkeit!

PRÄSIDENT *(voll Zorn)*. Ich will doch sehen, ob auch ich diesen Degen fühle. *(Er faßt Luisen selbst, zerrt sie in die Höh' und übergibt sie einem Gerichtsknecht.)*
FERDINAND *(lacht erbittert)*. Vater, Vater, Sie machen hier ein beißendes Pasquill
35   auf die Gottheit, die sich so übel auf ihre Leute verstund und aus vollkommenen Henkersknechten schlechte Minister machte.
PRÄSIDENT *(zu den übrigen)*. Fort mit ihr!
FERDINAND Vater, sie soll an den Pranger stehn, aber mit dem Major, des Präsidenten Sohn – Bestehen Sie noch darauf?
40   PRÄSIDENT Desto possierlicher wird das Spektakel – Fort!
FERDINAND Vater! ich werfe meinen Offiziersdegen auf das Mädchen – Bestehen Sie noch darauf?
PRÄSIDENT Das Portepee ist an deiner Seite des Prangerstehens gewohnt worden – Fort! Fort! Ihr wißt meinen Willen
45   FERDINAND *(drückt einen Gerichtsdiener weg, faßt Luisen mit einem Arm, mit dem andern zückt er den Degen auf sie)*. Vater! Eh' Sie meine Gemahlin beschimpfen, durchstoß ich sie – Bestehen Sie noch darauf?
PRÄSIDENT Tu es, wenn deine Klinge auch spitzig ist.
FERDINAND *(läßt Luisen fahren und blickt fürchterlich zum Himmel)*. Du, Allmäch-
50   tiger, bist Zeuge! Kein menschliches Mittel ließ ich unversucht – ich muß zu einem teuflischen schreiten – Ihr führt sie zum Pranger fort, unterdessen *(zum Präsidenten, ins Ohr rufend)* erzähl ich der Residenz eine Geschichte, wie man Präsident wird. *(Ab.)*
PRÄSIDENT *(wie vom Blitz gerührt)*. Was ist das? – Ferdinand – Laßt sie ledig! *(Er
55   eilt dem Major nach.)*

Friedrich Schiller: "Kabale und Liebe". Stuttgart (Reclam), 1990, S. 46 ff.

Zusammenfassung

Friedrich Schiller: Kabale und Liebe
– ursprünglicher Titel "Luise Millerin" (nach der Hauptfigur des Dramas)
– Entstehungszeit: 1783
– Gattungsbezeichnung: Bürgerliches Trauerspiel (ungleiche Liebesbeziehung – Konflikt zwischen Adel und Bürgertum)
– Sprache: Prosa (keine gebundene Rede), Ausrufe und Flüche, Ellipsen
– Schauplatz: ein deutsches Fürstentum, 18. Jahrhundert
– keine Einheit von Ort und Handlung
   • bis auf den einheitlichen 5. Akt Szenenwechsel in jedem Akt Haupthandlung (Liebesbeziehung Ferdinand – Luise) und Nebenhandlungen (Lady Milford)
   • aber Einheit der Zeit (1. Akt morgens, 5. Akt abends)
– Intention: Angriff gegen das absolutistische Fürstentum, Bloßstellung des intriganten Adels, Plädoyer für eine Überwindung der schroffen Standesgegensätze

6   Das 20. Jahrhundert

Als um die Mitte des 19. Jahrhunderts in Deutschland eine rasante Industrialisierung einsetzte und durch die rasch um sich greifende Technisierung der Lebenswelt die ganze Gesellschaft verändert wurde, wandelte sich auch die Literatur. Schon der **Naturalismus** wandte sich den Problemen des Alltags zu und fand zu neuen Ausdrucksformen (z. B. Dialekt in der Literatur). Ebenso wie der **Surrealismus** stellte der **Expressionismus** die Selbstentfremdung des Menschen fest. Die Skepsis gegenüber der Fortschrittsgläubigkeit nahm zu, weil allzu schnell sichtbar wurde, daß die großen technischen Errungenschaften nicht nur dem Wohl der Menschheit dienten, sondern auch gewaltige Zerstörungen ermöglichten.

Nach dem Ausbruch des Ersten Weltkriegs (1914) wurden die Pessimisten bestätigt. Die Materialschlachten veranschaulichten die ungeheure Vernichtungskraft moderner Waffen. Gleichzeitig geriet das Gesellschaftsgefüge in den europäischen Staaten völlig durcheinander, wobei die traditionelle Werteordnung erheblich in Mitleidenschaft gezogen wurde. Die Literatur versuchte, in der Sinnkrise der zwanziger und dreißiger Jahre eine neue Orientierung für die Menschheit zu finden. Mit dem Rückgriff auf Inhalte und Stilformen früherer Epochen belebten sowohl die Dichtkunst als auch die Malerei, die Architektur und die Musik das kulturelle Erbe der Vergangenheit. Die **Neuromantik**, die **Neuklassik** und die **Neugotik** beabsichtigten, die Herausforderungen der modernen Zeit mit altbewährten Mitteln zu lösen. Bei vielen Schriftstellern dominierte der Traum von einer humanen, lebenswerten Welt, die mit Hilfe der Naturwissenschaften und der kulturellen Traditionen verwirklicht werden sollte.

Demokratie, Liberalismus und Individualismus waren aber in Deutschland, kaum daß sie nach dem Ende des Ersten Weltkriegs (1918) aufgeblüht waren, bereits wieder gefährdet. Im Massenzeitalter konnten totalitäre Ideologien wie der Faschismus und der Kommunismus durch Propaganda und moderne Kommunikationsformen (Rundfunk, Film) große Bevölkerungsschichten erreichen und für sich gewinnen. Obwohl die Literatur vor diesen Gefahren rechtzeitig warnte, konnte sie nicht viel verhindern. Vielmehr fiel sie selbst der rigiden Kulturpolitik der Nationalsozialisten ab 1933 zum Opfer.

Viele Schriftsteller, darunter THOMAS und HEINRICH MANN, CARL ZUCKMAYER und BERT BRECHT, verließen das Land, weil sie im Dritten Reich nicht mehr in Freiheit schreiben konnten. Für die Autoren, die in Deutschland geblieben waren, blieb die Verbindung zur Außenwelt auf Jahre hin abgeschnitten. Nur durch Schriftsteller, die bereits im Ausland lebten (z. B. Hermann Hesse in der Schweiz), oder durch die **Exilliteratur** wurden die Traditionen der deutschen Literatur nahtlos fortgesetzt.

Nach dem Zusammenbruch des Hitler-Regimes 1945 setzte mit der sogenannten *"Trümmerliteratur"* ein Neubeginn ein, weil die überlieferten Literaturformen in Frage gestellt wurden und durch den Einfluß amerikanischer und französischer Autoren (Hemingway, Faulkner, Sartre, Camus) neue Darstellungsarten zum Durchbruch kamen. Auf die vielen Themen der Nachkriegszeit (Kriegserfahrungen, Heimkehr der Frontsoldaten, Flüchtlingselend, Schuldfrage, Teilung Deutschlands, Kalter Krieg, Wirtschaftswunder, Rüstungswettlauf, Terrorismus, Wiedervereinigung usw.) reagierten die deutschen Autoren mit ebenso vielen Stilrichtungen und literarischen Tendenzen. Neben der **engagierten Literatur** und der **Gruppe 47** mit ihrer Aufbruchsstimmung erblühte bald eine spezielle **Arbeiterliteratur**, und auch eine eigenständige **Frauenliteratur** setzte sich durch.

In der Bundesrepublik und in der DDR beschäftigten sich die Autoren auf verschiedene Weise mit der schuldbeladenen deutschen Vergangenheit, aber auch die Gegenwartsproblematik wurde aufgrund der unterschiedlichen Lebensverhältnisse teilweise aus gegensätzlicher Blickrichtung gesehen. Ebenso entwickelten sich in der Schweiz und in Österreich lyrische, dramatische und epische Formen zu einer erstaunlichen Vielfalt und trugen so zu einer erheblichen Bereicherung der deutschsprachigen Literatur bei.

In den einzelnen literarischen Gattungen wurden Experimente durchgeführt oder Neuerungen eingeführt, die teilweise schon in anderen Ländern praktiziert wurden. Die **experimentelle Lyrik** und die **konkrete Poesie** griffen auf Erfahrungen des Surrealismus und des Dadaismus zurück. In der **Epik** wurden immer häufiger der *personale Erzähler* (durch eine Verwischung der Grenzen zwischen Erzähler und Hauptfigur) oder der *innere Monolog* (ausführliche Wiedergabe der Gedanken, Träume und Gefühle der handelnden Personen) verwendet. Auch in der Dramatik setzte eine Abkehr von der Theatertradition ein: Brecht beseitigte in seinem **epischen Theater** die klare Trennlinie zwischen den Gattungen, indem er Songs oder erzählerische Mittel in seinen Stücken einsetzte. Das **dokumentarische Theater** (P. Weiss, H. Kipphardt) entwickelte auf der Grundlage authentischer Protokolle und Materialien über bedeutsame historische Vorgänge neue, an der Lebenswirklichkeit orientierte Spielhandlungen. Und das **absurde Theater** (E. Ionesco) spiegelte in seinen staunenswerten, paradoxen Dramen eine undurchschaubar gewordene, sinnentleerte Welt wider.

Neben all diesen Neuheiten entstanden aber auch Werke, die den traditionellen Formenreichtum aufgriffen und durch die spielerische Handhabung mit alten und neuen Darstellungsarten eine eigenständige moderne Literatur schufen (z. B. Frisch, Dürrenmatt, Grass, Böll). Eine endgültige Einordnung und Bewertung der literarischen Strömungen der Nachkriegszeit läßt aber noch auf sich warten.

6.1 Hermann Hesse: Siddhartha

Indische Erfahrungen spielten in Hermann Hesses Leben eine wichtige Rolle. Der Sohn eines zeitweilig in Indien tätigen Missionars wurde am 2. Juli 1877 im württembergischen Calw geboren. Auch Hesses Großvater war viele Jahre auf dem indischen Subkontinent beschäftigt und hatte dabei einheimische Dialekte erforscht.

Der junge Hermann wuchs in streng pietistischer Umgebung in Basel und Calw auf. Nach dem Bestehen des schwäbischen Landexamens ging Hesse, der nach dem Wunsch seiner Familie Theologe werden sollte, auf das Seminar im Kloster Maulbronn. Schon bald entzog sich der Schüler den strengen Lebensregeln durch Flucht und absolvierte nach einigen weiteren gescheiterten Erziehungsversuchen seiner Eltern zwei Lehren als Mechaniker und Buchhändler.

Nach den ersten Buchveröffentlichungen lebte Hesse zunächst als Buchhändler in Basel und dann als freier Schriftsteller in Gaienhofen am Bodensee. Mit dem Roman "Unterm Rad" (1906), der die eigene leidgeprüfte Schulzeit aufarbeitete, erzielte Hesse einen beachtlichen Erfolg. 1911 unternahm der Schriftsteller zusammen mit Freunden eine längere Reise nach Indien. Kurz vor Beginn des Ersten Weltkriegs zog Hesse, dessen Frau Schweizerin war, nach Bern. Dennoch betätigte er sich während des Krieges in der deutschen Gefangenenfürsorge.

Großes Aufsehen erregte der Roman "Demian" (1919), mit dem Hesse die Stimmung der deutschen Jugend nach den desillusionierenden Kriegserfahrungen genau traf. Nachdem seine Ehe gescheitert war, führte Hesse ein zurückgezogenes Leben in dem Tessiner Dorf Montagnola. 1922 veröffentlichte er die indische Dichtung "Siddhartha", die seine gründliche Kenntnis der buddhistischen und hinduistischen Religion sowie der asiatischen Philosophie bezeugte. Mit den Romanen "Der Steppenwolf" (1927) und "Narziß und Goldmund" (1930) versuchte der Schriftsteller, der inzwischen Schweizer Staatsbürger geworden war, seine eigene Lebenskrise literarisch zu bewältigen. Hesse, der frühzeitig vor dem aufkommenden Nationalsozialismus gewarnt hatte, war nach Hitlers Machtergreifung 1933 zum unliebsamen Autor in Deutschland geworden. Während des Zweiten Weltkriegs wurde er wegen seiner pazifistischen Ansichten zum Vaterlandsverräter gestempelt.

Doch Hesse fand die Kraft, inmitten dieser schweren Jahre sein Hauptwerk, den umfangreichen Bildungsroman "Das Glasperlenspiel" (1943) zu vollenden, mit dem er ein humanistisches Gegenmodell zu den barbarischen Vorgängen in Deutschland zeichnete. Zahlreiche Ehrungen kamen auf Hesse kurz nach dem Ende des Zweiten Weltkriegs zu. 1946 erhielt er den Nobelpreis für Literatur sowie den Frankfurter Goethe-Preis. Für sein literarisches Engagement und sein Bemühen um internationale Verständigung bekam er 1955 den Friedenspreis des Deutschen Buchhandels zugesprochen. Am 9. August 1962 starb Hermann Hesse im Alter von 85 Jahren in Montagnola, wo er als Romancier, Essayist und Maler mehr als vier Jahrzehnte verbracht hatte.

Die innere Leere, die das Ende des Ersten Weltkriegs in den Menschen hinterlassen hatte, versuchte Hermann Hesse für sich selbst durch ein literarisches Werk auszufüllen, das europäisches Denken und östliche Weisheit zu einer neuen Einheit verbinden sollte. Im Winter 1919 begann der Dichter mit der Niederschrift des ersten Teils von "Siddhartha", den er seinem französischen Kollegen ROMAIN ROLLAND widmete, um damit ein Zeichen der Völkerverständigung zwischen den vormaligen Kriegsgegnern Deutschland und Frankreich zu setzen. Für anderthalb Jahre blieb aber dann die Erzählung liegen. Nachdem Hesse 1921 einige Wochen in die psychoanalytische Behandlung des Schweizer Freud-Schülers C. G. Jung gegangen war, konnte er 1922 seinen "Siddhartha" abschließen. Hesse widmete den Zweiten Teil seinem Vetter, dem Übersetzer chinesischer Philosophen Wilhelm Gundert, dem er manche Anregung zu verdanken hatte.

Trotz seiner christlichen Erziehung war Hesse in einem Elternhaus aufgewachsen, in dem indische Religionen und Philosophen intensiv studiert wurden. Seine eigene Indienreise 1911 hatte die früh erworbenen Kenntnisse über ostasiatische Kulturen vertieft. Dennoch finden sich in der Erzählung "Siddhartha" ebenso europäische Denkmuster wie indische oder chinesische Lebensweisheiten.

Inhalt der Erzählung

Erster Teil

Der Sohn des Brahmanen:
In behüteten Verhältnissen wächst der gewissenhafte Brahmanensohn Siddhartha an der Seite seines Freundes Govinda auf. Doch bald genügt ihm die fromme Unterweisung seines Vaters nicht mehr, und er will mit Govinda zu den asketischen Samanas gehen.

Bei den Samanas:
Siddhartha erlernt schnell die religiösen Lebensregeln der Samanas: Fasten, Meditieren und Geduld. Während Govinda in seiner eigenen Entwicklung immer mehr Fortschritte sieht, beurteilt Siddhartha die Übungen der Samanas als Flucht vor dem eigenen Ich. Als die Freunde aufsehenerregende Nachrichten über Gotama Buddha hören, beschließen sie, bei diesem Religionsstifter in die Lehre zu gehen.

Gotama:
In der Stadt Savathi treffen Siddhartha und Govinda auf viele Mönche und begegnen schließlich Buddha selbst. In einem direkten Gespräch übt Siddhartha Kritik an Buddhas Lehre. Govinda hingegen wird bald in Gotamas Jüngerschaft aufgenommen.

Erwachen:
Siddhartha glaubt, ohne Lehrer und Lehren auskommen zu können. Er trennt sich von seinem Freund Govinda, um seinen eigenen Weg zu gehen.

Zweiter Teil

Kamala:
Mit neuem Blick erlebt Siddhartha die Natur. Auf dem Weg in die Stadt übernachtet er bei einem Fährmann. Als Siddhartha die Kurtisane Kamala, die ihn zunächst spöttisch zurückweist, kennenlernt, beschließt er, mit Geduld und Zähigkeit ihre Zuneigung zu gewinnen. Kamala vermittelt Siddhartha eine Stelle bei dem Kaufmann Kamaswami.

Bei den Kindermenschen:
Siddhartha erweist sich zwar als geschickter Geschäftsmann, aber Kamaswami wirft ihm vor, den Handel ohne Leidenschaft zu betreiben. Zufriedener mit Siddhartha ist jedoch Kamala, die sich von ihrem jungen Liebhaber schließlich ein Kind wünscht.

Sansara:

Obwohl Siddhartha reich und beliebt ist, wird er immer unzufriedener und verfällt dem Würfelspiel. Schließlich verläßt Siddhartha seinen Besitz. Kamala ist von der letzten Liebesnacht mit Siddhartha schwanger.

Am Flusse:

Voller Lebensüberdruß will sich Siddhartha im Fluß ertränken. Er erinnert sich jedoch an das heilige Wort Om und fällt in einen tiefen Schlaf. Als er erwacht, sitzt Govinda vor ihm, der aber nach einem kurzen Gespräch mit seinem Freund weiterzieht. Nach intensivem Nachdenken über seine vergeudeten Jahre gelangt Siddhartha zu einer neuen Lebenseinstellung.

Der Fährmann:

Ein zweites Mal kommt Siddhartha zu dem Fährmann Vasudeva, dem er seine Lebensgeschichte erzählt. Vasudeva lehrt ihn dafür das Geheimnis des Flusses. Als eines Tages viele Mönche auf dem Weg zu dem sterbenden Buddha sind, gelangt auch Kamala, die unterwegs von einer Schlange gebissen wird, mit ihrem kleinen Sohn an den Fluß. Vasudeva nimmt Mutter und Kind bei sich auf. Siddhartha wacht bei der sterbenden Kamala.

Der Sohn:

Der Leichnam Kamalas wird auf dem Scheiterhaufen bestattet. Siddhartha bekommt bald mit seinem verwöhnten, eigensinnigen Kind Ärger. Nach einem Zornesausbruch seines Vaters entläuft der junge Siddhartha. Vergeblich versucht Siddhartha, seinen Sohn zurückzuholen.

Om:

Am Fluß meditierend, kommt Siddhartha allmählich über den Verlust seines Kindes hinweg. Er gelangt sogar zu einem Erlebnis der Natureinheit. Der Tradition gemäß zieht sich der fromme Vasudeva zu seinem letzten Lebensabschnitt in die Wälder zurück.

Govinda:

Wiederum trifft Govinda, der von dem weisen Fährmann gehört hat, auf seinen Freund Siddhartha. Dieser teilt ihm seine Erfahrung mit, daß jeder Mensch seinen eigenen Weg finden müsse, ohne auf verschiedene Lehren oder Religionsstifter zu hören. Als Govinda seinen Freund zum Abschied auf die Stirn küßt, erinnert er sich an die Vollendung Buddhas, die nun auch bei Siddhartha zum Ausdruck kommt.

Personenkonstellation

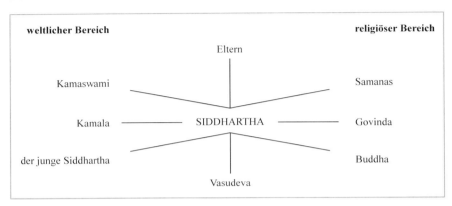

Für die Krise des europäischen Geisteslebens nach dem Ersten Weltkrieg machte Hesse das tief verwurzelte materialistische Denken verantwortlich. Im Industriezeitalter, das ganz auf die Nützlichkeit ausgerichtet war, galten verschiedene Werte nicht mehr viel, die gerade den Reiz der fernöstlichen Kultur ausmachten. Auch in Hesses Erzählung stehen die beiden Extreme, der weltliche und der religiöse Bereich, einander unversöhnlich gegenüber. Das Sansara, die Welt der materiell eingestellten Kindermenschen, verläuft in einer ganz anderen Umgebung als die frommen Praktiken der Brahmanen, Samanas oder der Anhänger Buddhas. In diesem Dualismus spiegelt sich auch der Gegensatz zwischen Stadt und Natur.

Als Siddhartha in der Stadt ankommt, wird der arme Pilger nur mitleidig belächelt, und seine Fähigkeiten werden geringgeschätzt. Aber bald überzeugt er seine Kritiker, weil er im Geschäftsleben erfolgreich ist, ohne den gängigen kaufmännischen Methoden zu folgen. Er findet einen Weg, der religiöse und weltliche Denkweisen vereinigt.

Aufgabe 77

Vergleichen Sie das Geschäftsgebaren der beiden Kaufleute Kamaswami und Siddhartha.
Warum scheitert letzten Endes der Geschäftsmann Siddhartha, obwohl er Erfolg hat?

Während die Geschäftswelt für Siddhartha fremd bleibt, steht ihm die religiöse Tradition Indiens sehr nahe. Aufgewachsen als Sohn eines frommen Brahmanen, sucht Siddhartha nach der inneren Erfüllung, die er sich zunächst nur in der Beherrschung strenger ritueller Vorschriften (z. B. Fasten, Meditation, Askese) vorstellen kann. Die Lebensformen der Samanas befriedigen ihn aber nicht. Erst die Begegnung mit Buddha öffnet ihm die Augen, obwohl er diesem Religionsgründer nicht nachfolgt.

Diese Episode erlaubt es, Hesses Erzählung zeitlich einzuordnen. **Buddha**, der 560 v. Chr. als Königssohn in Kapilavastu (Himalaja) geboren wurde, hieß eigentlich Siddhartha (Bedeutung: der, der sein Ziel erreicht hat). Erst nach seiner Erleuchtung unter einem Feigenbaum erhielt er den Ehrentitel "Buddha" (der Erleuchtete), während sein anderer Name Gotama auf einen vedischen Seher zurückgeht. Als Wanderprediger zog Buddha über das Land. Er begründete seine Lehre vom Rad des Lebens und formulierte die vier heiligen Wahrheiten:
1. Alles Leben ist Leiden.
2. Die Ursache alles Leidens liegt in der Begierde.
3. Die Aufhebung dieser Begierde führt zur Aufhebung des Leidens.
4. Der Weg zur Befreiung ist der heilige achtfache Pfad:
   rechtes Glauben, Denken, Reden, Handeln, Leben, Streben, Gedenken und Sich-Versenken.

Der Buddhismus, eine Religion ohne Gott und ohne äußerliche Kultformen, glaubt an die Seelenwanderung und an die Wiedergeburt, der sich der Mensch nur durch den Eingang in das Nirwana, d. h. durch die vollständige Erlöschung der Begierden, entziehen kann.

Buddha scharte viele Jünger um sich und gründete schließlich einen Orden. Als Prediger und Wundertäter setzte er jedoch seine Mission fort, bis er 480 v. Chr. starb und in das Nirwana einging.

Trotz der Namensgleichheit grenzt sich in Hesses Erzählung Siddhartha von Buddha ab, indem er den Hain des Erleuchteten verläßt und seinen eigenen Weg zur Vollkommenheit einschlägt. Um an sein Ziel zu gelangen, löst sich Siddhartha sogar von seinem Freund Govinda, mit dem er seit seiner Kindheit aufs engste verbunden war.

Aufgabe 78

Welche Gemeinsamkeiten und welche Unterschiede bestehen zwischen Siddhartha und Buddha?
Welche Funktion erfüllt das Auftreten Buddhas in Hesses Erzählung?

Weisheit ist nicht lehrbar. Mit dieser Erkenntnis verläßt Siddhartha den Buddha, um fortan nach seinen eigenen Vorstellungen zu leben. Siddhartha bewundert zwar den Erhabenen, aber gleichzeitig weiß er auch, daß er durch die Nachahmung anderer nicht zur Erlösung finden würde.

Eine gegensätzliche Position vertritt Govinda, der sich ein selbständiges freies Handeln nicht zutraut und statt dessen Vorbilder sucht, denen er nacheifern kann. Betrachtet man Siddharthas wechselhaftes Leben insgesamt, kann man Govindas Haltung verstehen, denn Siddhartha muß bis zu seiner Vollendung viele positive und negative Erfahrungen machen, die ihn von Glücksgefühlen bis an die Grenze der eigenen Existenz führen, wobei ständig die Ungewißheit über das richtige Verhalten mitschwingt. Erst am Fluß durchschaut Siddhartha das stetige Wechselspiel von Beständigkeit und Wandel. Diese Grundidee wendet er nicht nur auf den Verlauf des Weltganzen an, sondern überträgt sie auch auf seinen eigenen Werdegang. Jede einzelne Lebensstation hat Siddhartha geprägt, und erst die Schlußfolgerungen, die er aus seinen Erfahrungen zieht, führen ihn zum Ziel.

Aufgabe 79

Nennen Sie Siddharthas wichtigste Lebensetappen, und zeigen Sie daran jeweils die Ergebnisse für seine weitere Entwicklung auf.
Versuchen Sie, Siddharthas eigene Lehre zusammenzufassen, so wie sie sich am Ende der Erzählung darstellt.

"Siddhartha" spielt zwar in Indien, aber sein Inhalt weist viel europäisches Gedankengut auf. Auf der Basis östlicher Traditionen strebt die Titelfigur eine für Asien untypische individualistische Lösung an. Hesse hat mit seiner Erzählung versucht, die Gemeinsamkeiten verschiedener Religionen herauszuarbeiten, um somit eine zeitgemäße Glaubens- und Lebensform zu schaffen, die für Europa wie für Asien attraktiv sein kann.

Zusammenfassung

Herman Hesse: Siddhartha. Eine indische Dichtung

- Entstehungszeit: 1919–1922 (Sinnkrise in Europa nach dem Ersten Weltkrieg)
- Gattungsform: Erzählung
- Schauplatz: Indien, etwa 530–480 v. Chr. (Wirkungszeit Buddhas)
- Aufbau: erster Teil (Siddharthas Auseinandersetzung mit Traditionen und Glaubenslehren) – zweiter Teil (Siddharthas eigenständiger Weg zur Vollendung)
- Inhalt: Siddhartha, ein Brahmanensohn, sucht in der Erfüllung vorgegebener religiöser Praktiken seinen Weg zur Erfüllung. Eine völlige Kehrtwendung, die ihn in die Geschäftswelt führt, bringt ihn an den Rand der Verzweiflung, bis er schließlich an einem Fluß durch Meditation zur Harmonie mit sich und der Welt gelangt.
- Hesses Weltbild: Dualismus von Sansara (Weltlichkeit, Ablenkungen) und Religiosität (Meditation, Konzentration); Aufruf zum eigenständigen Denken und Handeln (Vorbild: Siddhartha); Aufforderung zur Abkehr von Vorbildern (Gegenbeispiel: unerfüllte Suche Govindas)

6.2 Bertolt Brecht: Leben des Galilei

Aus gutbürgerlichen Verhältnissen stammte Bert Brecht, der am 10. Februar 1898 in Augsburg geboren wurde und die Vornamen Bertolt Eugen Friedrich erhielt. Der Sohn des Direktors einer Papierfabrik besuchte das Realgymnasium seiner Heimatstadt, wo er mitten im Ersten Weltkrieg durch einen pazifistischen Aufsatz sowie durch Veröffentlichungen erster Gedichte und Kurzgeschichten für Furore sorgte. Nach dem Notabitur 1917 wurde Brecht zunächst als Kriegsdiensthelfer in einer Schreibstube und später in einem Seuchenlazarett eingesetzt. Inzwischen hatte der junge Autor auch ein Medizinstudium in München begonnen, das er jedoch nicht abschloß. Vielmehr betätigte er sich in der bayerischen Landeshauptstadt als Theaterkritiker und verfaßte Theaterstücke, die aufgrund seiner guten Kontakte zu LION FEUCHTWANGER und anderen einflußreichen Autoren auch bald aufgeführt wurden. Mit der Verleihung des Kleist-Preises 1922 erfuhr Brecht eine breite öffentliche Anerkennung. In demselben Jahr heiratete der Dichter die Schauspielerin Marianne Zoff.

Mit dem Umzug nach Berlin 1924 gelang Brecht vollends der Durchbruch als Theaterdramaturg und bedeutender Schriftsteller. Er lernte die Schauspielerin Helene Weigel kennen, die er nach dem Scheitern seiner ersten Ehe 1928 heiratete und die auch in Brechts erstem großen Erfolgsstück, der "Dreigroschenoper" (1928) mitwirkte. In rascher Folge entstanden weitere Dramen, die alle an Brechts Wirkungsstätte, dem *Schiffbauerdammtheater*, uraufgeführt wurden. Durch die intensive Beschäftigung mit dem Marxismus verlieh Brecht seinen Werken eine politische Brisanz, so daß es öfter zu Aufführungsverboten kam. Kurz nach der Machtergreifung Hitlers 1933 mußte der gefährdete Autor Deutschland verlassen. Brechts Bücher wurden von den Nationalsozialisten öffentlich verbrannt.

Nach mehreren Stationen gelangte Brecht nach Dänemark und schließlich 1941 in die USA. Im Exil entstanden seine berühmtesten Schauspiele, z. B. "Leben des Galilei" (1938/39), "Der gute Mensch von Sezuan" (1938/39), "Mutter Courage und ihre Kinder" (1939) sowie "Der kaukasische Kreidekreis" (1944/45). Brecht arbeitete viel mit den Komponisten Kurt Weill und Paul Dessau zusammen, die wesentlich dazu beitrugen, daß seine Theorie des epischen Theaters so gut in die Praxis umgesetzt werden konnte. Auch in der Filmbranche versuchte der Dramatiker sein Glück. Als sich aber im Zusammenhang mit dem Kalten Krieg die Innenpolitik Amerikas verschärfte, und Brecht 1947 wegen des Verdachts "unamerikanischen Verhaltens" (d. h. Sympathie für den Kommunismus) verhört wurde, mußte der Dichter ein weiteres Mal die Flucht ergreifen. Da Brecht nicht in die deutschen Westzonen einreisen durfte, nahm er das Angebot an, Generalintendant am Deutschen Theater in Ostberlin zu werden.

Obwohl sich Brecht öfter unliebsam in die Tagespolitik einmischte (z. B. anläßlich des Aufstands am 17. Juni 1953), verlieh ihm die DDR mehrere Literaturpreise. 1954 erhielt er sogar ein eigenes Theater, das Theater am Schiffbauerdamm, wo er mit seinem Berliner Ensemble nach eigenem Gutdünken arbeiten konnte. Brecht starb am 14. August 1956.

Als ein historisches und aktuelles Stück zugleich verfaßte Bert Brecht sein Drama "Leben des Galilei". Die Handlung spielt zwar in der ersten Hälfte des 17. Jahrhunderts, aber der Bezug zum atomaren Zeitalter in den vierziger und fünfziger Jahren dieses Jahrhunderts läßt sich von Anfang an erkennen. Diese Wechselwirkung der zwei Zeitebenen zeigt sich auch in der Entstehungsgeschichte des Schauspiels. In den drei verschiedenen Fassungen, die Brecht entwarf, wird die Hauptfigur, der italienische Physiker und Astronom Galileo Galilei (1564 – 1642), jeweils anders beurteilt, was sich insbesondere auf die dramatische Entwicklung der Atomphysik vor, während und unmittelbar nach dem Zweiten Weltkrieg zurückführen läßt.

Unter dem Eindruck der Nachricht von Otto Hahns erfolgreicher Uranspaltung schrieb Brecht 1938/39 in seinem Exil in Dänemark die Urfassung seines "Galilei". Die Titelfigur wird darin als Held dargestellt, der aus taktischer Berechnung seine Lehre widerruft, um heimlich weiterforschen zu können. Kurz nach dem Ende des Krieges 1945 entstand die zweite Fassung während Brechts Zusammenarbeit mit dem Schauspieler Charles Laughton, der auch in den ersten Aufführungen in den USA den Galilei auf der Bühne verkörperte. Nach dem Abwurf der Atombombe auf Hiroshima und Nagasaki durch die Amerikaner sah Brecht in Galilei einen Verräter, der durch seinen Widerruf die Wissenschaft den skrupellosen Plänen der Machthaber ausgeliefert hatte. Die dritte, 1955 bei Probenarbeiten in Ostberlin hervorgegangene Fassung verstärkt diese negative Sichtweise Brechts. Während des Kalten Krieges zwischen den zwei Supermächten USA und Sowjetunion wurde denn auch immer deutlicher, daß sich die Physiker ihren jeweiligen Regierungen ausgeliefert hatten, um mit ihren Erkenntnissen an der Konstruktion von Vernichtungswaffen mitzuarbeiten. Galileis Rückzug vor den Drohungen des Vatikan wurde von Brecht als Sündenfall der modernen Wissenschaft interpretiert, die wegen ihres ethischen Versagens ihre Freiheit aufgeopfert hatte.

Inhalt des Dramas

1. Szene

Padua, 1609: Galileis Studierzimmer, morgens
Galilei demonstriert dem Jungen Andrea Sarti zum Leidwesen seiner Mutter das kopernikanische Weltbild. Er glaubt an den Beginn einer neuen Zeit, die die Gesellschaft verändern wird. Ludovico Marsili, der bei Galilei Privatunterricht nehmen will, berichtet von holländischen Fernrohren. Als der Kurator Galileis Bitte um Gehaltserhöhung ablehnt und auf den Vorteil der freien Forschung verweist, läßt sich der Physiker von Andrea optische Linsen bringen, um damit ein Fernrohr nachzubauen.

2. Szene

Venedig: Arsenal im Hafen
Galilei überreicht den Ratsherren sein neues Teleskop. Der Kurator erläutert die praktischen Vorzüge der neuen Erfindung und garantiert Galilei eine Gehaltsaufbesserung. Galilei gesteht seinem Freund Sagredo interessante Entdeckungen mit seinem Fernrohr. Ludovico durchschaut Galileis Verschlagenheit.

3. Szene

Padua, 10. 1. 1610: Galileis Studierzimmer, Nacht
Galilei und Sagredo entdecken, daß Erde und Mond gewöhnliche Himmelskörper sind. Sagredo wendet ein, daß Giordano Bruno für solche Erkenntnisse verbrannt wurde. Der Kurator kommt wütend und beklagt sich, daß er von Galilei getäuscht wurde, weil Fernrohre aus Holland billig importiert werden. Galilei und Sagredo können die Existenz der Jupitermonde beweisen. Während Sagredo vor den theologischen Folgen dieser Entdeckung (Wo bleibt Gott?) erschrickt, setzt Galilei auf die Vernunft. Er informiert seine Tochter Virginia, daß er bald am Hof von Florenz leben werde. Sagredo ist um Galilei besorgt.

4. Szene

Florenz: Haus des Galilei
Frau Sartis Alltagssorgen. Der neunjährige Großherzog Cosmo de Medici will Galileis Fernrohr sehen. Andrea und Cosmo streiten sich um zwei Holzmodelle. Bevor die Gelehrten durch das Fernrohr schauen wollen, fordern sie einen Disput. Anstatt ihren Augen zu vertrauen, stützen sie sich lieber auf die Lehre des Aristoteles.

5. Szene

Florenz:
Galileis Studierzimmer. Morgens früh.
Virginia, Frau Sarti und Andrea wollen wegen der Pest die Stadt verlassen. Galilei bleibt, um weiterzuforschen.
Vor Galileis Haus
Panik vor der Pest. Galilei wird von Soldaten in sein Haus zurückgedrängt. Die Straße wird abgeriegelt. Andrea, dessen Mutter unterwegs erkrankt ist, kommt zurück.

6. Szene

Rom, 1616: Saal des Collegium Romanum. Nacht
Einige Geistliche machen sich über Galileis Erkenntnisse lustig. Ein Mönch zeigt an einer Bibelstelle, daß sich die Sonne um die Erde drehe. Ein alter Kardinal vergleicht Galilei mit dem Ketzer G. Bruno. Der Theologe und Astronom Clavius, der sich eingehend mit den neuen Forschungsergebnissen beschäftigt hat, bestätigt Galileis Thesen. Während die Mönche verwirrt sind, sieht Galilei den Sieg der Vernunft nahe.

7. Szene

Rom, 5. 3. 1616: Haus des Kardinals Bellarmin
Galilei wird von seiner Tochter Virginia und ihrem Verlobten Ludovico Marsili zum Karnevalsball begleitet. Mit den Kardinälen Bellarmin und Barberini unterhält sich Galilei über das Verhältnis von Astronomie und Theologie. Dann wird ihm mitgeteilt, daß der Vatikan die kopernikanische Lehre als ketzerisch verwirft. Der Inquisitor sieht in Galilei einen gefährlichen Neuerer.

8. Szene

Rom: Palast des Florentinischen Gesandten
Aus Angst vor den möglichen gesellschaftlichen Folgen will der kleine Mönch die Astronomie aufgeben. Dagegen setzt sich Galilei für eine Wissenschaft aus sozialer Verantwortung ein.

9. Szene

Florenz, 1624: Haus des Galilei
Virginia näht ihr Brautkleid. Galilei beschäftigt sich mit schwimmenden Körpern. Nachdem der Rektor der Universität, Gaffone, ein Buch über die Sonnenflecken gebracht hat, fordert Andrea Galilei auf, nun dieses Naturphänomen zu erforschen. Doch erst als Ludovico meldet, daß der Papst im Sterben liegt, will Galilei seine astronomischen Studien wieder aufnehmen. Ludovico warnt vor den Folgen für die Bauern und verabschiedet sich rasch. Virginia, deren Hochzeit damit gescheitert ist, bricht ohnmächtig zusammen. Galileis Leidenschaft für die Forschung ist wieder erwacht.

10. Szene

Fastnacht 1632: Marktplatz
Die Karnevalisten verspotten Galileis Lehre und dessen revolutionäre Auswirkungen auf die Gesellschaftsordnung.

11. Szene

Florenz, 1633: Vorzimmer und Treppe im Palast der Medici
Gaffone geht an Galilei vorbei, ohne ihn zu grüßen. Der Eisengießer bietet Galilei seine Unterstützung an. Aber Galilei nimmt Vannis Empfehlung für eine Flucht nach Venedig nicht ernst. Man läßt Galilei lange warten. Als der Großherzog endlich erscheint, nimmt er Galileis Buch, die Dialoge, nicht entgegen. Ein Beamter teilt vielmehr Galilei mit, daß er von der Inquisition in Rom verhört werden soll.

12. Szene

Gemach des Vatikans
Der Inquisitor fordert die Unterdrückung der Lehre Galileis. Papst Urban VIII
(der ehemalige Kardinal Barberini) verteidigt Galilei, stimmt aber schließlich zu,
Galilei die Folter anzudrohen.

13. Szene

Rom, 22. 6. 1633: Palast des Florentinischen Gesandten
Galileis Schüler diskutieren, ob ihr Lehrmeister nachgeben werde. Ein Individuum kündigt Galileis Widerruf an, der kurze Zeit später von einem Ansager
verlesen wird. Andrea zeigt sich verbittert, als der erschöpfte Galilei erscheint.

14. Szene

Bei Florenz, 1633 – 1642: Galileis Landhaus. Ein großer Raum.
Der alte, halbblinde Galilei wird von der Inquisition beaufsichtigt. Als jemand
zwei Bratgänse abgibt, werden diese sofort von einem Mönch untersucht. Seiner
Tochter Virginia diktiert Galilei unterwürfige Brief an den Erzbischof.
Andrea, der nach Holland unterwegs ist, kommt zu Besuch. Er wirft Galilei vor,
durch seinen Widerruf die Wissenschaft in ganz Europa zurückgeworfen zu
haben. Galilei gibt Andrea eine Abschrift seiner Discorsi. Aber er lehnt es ab, als
Held zu erscheinen, denn er hat, wie er zugibt, aus Angst vor der Folter wider-
rufen. Galilei klagt sich als Verräter an, weil er die ethische Verantwortung des
Wissenschaftlers verletzt habe. Andrea nimmt die Discorsi mit und verabschiedet
sich.

15. Szene

Kleine italienische Grenzstadt, 1637. Früh am Morgen.
Andrea wird an der Grenze kontrolliert. Währenddessen liest er in Galileis
Manuskript, das von den Grenzwächtern als unbedenklich eingestuft wird. Auch
andere Bücher werden nicht genauer untersucht. Beim Grenzübertritt belehrt
Andrea drei Jungen, die noch an Hexen glauben.

Trotz der starken Umgestaltung seiner Hauptfigur hat Brecht in seinem Drama
vieles von dem, was die Größe des italienischen Physikers ausmacht, beibehalten. Vor allem in der ersten Hälfte des Schauspiels beeindruckt der Forscher
durch seine Persönlichkeit, seine unbändige Lebenslust und seinen unbeugsamen
Optimismus. Galilei, der fest an die Überzeugungskraft der Vernunft glaubt,

fühlt sich durch seine Erkenntnisse und seine Volksverbundenheit so gestärkt, daß er die Herausforderung der Kirche annimmt. Der Kampf um ein neues Weltbild, den Galilei mit Verschlagenheit und Phantasie führt, weitet sich im Laufe der Zeit zu einer allgemeinen gesellschaftlichen Auseinandersetzung aus.

Schließlich geht es nicht mehr nur um die Entscheidung, ob Ptolemäus oder Kopernikus recht hat, sondern um die Machtposition der Kirche und sogar um eine neue Gesellschaftsordnung, die die bisherigen Verhältnisse auf revolutionäre Weise verändern würde. Wenn die Erde ihren Mittelpunkt im Kosmos verliert, können auch Kaiser und Papst sowie alle Fürsten ihre zentrale Stellung in ihren Machtbereichen nicht mehr ohne weiteres begründen. Galilei, der um diese Zusammenhänge weiß, versagt in diesem Ringen, weil er sich selbst treu bleibt. Der lebensgierige, genußsüchtige Naturwissenschaftler stellt egoistische Interessen über das Gemeinwohl. Lieber opfert er den Fortschritt der Wissenschaft als sich selbst.

Aber sein Widerruf hat Folgen für das ganze intellektuelle Europa. Die Forschung kommt zum Erliegen, die Astronomie wird weitgehend eingestellt, und Galilei selbst lebt unter der Aufsicht des Vatikan. Entsprechend seinem Lebensmotto "Wer die Wahrheit eine Lüge nennt, ist ein Verbrecher!" spricht Galilei sein eigenes Urteil. Durch sein feiges Verhalten hat der Physiker die Chance auf einen fundamentalen Wandel der Gesellschaft vertan.

Aufgabe 80

Welche Verdienste hat sich Galilei erworben, und wie betrügt er die Gesellschaft? Belegen Sie Ihre Angaben mit Textbeispielen.
Wie beurteilen Sie Galileis Persönlichkeit insgesamt?

Genauso zwiespältig wie Galileis Verhältnis zur Gesellschaft stellt sich seine Beziehung zur Kirche dar. Dem Forscher fehlt zwar der naive Glaube seiner Tochter Virginia, aber er versteht sich auch nicht als der radikale Gegner des Vatikan, wie es an einigen Textstellen zum Ausdruck kommt. Vielmehr baut er darauf, daß seine überzeugenden Argumente die Kirchenvertreter allmählich zur Umkehr bewegen werden. So schlagen sich auch bald der päpstliche Astronom Clavius und der kleine Mönch auf seine Seite. Allerdings bleibt die Mehrheit der kirchlichen Würdenträger ihren alten Traditionen (z. B. wörtliche Bibelauslegung, Berufung auf die Autorität des Aristoteles) verhaftet.

Aber Galilei nimmt den Kampf mit der mächtigen Kirche auf, als er trotz eindringlicher Warnungen seines Freundes Sagredo an den Hof nach Florenz geht, um dort ein Leben in größerem Wohlstand zu führen. Galileis gesellschaftspolitisches Ringen um die Wahrheit verläuft keinesfalls geradlinig. Er respektiert sogar die Verbote der Kirche und setzt seine astronomischen Studien erst fort, als ein naturwissenschaftlich interessierter Papst (Kardinal Barberini) gewählt wird, der Hoffnung auf eine freie Forschung gibt. Allerdings erkennt der Inquisitor die Gefahren, die von Galileis Ergebnissen für die ganze Gesellschaftsordnung und die Glaubwürdigkeit der Kirche ausgehen. Deshalb fordert er ein rigoroses Vorgehen, das von dem liberal eingestellten neuen Papst nach einigem Zögern auch gebilligt wird und sofort zum Erfolg führt.

Aufgabe 81

 Welche Einwände bringen die Vertreter der Kirche, insbesondere der Inquisitor, gegen Galileis Lehren vor?
Welches Erscheinungsbild offenbart dadurch die Kirche?

Brechts Stück "Leben des Galilei" handelt nicht nur von naturwissenschaftlichen und möglichen gesellschaftlichen Neuerungen, sondern es geht auch in der Theatergeschichte einen neuen Weg. Wie andere Dramen Brechts gehört der "Galilei" zum **epischen Theater**. Der Autor wollte sich von der aristotelischen Tradition, die auf Spannung und Miterleben des Zuschauers setzte, lösen, indem er den distanzierten, denkenden Betrachter forderte. Das Publikum sollte sich stets bewußt sein, daß auf der Bühne lediglich eine Geschichte gespielt wird, die zu wichtigen gesellschaftspolitischen Erkenntnissen führt. Mit Hilfe der **Verfremdung (V-Effekte)** zeigt Brecht, daß die Dinge nicht so sein müssen, wie sie sind. Die Gesellschaft ist veränderbar, und der Mensch macht die Geschichte. Brechts marxistisches Weltbild kommt auch in seinem "Galilei" zur Geltung, indem demonstriert wird, wie die bestehenden Machtverhältnisse zum Wohl des Volks revolutionär umgekehrt werden könnten.

Eine neue Sichtweise, symbolisiert durch das Fernrohr, verhilft dem Forscher Galilei zu Einsichten, die plötzlich jahrhundertealte Gewohnheiten in Frage stellen. Das moderne Denken befreit die Menschen von Zwängen und Vorurteilen. Selbst das Schachspiel erfährt diese geistige Öffnung und kann nun viel weiträumiger und schwungvoller gespielt werden.

Brechts Aufforderung zur Analyse und infolgedessen zur Veränderung der sozialen Bedingungen wird dem Zuschauer außer durch V-Effekte auch durch **epische Mittel** nahegebracht. Merkmale, wie man sie vom Roman her kennt, schaffen die nötige Distanz, damit das Publikum nicht mit dem Helden "mitfiebert", sondern mit klarem Blick die gesellschaftlichen Zusammenhänge durchschaut. Die Einführung eines Erzählers, Einteilung in Kapitel, Kapitelüberschriften, die Vermischung der literarischen Gattungen usw. verwandeln Brechts Schauspiele in Texte von politischem Anschauungsmaterial. Die nötigen Schritte zur Umgestaltung der Verhältnisse können von dem Dramatiker allerdings nur aufgezeigt werden, die Durchführung bleibt Sache der Zuschauer.

Aufgabe 82

Erarbeiten Sie an Brechts Drama "Leben des Galilei" typische Merkmale des epischen Theaters.
Welche Folgen haben diese Mittel für die Bewertung der Hauptfigur?

Zusammenfassung

Bert Brecht: Leben des Galilei
- Entstehungszeit: 1938/39 in Brechts Exil in Dänemark (Anlaß: Nachricht von Otto Hahns Uranspaltung)
- drei verschiedene Fassungen: Dänemark 1938/39 (Galilei als Held und schlauer Taktiker), USA 1945 sowie Ostberlin 1955 (Galilei als Versager und Verbrecher)
- Gattung: episches Drama (Schauspiel mit epischen Mitteln und Verfremdungseffekten)
- Schauplatz und Zeit: Galileis Lebensstationen (Padua 1609, Florenz, Rom 1633, Florenz 1637)
- Inhalt: Galileis naturwissenschaftliche Forschungen und sein Kampf um das neue kopernikanische Weltbild, Widerruf seiner Wahrheit aufgrund der Einschüchterung durch den Vatikan, Galileis Leben unter der Aufsicht der Kirche
- Aussage: Neue Forschungsergebnisse können eine Gesellschaft verändern, aber die Menschen müssen auch zu diesem Umgestaltungsprozeß bereit sein. Weil Galilei durch seinen Widerruf verantwortungslos gehandelt hat, wurde er zum Verbrecher an der Gesellschaft.

6.3 Ulrich Plenzdorf: Die neuen Leiden des jungen W.

Die Biographie des Schriftstellers Ulrich Plenzdorf ist eng mit der Geschichte
der DDR verwoben. Dabei war er nie ein glühender Verehrer des SED-Staats,
sondern geriet mit seinen Büchern und Filmen immer wieder in Konflikt mit dem
Machtapparat, weil er in seinen Werken kritisch untersuchte, ob Anspruch und
Wirklichkeit in der gesellschaftlichen Praxis des sozialistischen Staates zusam-
menpassen.

Plenzdorf wurde am 26. Oktober 1934 in dem Berliner Arbeiterviertel Kreuzberg
geboren und stammt aus einer kommunistischen Familie. Sowohl seine Mutter
als auch sein Vater saßen im Dritten Reich wegen ihrer Überzeugung in Haft.
Nach dem Abitur 1954 begann Plenzdorf mit seinem Studium des Marxismus-
Leninismus am Franz-Mehring-Institut in Leipzig. Doch bereits ein Jahr später
verzichtete Plenzdorf auf eine Funktionärskarriere und wurde Bühnenarbeiter.

Mit einem vierjährigen Studium (1959–1963) an der Filmhochschule Babelsberg
bei Potsdam setzte er seine damit eingeschlagene Theater- und Filmlaufbahn fort.
Bereits mit seinem zweiten Drehbuch "Karla" (1965) bekam der Jungfilmer
Schwierigkeiten mit der Staatspartei SED. Aufführungsverbote und Ablehnungen
lernte Plenzdorf von diesem Zeitpunkt an immer wieder kennen.

Vor allem "Die neuen Leiden des jungen W.", die als Roman (1973) und als
Theaterstück (1972) herauskamen und zum größten Bucherfolg in der DDR wurden, lösten heftige politische und ästhetische Auseinandersetzungen aus, hatte
doch der Autor gegen zahlreiche Tabus des Arbeiter- und Bauern-Staates ver-
stoßen. Dennoch wurde der auf einen Schlag berühmt gewordene Schriftsteller
1973 mit dem Heinrich-Mann-Preis der Ostberliner Akademie der Künste ausge-
zeichnet.

Der Film "Die Legende von Paul und Paula" (1973) sorgte für erneutes Aufsehen, weil auch hier der Individualismus über staatlich angeordnete Normen tri-
umphierte. In der "Legende vom Glück ohne Ende" thematisierte Plenzdorf wiederum das Glücksstreben des einzelnen in einer sozialistischen Gesellschaft.

Als 1976 der Dichter und Liedermacher WOLF BIERMANN ausgebürgert wurde,
schloß sich Plenzdorf der Protestbewegung von Intellektuellen der DDR an, die
von der SED eine Rücknahme dieser Entscheidung forderten. Im Gegensatz zu
vielen anderen Autoren siedelte Plenzdorf daraufhin jedoch nicht in die Bundesrepublik über, sondern blieb in Ostberlin und versuchte mit weiteren Arbeiten

politisch Einfluß zu nehmen. 1978 erhielt er für seine Erzählung "kein runter kein fern" den Ingeborg-Bachmann-Preis bei dem bekannten Literaturwettbewerb in Klagenfurt.

Als zu Beginn der 80er Jahre die Friedensbewegung in der DDR aufkam, die unter dem Motto "Schwerter zu Pflugscharen!" gegen die weltweite Aufrüstung demonstrierte, engagierte sich Plenzdorf für eine aktive Friedenspolitik. Damit waren politische Konflikte bis zum Ende der DDR 1989/90 vorprogrammiert.

Als im Frühjahr 1971 die erste Prosafassung von Plenzdorfs "Neuen Leiden des jungen W." in der Ostberliner Zeitschrift "Sinn und Form" erschienen war, setzte in der ganzen DDR eine lebhafte Debatte sowohl über den Inhalt als auch über Form und Sprache dieses Romans ein. In öffentlichen Diskussionen, aber auch in Beiträgen, die ebenfalls in "Sinn und Form" abgedruckt wurden, fand diese politische, gesellschaftliche und literarische Auseinandersetzung statt. Ohne den 1971 erfolgten Machtwechsel von Walter Ulbricht zu dem neuen Staatsratsvorsitzenden Erich Honecker, der ein liberaleres geistiges Klima bewirkt hatte, wäre dieser Streit nicht auf diese relativ offene Art erfolgt.

Ulrich Plenzdorf, der mit der ersten Niederschrift seines Buches bereits 1968 begonnen hatte, dachte zuerst auch an keine Veröffentlichung. Nach seinen frühen Theatererfahrungen mit der Zensur war ihm bewußt, daß er für die Schublade schrieb. Die unverhofft starke Reaktion auf den Abdruck in der Zeitschrift "Sinn und Form" machte dem Autor Mut, seine moderne Werther-Version auch als Theaterstück zu bearbeiten. Am 18. Mai 1972 erfolgte die Uraufführung durch das Landestheater Halle. Ein Jahr später kam im Osten (Rostock) wie im Westen (Frankfurt/M.) der Roman als Buch heraus und fand in beiden Teilen des gespaltenen Deutschlands großen Anklang. Vor allem die Jugendlichen der DDR zeigten sich begeistert, daß ihre Probleme auf so ehrliche Weise dargestellt worden waren.

Inhalt des Romans

Zwei Anzeigen in der Berliner Zeitung und zwei Todesanzeigen in der "Volkswacht" aus Frankfurt/O. geben den am 24. Dezember erfolgten Unfalltod des jungen Edgar Wibeau bekannt.

Nach diesem Unfall befragt Edgars Vater verschiedene Personen, um möglichst viele Informationen über seinen Sohn zu bekommen. Der tote Edgar kommentiert diese Gespräche mehr oder weniger ausführlich und vervollständigt so das Bild von seiner Geschichte.

Gespräch mit Else Wibeau, Edgars Mutter:
- Edgar wächst bei seiner Mutter auf, die seit Jahren von ihrem Mann getrennt in Mittenberg lebt. Er absolviert eine Lehre und zeichnet sich insgesamt durch seine vorbildliche Lebensweise aus. Als er aber von seinem Ausbilder Flemming schikaniert wird, wirft er diesem eine Eisenplatte auf den Fuß, zieht von zu Hause aus und geht nach Berlin.
- Edgar, der auf seine hugenottische Herkunft stolz ist und Aufsätze über Vorbilder verabscheut, lehnt eine öffentliche Selbstkritik kategorisch ab.

Gespräch mit Willi Lindner:
- Willi überließ seinem Freund Edgar seine zum Abriß vorgesehene Gartenlaube in Berlin. Dort findet Edgar auf dem Klo ein Reclamheft ohne Titelblatt, das Goethes Briefroman "Die Leiden des jungen Werther" enthält. Aus diesem Werk zitiert Edgar immer wieder. Seinem Kumpel Willi schickt er regelmäßig Tonbänder, die mit Hilfe von Werther-Sprüchen über Edgars Zustand berichten. Willi kann mit diesen Dokumenten nur wenig anfangen.
- Nachdem Edgar an der Kunsthochschule in Berlin abgelehnt worden ist, hat er in der Laube viel Zeit, um über sein Leben und seine jetzige Situation nachzudenken. Die meiste Zeit verbringt er mit Malen. Der Verehrer von Jeans hat zwei Lieblingsbücher: Robinson Crusoe und Salinger ("Der Fänger im Roggen"). Kritisch setzt er sich zunehmend mit seiner neuen Lektüre auseinander. Er findet immer mehr Verständnis für den armen Werther, lehnt aber dessen Stil, seine passive Haltung sowie seinen Selbstmord eindeutig ab.

Gespräch mit Charlie bzw. Frau Schmidt:
- Neben Willis Gartenlaube befand sich ein Kindergarten, in dem eine junge Frau beschäftigt war, die Edgar für sich Charlie (nach Werthers Geliebter Charlotte) nennt. Nachdem eine Gruppe Kinder fasziniert Edgar beim Malen zugeschaut hat, lädt Charlie den Hobbykünstler zur Ausgestaltung einer Wand im Kindergarten ein. Edgar verliebt sich sofort in seine Auftraggeberin und berichtet nun seinem Freund Willi in regelmäßigen Abständen vom Verlauf dieser Liebesgeschichte. Edgar fertigt einen Scherenschnitt von Charlie an, die jedoch von den künstlerischen Fähigkeiten ihres Nachbarn nicht überzeugt ist. Dennoch hat sie Mitleid und bietet Edgar ein Honorar an, das dieser ablehnt. Charlies Fürsorge nimmt zu, als Edgar eines Tages aus Entkräftung in Ohnmacht fällt. Die Stunden im Beisein der häkelnden Charlie empfindet der junge Wibeau als Idylle.
- Mit der plötzlichen Ankunft von Charlies Verlobtem Dieter, der soeben vom Militär entlassen worden ist, ändert sich schlagartig die Situation. Von Anfang an lehnt Edgar den "Eindringling" ab, den er als Spießer und Ordnungsfana-

tiker empfindet. Mit gezielten Provokationen trägt er mit Dieter einen geistigen "Boxkampf" aus. Dieter, der sich intensiv auf ein Germanistik-Studium
vorbereitet, läßt sich jedoch nicht aus der Ruhe bringen.

– Als Charlies Kindergarten umzieht, verlieren sich die drei aus den Augen.
Edgar findet Arbeit auf dem Bau. Irgendwann erfährt er beiläufig von Charlies
Hochzeit mit Dieter.

Gespräch mit Addi Berliner:

– Zunächst stößt Edgar an seiner neuen Arbeitsstelle auf Probleme. Er versteht
sich zwar sofort mit dem über 70jährigen Bauarbeiter und überzeugten Kommunisten Zaremba, aber bei seinem Vorgesetzten Addi, der von Edgar Anpassung an die Bautruppe fordert, stößt er auf wenig Sympathie. Edgar provoziert
Addi ständig und wird von diesem schließlich davongejagt: Edgar hatte sich
nämlich über die mißlungene Vorführung eines von Addi entwickelten Farbspritzgeräts lustig gemacht.

– Aus Neugier besucht Edgar eines Tags seinen Vater in dessen Atelierwohnung
im Norden Berlins. Als Heizungsmonteur verkleidet, erkundet er die Umgebung seines Vaters, den er seit Jahren nicht mehr gesehen hat. Obwohl er von
der hübschen Lebensgefährtin seines Vaters beeindruckt ist, gibt sich Edgar
nicht zu erkennen.

– In seiner Laube bemüht sich Edgar nun, mit einfachsten Mitteln ein eigenes
Farbspritzgerät zu entwickeln. Addi und Zaremba suchen den Bastler dort auf,
um ihn wieder zur Arbeit in ihrer Bautruppe zu bewegen.

Edgars Erzählung:

– Kaum findet Edgar eine Einladung von Charlie in seinem Briefkasten, sucht er
sofort das junge Ehepaar auf, das sich in Dieters Zimmer häuslich eingerichtet
hat. Edgar will von ihnen eine Rohrzange ausleihen.

– Weil er die Rohrzange liegen gelassen hat, kommt Edgar am nächsten Tag
zurück und trifft Charlie allein an. Zusammen mit Charlie repariert er, auf
einer Leiter tanzend, eine Lampe. Dabei entsteht zwischen den beiden eine
erotische Spannung, die durch Dieters Heimkehr jäh beendet wird.

– Ein verabredeter Sonntagsausflug (am 22. Dezember) verläuft anders als
geplant. Da es die ganze Zeit regnet, will Dieter zu Hause bleiben und am
Schreibtisch arbeiten. Charlie zieht jedoch mit Edgar los und mietet ein
Motorboot. Während dieser Spritztour bei dem naßkalten Wetter lehnt Charlie
ihren Kopf an Edgars Schulter, und bei einem Halt auf einer Insel küßt Charlie
sogar ihren Begleiter, der diese neue Entwicklung bereitwillig aufgreift. Allerdings erfolgt die Rückfahrt sehr schweigsam, weil Charlie bewußt wird, daß
sie zu weit gegangen ist.

– Zurück in der Laube, wird Edgar fast das Opfer eines Bulldozer-Fahrers, der den Auftrag hat, das Gelände zu planieren. Edgar kann durch Verhandlung noch ein paar Tage gewinnen, die er zur Fertigstellung seines Spritzgeräts nutzen will. Die Zeit drängt um so mehr, als laut Willis Brief Edgars Mutter ihren Besuch angekündigt hat. Edgar nimmt sich eigenmächtig einen Arbeitstag frei und besorgt sich Ersatzteile von Addis fehlerhaftem Gerät. Durch seinen sorglosen Umgang mit dem Werkzeug erhält Edgar einen mächtigen Stromschlag, der seinen Tod verursacht.

Fortsetzung des Gesprächs mit Addi.

– Von der Volkspolizei erfahren Addi und Zaremba von Edgars tödlichem Unfall. Nachdem sie in der Gartenlaube Edgars Experiment entdeckt haben, versuchen sie, die Spritze zu rekonstruieren, was ihnen aber nicht gelingt.

– Als Addi noch einmal zur Laube zurückkehrt, ist diese bereits eingeebnet. Er ist jedoch überzeugt, daß Edgar bei seiner Erfindung vor einem großen Durchbruch gestanden haben muß.

Plenzdorfs Roman spielt sowohl in der Provinz (Mittenberg) als auch in Berlin, der damaligen Hauptstadt der DDR. Der 17jährige Edgar Wibeau ist dabei die zentrale Figur, die sich zwischen Arbeitswelt und Privatsphäre bewegt und schließlich nach einem quälerischen Selbstfindungsprozeß eine Nische in der Gesellschaft findet.

Personenkonstellation

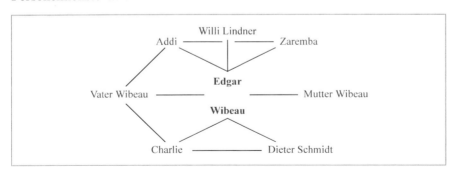

Der anfängliche Musterknabe Edgar empfindet sich sehr früh als Individuum, was er durch den Hinweis auf seine hugenottische Herkunft hervorhebt. Er löst sich ebenso von den Bevormundungen seiner Mutter wie von gesellschaftlichen Zwängen, die ihm während seiner Lehre bewußt werden. Dabei lehnt er aber das

Staatswesen der DDR nicht rundweg ab, sondern kritisiert nur einzelne, ihn störende Erscheinungen. Die deftige Jugendsprache unterstreicht, daß sich Edgar nicht ohne weiteres in die Erwachsenenwelt einfügen will. Seine in der Gartenlaube ausgelebte Freiheit ist für ihn von existentieller Bedeutung. Allerdings erscheint dieser Zufluchtsort von Anfang an bedroht, weil der Abriß der Hütte bereits feststeht und nur noch eine Frage der Zeit ist.

Aufgabe 83

Nennen Sie Beispiele für Edgars unangepaßtes Verhalten.
Zeigen Sie, wie sich der junge Wibeau mit den gesellschaftlichen Gegebenheiten der DDR auseinandersetzt.

Zu Beginn der Honecker-Ära gab es in den 70er Jahren eine vorsichtige Öffnung gegenüber dem Westen. Im Zusammenhang damit wurden in der DDR Themen aufgegriffen, die lange Zeit als Tabus galten. Dazu gehörte vor allem die Frage nach dem klassischen Erbe. Lange bevor Luther und Friedrich dem Großen ihre historische Bedeutung wieder zuerkannt wurde, war Goethe von den SED-Funktionären "rehabilitiert" worden. Der Weimarer Dichterfürst war zwar bürgerlicher Herkunft und hatte auch die Französische Revolution heftig abgelehnt, wurde aber von den Kommunisten als geistiger Wegbereiter eines fortschrittlichen Deutschlands gesehen. Gedenkstätten Goethes gab es schließlich in der DDR genug, hatte doch der Verfasser des "Werther" oder des "Faust" die meiste Zeit seines Lebens im thüringischen Weimar verbracht.

Plenzdorfs Roman war nicht zuletzt auch deshalb erfolgreich, weil er die damals aktuelle Erbe-Diskussion auf interessante Weise literarisch umsetzte. Bereits im Titel bezieht sich der Autor auf Goethes bekannten Briefroman, ja, "Die neuen Leiden" lassen sogar auf eine Art Fortsetzungsroman schließen. Der gemeinsame Anfangsbuchstabe für die Nachnamen der jeweiligen Hauptfigur (Werther – Wibeau) tut ein übriges, um die Parallelen zwischen den beiden Werken zu verdeutlichen. Obwohl Edgar Wibeau im Verlauf der Handlung zunehmend Verständnis für Werthers Situation aufbringt, grenzt er sich auch unmißverständlich gegenüber dieser Leitfigur ab, die er allerdings bei jeder Gelegenheit zitiert.

Aufgabe 84

Vergleichen Sie die beiden Romangestalten Werther und Edgar Wibeau, indem Sie markante Gemeinsamkeiten und Unterschiede herausarbeiten. Welche Rolle spielt Goethes "Werther" für Edgars Entwicklung in Plenzdorfs Buch?

Gleich am Ende des Zweiten Weltkriegs 1945 hatte die Sowjetunion in ihrer deutschen Besatzungszone, der späteren DDR, den **Sozialistischen Realismus** als die allein gültige Stilform für alle Künste vorgeschrieben. Diese Doktrin, die seit 1932 in der Sowjetunion selbst für alle Kunstschaffenden maßgeblich war und unter Stalins Herrschaft mit aller Konsequenz verwirklicht wurde, forderte von den Künstlern die Einhaltung von zwei Grundsätzen:
1. eine sozialistische Grundüberzeugung
2. eine realistische, d. h. wahrhafte, historisch richtige Darstellung als Stilmittel.

Literaten, Maler, Filmregisseure usw. sollten als Idealgestalt einen positiven Helden, also einen revolutionären, für den Kommunismus kämpfenden Arbeiter, in den Mittelpunkt ihrer Werke stellen. Gleichzeitig sollten in diesen Kunstformen für den Betrachter Wege zu einer besseren Welt, zu einer kommunistischen Gesellschaft aufgezeigt werden.

In der DDR dominierte der "Sozialistische Realismus" nicht nur als unumstößliches Gestaltungsprinzip für alle Künstler, sondern er wurde sogar durch weitere Vorgaben vertieft. Mit dem **Bitterfelder Weg**, der seinen Namen nach den beiden Konferenzen in Bitterfeld (1959 und 1964) erhielt, wurde der Versuch unternommen, zum einen die Kulturschaffenden durch die Einbindung in die Arbeitswelt am Aufbau einer neuen Gesellschaftsordnung direkt zu beteiligen und zum anderen die Arbeiter durch den Kontakt mit den Künstlern zu einem eigenen künstlerischen Schaffen zu ermuntern. Dieses Programm sollte der Verherrlichung des neuen sozialistischen Menschen dienen. Insgesamt blieb jedoch der Anspruch weit hinter der Wirklichkeit zurück.

Im Lichte dieser Kunstdogmen betrachtet, war es nur zu verständlich, daß Plenzdorfs Roman von den Kulturfunktionären vehement bekämpft wurde. Das in salopper Jugendsprache geschriebene und mit derben Ausdrücken versehene Werk verstieß sowohl inhaltlich als auch formal gegen die bis dahin vorherrschenden Normen. Der eigenwillige Einzelgänger Edgar Wibeau, der mit der Betonung seiner hugenottischen Wurzeln zudem seine soziale Sonderstellung unterstrich, konnte wahrlich nicht als ein positiver Held der Arbeit bezeichnet werden. Noch weniger war die Ausgangslage der Formgestaltung (Der tote Edgar kommentiert das Geschehen.) mit der Forderung nach einer realistischen Darstellung in Einklang zu bringen. Plenzdorf verwendete zahlreiche Mittel des in Westeuropa oder in den USA zum literarischen Vorbild gewordenen **modernen Romans**. Die Darbietungsformen des traditionellen Romans mit einem auktorialen allwissenden Erzähler und mit der chronologischen Präsentation der Handlung waren dort längst in Frage gestellt. Statt dessen herrschte eine stilistische und formale Experimentierfreude vor. Techniken aus dem Film, wie z. B.

Rückblenden, Perspektivenwechsel oder Collagen aus kurzen Szenen, wurden in den Roman übernommen. Für Plenzdorf, der mit dem Film seine künstlerische Laufbahn begonnen hatte, waren diese Mittel vertraute Erscheinungen.

Aufgabe 85

Erarbeiten Sie aus dem folgenden Textausschnitt typische Mittel eines modernen Romans.
Welche Aussageabsichten des Autors werden damit verdeutlicht?

Richtig, Charlie, nicht alles sagen. Es hat keinen Zweck, alles zu sagen. Ich hab das mein Leben lang nicht gemacht. Nicht mal dir hab ich alles gesagt, Charlie. Man kann auch nicht alles sagen. Wer alles sagt, ist vielleicht kein Mensch mehr.

"Sie müssen mir nicht antworten."
5 "Gemocht hab ich ihn natürlich. Er konnte sehr komisch sein. Rührend. Er war immerzu in Bewegung ...ich ..."

Heul nicht, Charlie. Tu mir den Gefallen und heul nicht. Mit mir war nicht die Bohne was los. Ich war bloß irgend so ein Idiot, ein Spinner, ein Angeber und all das. Nichts zum Heulen. Im Ernst.

10 "Guten Tag! Ich soll mich an Kollegen Berliner wenden."
"Ja, das bin ich."
"Wibeau ist mein Name."
"Haben Sie was mit Edgar zu tun? Edgar Wibeau, der bei uns war?"
"Ja. Der Vater."

15 Addi! Alte Streberleiche! Ich grüße dich! Du warst von Anfang an mein bester Feind. Ich hab dich getrietzt, wo ich konnte, und du hast mich geschurigelt, wenn es irgendwie ging. Aber jetzt, wo alles vorbei ist, kann ich es rauslassen: Du warst ein Steher! Unsere unsterblichen Seelen waren verwandt. Bloß deine Gehirnwindungen waren rechtwinkliger als meine.

20 "Das war eine tragische Sache mit Edgar. Erst waren wir ziemlich am Boden. Heute ist uns vieles klarer. Edgar war ein wertvoller Mensch."

Addi, du enttäuschst mich, und ich dachte, du bist ein Steher. Ich dachte, du machst das nicht mit, über einen, der über den Jordan gegangen ist, diesen Mist zu reden. Ich und ein wertvoller Mensch. Schiller und Goethe und die, das waren vielleicht
25 wertvolle Menschen. Oder Zaremba. Es hat mich sowieso zeitlebens immer fast gar nicht getötet, wenn sie über einen Abgegangenen dieses Zeug redeten, was er für ein wertvoller Mensch war und so. Ich möchte wissen, wer das aufgebracht hat.

"Wir haben Edgar leider von Anfang an falsch angefaßt, einwandfrei. Wir haben ihn unterschätzt, vor allem ich als Brigadeleiter. Ich hab in ihm von Anfang an
30 nur den Angeber gesehen, den Nichtskönner, der nur auf unsere Knochen Geld verdienen wollte."

Ulrich Plenzdorf: "Die neuen Leiden des jungen W.", Frankfurt/M. 1977. S. 85–87.

173

Im Rückblick auf die Literaturgeschichte der DDR erscheint Plenzdorfs Roman als eines der interessantesten Bücher, weil der Autor die Realität der Jugendlichen im SED-Staat treffend wiedergab, und zwar in einer Form und einer Sprache, die neue Wege für das künstlerische Schaffen aufzeigte.

Zusammenfassung

Ulrich Plenzdorf (geb. 1934): Die neuen Leiden des jungen W.
- Entstehungszeit: 1968–1973 (erste Prosafassung 1971, Theaterstück 1972, Roman in Buchform 1973)
- Gattung: Roman (Bezugnahme auf Goethes Briefroman "Die Leiden des jungen Werther")
- Schauplätze: Mittenberg (Provinz, DDR), Ostberlin
- Zeit: Anfang der 70er Jahre
- Aufbau: zwei Zeitebenen (Edgar Wibeaus Erlebnisse – Nachforschungen nach Edgars Tod)
  Der tote Edgar kommentiert aus dem Jenseits die Gespräche seines Vaters mit einzelnen Romanfiguren (Wechsel von Dialogen und Kommentaren).

- Inhalt: Der 17jährige Musterknabe Edgar Wibeau zieht nach einem Vorfall während seiner Lehre von zu Hause aus und richtet sich nahe Berlin in einer zum Abriß vorgesehenen Gartenlaube ein. Er verliebt sich in die bereits verlobte Kindergärtnerin Charlie. Vom Verlauf dieser hoffnungslosen Liebesgeschichte berichtet Edgar seinem Kumpel Willi, dem er regelmäßig Tonbänder mit passenden Zitaten aus Goethes Werther-Roman schickt. Als Edgar in einer Baubrigade Arbeit findet, lernt er Addi und Zaremba kennen, deren Erfindung eines Farbspritzgeräts er eigenständig in seiner Gartenlaube weiterentwickelt. Bei diesem Experiment kommt er jedoch am 24. Dezember durch einen Stromschlag ums Leben. Edgars Vater macht sich danach auf den Weg, um Nachforschungen über seinen Sohn anzustellen.

Lösungen

 Aufgabe 1

Primärliteratur

- Amerika (Roman)
- Der Prozeß (Roman)
- Das Schloß (Roman)
- Das Urteil (Erzählung)
- Die Verwandlung (Erzählung)
- Erzählungen, Parabeln, Prosastücke, Aphorismen
- Tagebücher (1910–1923)
- Briefe: Brief an den Vater, Briefe an Milena, Briefe an Felice usw.

Sekundärliteratur

Biographien:
- Hartmut Binder: Kafka – Ein Leben in Prag. München (Mahnert-Lueg)
- Max Brod: Über Franz Kafka. Frankfurt/M. (Fischer Taschenbuch)
- Ernst Pawel: Das Leben Franz Kafkas. Reinbek bei Hamburg (Rowohlt)
- Klaus Wagenbach: Franz Kafka in Selbstzeugnissen und Bilddokumenten. Reinbek bei Hamburg (Rowohlt)

Zu Kafkas Gesamtwerk:
- Thomas Anz: Franz Kafka. München (Beck: Autorenbücher)
- Peter U. Beicken: Franz Kafka. Eine kritische Einführung in die Forschung. Frankfurt/M. (Athenäum)
- Hartmut Binder: Kafka. Der Schaffensprozeß. Frankfurt /M. (Suhrkamp)
- Ludwig Dietz: Franz Kafka. Stuttgart (Metzler)
- Wilhelm Emrich: Franz Kafka. Bonn und Frankfurt /M., 1958
- Kafka-Handbuch. Hrsg. von Hartmut Binder. Stuttgart (Kröner)
- Heinz Politzer: Franz Kafka. Der Künstler. Frankfurt /M. (Suhrkamp)
- Wiebrecht Ries: Kafka zur Einführung. Hamburg (Junius)
- Walter H. Sokel: Franz Kafka. Tragik und Ironie. Zur Struktur seiner Kunst. München und Wien, 1964

 Aufgabe 2

Allgemeine Lexika (Taschenbücher)

Einbändige Ausgaben:
- Bertelsmann Universallexikon. Gütersloh (Bertelsmann Lexikon Verlag)
- Knaur Lexikon A – Z. München (Knaur Taschenbuch Verlag)
- Meyers Taschenlexikon. Mannheim (BI Taschenbuch Verlag)

Mehrbändige Ausgaben:
- Das neue Taschenlexikon in 20 Bänden. Gütersloh (Bertelsmann Lexikon Verlag)
- dtv-Lexikon in 20 Bänden. München (Deutscher Taschenbuch Verlag)
- Knaurs Lexikon A – Z in Farbe. 4 Bände. München (Knaur Taschenbuch Verlag)
- Meyers großes Taschenlexikon in 24 Bänden. Mannheim (BI Taschenbuch Verlag)
- Meyers Taschenlexikon in 10 Bänden. Mannheim (BI Taschenbuch Verlag)

Fremdwörterlexika (Taschenbücher):
- Das moderne Fremdwörterlexikon. München (Heyne-Verlag)
- Der kleine Duden. Fremdwörterbuch. Mannheim (BI Taschenbuch Verlag)
- Fremdwörter. Langenscheidts Miniwörterbuch. München (Langenscheidt)
- Fremdwörter-Lexikon. München (Humboldt Taschenbuch Verlag)

- Knaurs Fremdwörter-Lexikon. München (Knaur Taschenbuch Verlag)
- Reclams Fremdwörterbuch. Stuttgart (Reclam Verlag)
- Textor, A. M.: Auf deutsch. Das Fremdwörterlexikon. Reinbek bei Hamburg (Rowohlt Verlag)
- Ullstein Fremdwörterlexikon. Berlin (Ullstein Taschenbuch Verlag)

 Aufgabe 3

Überregionale deutsche Tageszeitungen

- BILD (Hamburg/Berlin)
- Die Welt (Hamburg)
- Frankfurter Allgemeine Zeitung – FAZ (Frankfurt/M.)
- Frankfurter Rundschau (Frankfurt/M.)
- Süddeutsche Zeitung (München)
- Stuttgarter Zeitung (Stuttgart)
- taz (Berlin)

Überregionale Wochenzeitungen und politische Magazine

- BILD am Sonntag (Hamburg/Berlin)
- Der Spiegel (Hamburg)
- Die Woche (Hamburg)
- Die Zeit (Hamburg)
- Focus (München)
- Stern (Hamburg)
- Welt am Sonntag (Hamburg)

 Aufgabe 4

	Magazinsendungen zur Politik	**Magazinsendungen zur Kultur**
ARD	Weltspiegel ZAK Report Monitor ARD-exclusiv	Kulturweltspiegel Kulturreport

	Magazinsendungen zur Politik	Magazinsendungen zur Kultur
ZDF	Bonn direkt länderjournal auslandsjournal Frontal Kennzeichen D Länderspiegel ML Mona Lisa (Frauenmagazin)	aspekte

 Aufgabe 5

Hauptaussagen des Verfassers

- Quoten sind Quatsch.
- Frankreich: neue Quoten (40 % der TV-Filme und der Chansons einheimischer Herkunft)
- Umgehen der Gesetze?
- Feldzug gegen "franglais": Unterstützung durch Bevölkerung
- Was lernen wir Deutschen daraus?
- Stichproben im Rundfunk: Anteil deutschsprachiger Titel tendiert gegen Null
- Verdacht: hoher Anteil an US-Songs, weil fremdsprachig
- Arbeit cleverer Marktstrategen
- Deutsche lassen sich dies alles gefallen
- nachdenken: ohne Quote

Mögliche Zitate

- "Quoten sind Quatsch." (Z. 1)
- "musikalische Maginot-Linie" (Z. 4), "Abschottungsaktionen bei unseren Nachbarn" (Z. 7), "Feldzug gegen das franglais" (Z. 8)
- "La grande nation hat halt doch ihren Stellenwert an sich – US-Kultureinfluß hin oder her." (Z. 9 ff.)
- "Und was lernen wir Deutsche daraus?" (Z. 12)
- "Hintanstellung guter deutscher U-Musik" (Z. 20)
- [...] daß sich die Deutschen das alles gefallen lassen, um nicht der Tümelei bezichtigt zu werden." (Z. 22)

Von diesen Zitaten sollten nur ein paar ausgewählt werden.

Aufgabe 6

Stichwortartiges Exzerpt

1. Kulturquote in Frankreich:
- Einführung einer Quote
- 40 % der Filme und Chansons – einheimisch
- Einwand von Kritikern: nutzlose Schutzmauer
- Gegenargumente: Gesetze, Tradition in Frankreich, Unterstützung durch Bevölkerung

2. Situation in Deutschland :
- Anteil deutscher Lieder weit unter 40 %, in manchen Sendern fast bei Null
- Thesen des Autors:
    a) Hoher Anteil an US-Songs, weil (banale) Texte unverständlich
    b) Erfolg cleverer Marktstrategen: nur angloamerikanische Titel
    c) Willenlosigkeit der Deutschen: Angst vor Vorwurf des Nationalismus
- Aufforderung zum Nachdenken

Quellenangabe:
Rolf Waldvogel: ' Vive la chanson!", Kommentar in der Schwäbischen Zeitung, 29. 12. 1993

 Aufgabe 7

Kritik an den Thesen des Autors
- Geringschätzung der deutschen Hörer
- Frankreichs Vorgehen: ein fragwürdiges Vorbild (zu großer Einfluß des Staates, Bevormundung der Hörer, Einschränkung der Freiheit, Reglementierung statt Respektierung des Publikumsgeschmacks)
- Viele Rundfunksender stellen ein Gegengewicht dar: deutsche Schlagerparade, Volksmusik
- Diskussionswürdige Unterstellung: Deutsche Songs sind so gut wie angloamerikanische!?
- Fraglich, ob in Deutschland die Bevölkerung auch eine Quote für Lieder (wie angeblich in Frankreich) unterstützen würde.

– Bedenkliche Unterwanderungsthese: Haben "clevere Marktstrategen" wirklich soviel Macht? Warum gibt es keine Marktstrategen, die sich für deutsche Titel einsetzen?
– Die behauptete Angst der Deutschen vor dem Vorwurf des Nationalismus steht im Widerspruch zu der zunehmenden Ausbreitung nationalistischer Tendenzen.

 Aufgabe 8

Lexika

– Der Große Brockhaus
– Meyers Lexikon
– dtv-Lexikon
– Manfred Brauneck (Hrsg.): Autorenlexikon deutschsprachiger Literatur des 20. Jahrhunderts. Reinbek bei Hamburg (Rowohlt Verlag)
– Meyers Handbuch über Literatur
– Kurt Rothmann: Deutschsprachige Schriftsteller seit 1945 in Einzeldarstellungen. Stuttgart (Reclam)
– Gero von Wilpert. Deutsches Dichterlexikon. Stuttgart (Kröner)
– Gero von Wilpert (Hrsg.): Lexikon der Weltliteratur. Band 1: Autoren. Stuttgart (Kröner)

Literaturgeschichten

– Bark / Steinbach / Wittenberg: Geschichte der deutschen Literatur. 6 Bände. Stuttgart (Klett)
– Fricke / Schreiber: Geschichte der deutschen Literatur. Paderborn (Schöningh)
– Hoffmann / Rösch: Grundlagen, Stile, Gestalten der deutschen Literatur. Eine geschichtliche Darstellung. Berlin (Cornelsen)
– Fritz Martini: Deutsche Literaturgeschichte. Stuttgart (Kröner)

Biographien

– Elisabeth Brock-Sulzer: Friedrich Dürrenmatt. Stationen seines Werkes. Zürich (Diogenes) – Der Schwerpunkt dieses Buches liegt auf dem Werk des Autors. Zur Biographie erfolgt nur ein kurzer Abriß in Stichworten.

- Heinrich Goertz: Friedrich Dürrenmatt in Selbstzeugnissen und Bilddokumenten. Reinbek bei Hamburg (rowohlts monographien)
- Lutz Tantow: Friedrich Dürrenmatt. Moralist und Komödiant. München (Heyne)

 Aufgabe 9

Friedrich Dürrenmatt

- geboren am 5. 1. 1921 in Konolfingen (Kanton Bern) als Sohn eines protestantischen Pfarrers
- Besuch zweier Gymnasien in Bern (Abschluß: Maturität = Abitur)
- 1941–1943 Studium in Bern und Zürich (Literatur und Philosophie)
  intensive Beschäftigung mit Theaterklassikern (Sophokles, Aristophanes, Shakespeare, Lessing)
  erste schriftstellerische Versuche (Erzählungen, Komödien)
- 1945 erste Veröffentlichung einer Erzählung
- 1946 Heirat mit der Schauspielerin Lotti Geißler
  Leben in Basel
  Dürrenmatt wird Vater von einem Sohn und zwei Töchtern.
  Aufführung der ersten Dramen (Theaterskandal bei der Aufführung von "Es steht geschrieben")
  Arbeit als Theaterkritiker
  erfolgreiche Veröffentlichung von Kriminalromanen
- 1952 Bezug eines eigenen Hauses in Neuchâtel (Neuenburg)
  Theaterinszenierungen
  erste Hörspiele und Drehbücher
- 1956 internationaler Durchbruch mit der Komödie "Der Besuch der alten Dame"
  Reisen (1959 New York, 1964 Sowjetunion, 1969 Süd- und Nordamerika)
  zahlreiche Literaturpreise (u. a. 1957 Hörspielpreis der Kriegsblinden, 1959 Schillerpreis, 1986 Georg Büchner-Preis)
- mehrere Ehrendoktorwürden
  Reden und Vorträge
- 1980 erste Werkausgabe bei Diogenes in Zürich
  Ausstellung eigener Bilder und Zeichnungen

- 1983 Tod seiner Frau
- 1984 Heirat mit der Schauspielerin und Journalistin Charlotte Kerr
- 13. 12. 1990 Tod durch Herzinfarkt

Werke

Dramen:
- Romulus der Große (1949)
- Der Besuch der alten Dame (1956)
- Die Physiker (1962)

Romane:
- Der Richter und sein Henker (1950)
- Der Verdacht (1951)
- Das Versprechen (1957)
- Justiz (1985)

Hörspiele:
- Das Unternehmen der Wega (1954)
- Die Panne (1956)

 Aufgabe 10

Bücher über Dürrenmatts Leben und Werk

- Dürrenmatts Werke (Dürrenmatt: Gesammelte Werke in sieben Bänden. Zürich, 1988 oder Dürrenmatt: Werkausgabe in 30 Bänden. Zürich, 1980)
- Dürrenmatt: Denkanstöße (Denken mit Dürrenmatt). Zürich, 1980
- Das Dürrenmatt Lesebuch (hrsg. von Daniel Keel). Zürich (Diogenes), 1991
- Dürrenmatts Essays und Reden (s. Werkausgaben)
- Interviews mit Dürrenmatt
- Biographien über Dürrenmatt
- Äußerungen von Zeitgenossen und Kritikern (Zeitungsartikel, Aufsätze)
- Über Friedrich Dürrenmatt. Essays, Zeugnisse und Rezensionen von Gottfried Benn bis Saul Bellow (hrsg. von Daniel Keel). Zürich (Diogenes), 1980

Aufgabe 11

Medien über Dürrenmatts Leben

– Filme: Porträts über Dürrenmatt, verfilmte Werke (z. B. "Der Richter und sein Henker", in dem Dürrenmatt selbst auftritt), Interviews
– Dias: Fotos von Dürrenmatt, Lebensstationen des Autors, Schauplätze seiner Werke
– Folien: kopierte Fotos, Karikaturen, Dürrenmatts Zeichnungen, Titelblätter von Dürrenmatts Büchern, tabellarischer Lebenslauf des Autors
– Wandzeitung, Plakate
– Cassetten: Interviews, Hörspiele (z. B. "Die Panne" – Dürrenmatt spricht dort die Einleitung.)

 Aufgabe 12

	Verlaufsprotokoll	**Ergebnisprotokoll**
Vorteile	gründliche Wiedergabe einer Veranstaltung, zusammenhängende Darstellung des gesamten Ablaufs genaue Information für Interessierte, Beweis für persönliche Vorschläge und Kritikpunkte, Nachweis für die Einstellung der Gesprächsteilnehmer	übersichtlich, rasche Orientierung möglich (Ergebnisse auf einen Blick) Konzentration auf das Wesentliche
Nachteile	unübersichtlich, mühsames Auffinden des Wesentlichen (z. B. der Beschlüsse)	fehlende Zusammenhänge, keine Darlegung der Hintergründe, oft zu knapp, kein Nachweis des Diskussionsverlaufs

Aufgabe 13

Wegen des nicht vorherzusehenden inhaltlichen Verlaufs der Unterrichtsstunde kann dieser Lösungsvorschlag das Protokoll nur in seiner äußeren Form skizzieren.

Verlaufsprotokoll

Protokoll über die Deutschstunde in der Klasse 11c vom 23. 6. 1995

Thema: Interpretation der Parabel "Vor dem Gesetz" von Franz Kafka
Ort: Albert-Einstein-Gymnasium, Geniestadt, Raum 402
Anwesende: 23 Schülerinnen und Schüler der Klasse 11c, Herr Studienrat Schulz
             Es fehlen entschuldigt …
Beginn: 10.25 Uhr

Verlauf der Unterrichtsstunde:

Zu Beginn der Stunde bespricht Herr Schulz die Hausaufgabe, bei der eine Inhaltsangabe von Franz Kafkas Parabel "Vor dem Gesetz" zu verfassen war. Die Schüler A. D. und C. S. werden aufgefordert, ihre Arbeiten vorzulesen. Nach der Lesung findet eine kurze Diskussion statt, bei der E. K. kritisiert, daß die erste Inhaltsangabe zu lang sei und das zweite Beispiel den Kern der Sache verfehle.

Herr Schulz weist noch einmal auf die wichtigsten Merkmale einer Inhaltsangabe hin und stellt anschließend die Frage, was man unter einer Parabel zu verstehen habe …

usw.

Ende: 11.10 Uhr

Anlage: Kopie Franz Kafka: Vor dem Gesetz

Unterschriften: S. M. (Protokollantin)   Schulz (Fachlehrer)

 Aufgabe 14

Daten für eine Einleitung

– Autor: G. M.
– Kommentar "Der Krieg als Freizeitspaß", veröffentlicht in der Süddeutschen Zeitung, 13. 3. 1993
– Thema: Gefahren des Kriegsspiels Paintball für die Gesellschaft

Einleitung

Das vor allem in der Schweiz modisch gewordene Kriegsspiel Paintball droht die Werteordnung der Gesellschaft durcheinanderzubringen. Diese These vertritt G. M. in seinem Kommentar "Der Krieg als Freizeitspaß", der am 13. 3. 1993 in der Süddeutschen Zeitung erschienen ist.

 Aufgabe 15

Argumentation des Autors

- Klagen in Europa über mangelnde Abenteuerlust und Einsatzbereitschaft
- Wende durch Bungee-Springen und Free-Climbing
- neues Kriegsspiel in der Schweiz: Eröffnung der ersten Paintball-Halle Europas in St. Gallen
- Spielverlauf: Zwei Mannschaften bekämpfen sich in Schutzanzügen mit ungefährlichen Gasdruckgewehren (Dauer: 45 Minuten, Musik, Lichteffekte, Einhaltung fester Regeln)
- Kritik: Verharmlosung von Gewalt
- Befürworter: Abreagieren von Aggressionen
- Begeisterung der Spieler, verschiedene Herkunft, Organisation in Clubs, Paintball als Managertraining in den USA
- fließende Übergänge von Spiel und Wirklichkeit
- Verbote nützen wenig.
- Gefahr: Werteverlust der Gesellschaft

 Aufgabe 16

Textwiedergabe

G. M. beginnt seine Ausführungen mit den in Europa anzutreffenden Klagen, daß es zu wenig Abenteuer und Spannung geben würde. Doch das Bungee-Springen und das Free-Climbing sowie ein neues Kriegsspiel in der Schweiz haben bereits – wie der Verfasser sarkastisch meint – eine Wende eingeleitet. In der ersten Paintball-Halle Europas in St. Gallen bekämpfen sich zwei Mannschaften, gesichert in Schutzanzügen und bei lauter Musik und Lichteffekten 45 Minuten lang mit ungefährlichen Gasdruckgewehren, wobei feste Regeln eingehalten werden. Während die Befürworter des neuen Spiels betonen, daß bei diesem Freizeitspaß Aggressionen in geselliger Runde abgebaut werden könnten, sieht

185

der Kommentator darin eine Verharmlosung von Gewalt. Die Tatsache, daß zu den begeisterten Spielern Menschen unterschiedlichster Herkunft und sogar viele Frauen zählen und daß das Paintball-Spiel bereits beim Managertraining in den USA eingesetzt wird, bestärkt G. M. nur in seiner Auffassung, daß die Grenze zwischen Spiel und Wirklichkeit nicht mehr klar gezogen werden kann. Vielmehr erkennt er die zunehmende Gefahr eines enormen Werteverlustes in der Gesellschaft. Allerdings räumt er ein, daß Verbote wenig bewirken würden.

 Aufgabe 17

Zunächst wäre die Entscheidung zu treffen, ob man in dem neuen Kriegsspiel wie G. M. eine Bedrohung unserer Werteordnung sieht oder nicht. Erst auf dieser Basis kann die Frage nach dem Nutzen eines Verbots sinnvoll beantwortet werden.

Pro-Argumente eines Verbots	Contra-Argumente eines Verbots
– Signal für eine friedfertige Gesellschaft	– unpassend zu unserer liberalen Gesellschaft
– Schutz vor Verrohung unserer Jugend	– freie Entscheidung des einzelnen (Selbstverantwortung)
– Sensibilisierung der Menschen für verschiedene Formen der Gewalt	– Kontrollierbarkeit von Aggressionen bei solchen Spielen
– Anlaß zu einer Diskussion über unsere Werte und Normen	– bei Verbot Ausweichen der Spieler in andere bedenkliche oder gefährliche Freizeitbeschäftigungen
– deutliche Ablehnung der Gewalt in jeglicher (auch spielerischer) Form	– Bedürfnis des Menschen nach kriegerischen Auseinandersetzungen: Ausleben lieber im Spiel als in der Realität

 Aufgabe 18

Einleitung

– Michael Schnieber: "Die Opfer der Selbstverwirklichung" Kommentar in der Schwäbischen Zeitung, 4. 3. 1993
– Thema: Ursachen und Folgen der vielen Ehescheidungen

Hauptteil

1. Textwiedergabe:
- Ausgangspunkt: 1992 gab es in Baden-Württemberg 17 261 geschiedene Ehen.
- Gewöhnung der Gesellschaft an die hohen Scheidungsraten (mehr als ein Drittel aller Ehen)
- Hauptleidtragende: 14 000 Kinder – psychische Störungen, Verlust der familiären Geborgenheit, leidende Beobachter der Ehestreitigkeiten
- Warnung vor Pauschalurteilen: Trennung manchmal sinnvoller als jahrelanger Konflikt
- Schuld der Gesellschaft: allzu schnelle Lösungen, Verlust des Verantwortungs- und Schuldgefühls
- leichtfertige Eheversprechen (mit vorprogrammierter Trennung)
- Selbstverwirklichung in der Ehe auf Kosten des Partners
- Egoismus der Eltern – Leid der Kinder

2. Stellungnahme zu Schniebers Ursachenanalyse:
- Sehnsucht nach der angeblich "guten alten Zeit"
- Wegfall gesellschaftlicher Zwänge, mehr Liberalität
- Kinder sind /waren auch Opfer zwanghaft aufrechterhaltener schlechter Ehen.
- weitere Ursachen: Veränderung der Geschlechterrollen, erhöhtes Selbstwertgefühl berufstätiger Frauen, häufiger Wechsel des beruflichen Umfelds und der Wohnungen (Folgen: neue Erfahrungen, neue Bekanntschaften; rasche Veränderung des Freundeskreises, Auseinanderleben der Ehepartner)
- "Vorbilder" Fernsehen und Zeitschriften: Selbstverwirklichung als Lebensziel in Filmen und Familienserien, Scheidungen und neue Partnerschaften der Stars
- fehlende Lösungsvorschläge

Schluß
Rückkehr zu alten Werten – zu wenig für eine Problemlösung moderner Lebensformen

 Aufgabe 19

Möglichkeiten
- aktuelles Beispiel einer Stadt aus der näheren Umgebung
- eigene Erfahrungen in einer autofreien Innenstadt

– Vergleich: von Autos verstopfte Innenstädte – autofreies Stadtzentrum
– Überlegung eines Kommunalpolitikers oder eines Anwohners zur Umgestaltung der Stadt
– Zitat eines Politikers, eines Bürgers usw.
– provozierende Frage: Sind unsere Innenstädte bald tot?
– Slogan: Unsere Stadt muß wieder lebenswerter sein!
– Erklärung des Begriffs "autofreie Innenstadt" – konkrete Beschreibung

Einleitung

"Unsere Stadt muß wieder lebenswerter sein!" Mit diesem Slogan machen sich Kommunalpolitiker für die Einrichtung einer autofreien Innenstadt stark. Doch was erhoffen sie sich wirklich von einer solchen einschneidenden Umgestaltung?

 Aufgabe 20

Thema: Autofreie Innenstadt

Vorteile

1. Beruhigung und Entlastung
– weniger Lärm für Anwohner
– keine Autoabgase mehr
– gemütliches Einkaufen ohne Hektik
– Möglichkeit zum entspannenden Stadtbummel
– Entlastung der Eltern: weniger Sorge wegen Kinderaufsicht

2. Angebotsvielfalt
– viele verschiedene Geschäfte, Läden, Boutiquen
– Märkte, Basare
– Cafés, Imbißstände, Restaurants
– kulturelle Aktivitäten: Straßenmusik, Gaukler, Vorführungen

3. Zentrum als neuer Lebensraum
– Verbindung von Kommerz und Kultur (Geschäfte, Kinos, Museen usw.)
– Spielmöglichkeiten für Kinder
– mehr Platz durch Wegfall von Parkplätzen
– bequemer Zugang durch Busse oder Straßenbahnen

Nachteile

1. Eingriff in die Tradition
- Veränderung des gewohnten Stadtbildes
- Umgestaltung zu reinem Geschäftszentrum
- Wegfall von Wohnungen wegen zu hoher Mieten
- geringere Identifizierung der Einwohner mit ihrer Stadt

2. Verödung des Zentrums
- einheitliches steriles Stadtbild: monotones Straßenpflaster, Betonbrunnen, gekünstelte Fachwerkhäuser
- Wegzug vieler Menschen
- Gefahr der toten Stadt am Abend
- Verlagerung größerer Geschäfte und kultureller Einrichtungen an den Stadtrand (wegen besserem Zugang und größerer Parkplätze)

3. Kommerzielle Befürchtungen
- Finanzierungsproblem für Umgestaltung
- Geschäftseinbußen während des Umbaus
- Befürchtung über Rückgang des Kundenkreises (keine Parkmöglichkeiten, schwieriger Transport von großen Waren)
- Konkurrenzdruck durch Ansiedlung neuer Geschäfte
- starke Mieterhöhungen

 Aufgabe 21

Eigene Meinung
- Begründung durch persönliche Erfahrungen (Umgestaltung des Zentrums der Heimatstadt, Erlebnisse in autofreier Stadtmitte)
- Abwägen der Vor- und Nachteile
- Hinweis auf persönliche Vorlieben

Schlußteil
- Das autofreie Zentrum kann für eine Stadt die Chance zu mehr Lebensqualität für ihre Bürgerinnen und Bürger sein. Deshalb sollte sie einen Neuanfang wagen.

- Die Verwirklichung der autofreien Innenstadt birgt die Gefahr in sich, daß unsere Städte noch mehr entvölkert werden und zu reinen Geschäftszentren herabsinken. Also wehret den Anfängen!
- Man sollte die Vorteile einer autofreien Innenstadt nutzen und die Gefahren rechtzeitig erkennen. Nur so kann das Stadtzentrum lebenswert und interessant sein.

 Aufgabe 22

Einleitung

"Politik interessiert mich nicht." Solche Aussagen hört man in den letzten Jahren immer häufiger. Vor allem junge Menschen, die zum ersten Mal in ihrem Leben ihre Stimme für eine Partei oder für einen Politiker abgeben dürfen, verzichten auf die Ausübung ihres Wahlrechts.

 Aufgabe 23

Gegliederte Stoffsammlung (Wahlverzicht der Jungwähler)

Sachverhalt, Beispiele:
- allgemein geringere Wahlbeteiligung als in den 70er und 80er Jahren
- hohe Wahlverdrossenheit bei jungen Menschen
- niedrige Einschaltquoten bei Bundestagsdebatten
- Widerspruch: auffallend hohe Sensibilität Jugendlicher für politische Themen (z. B. Umwelt, Energie, Verkehr) – geringes Engagement in der Politik
- kaum Interesse am Einigungsprozeß Europas

Ursachen

1. Desinteresse
- zu wenig Informationen über das Wahlverfahren
- kein Interesse an Geschichte und Politik
- geringer Bildungsstand
- Kompliziertheit der politischen Vorgänge
- sorgloses Aufwachsen junger Menschen im Wohlstand

2. Enttäuschung
– Abschreckung durch starre Formen (Wahl, Bundestagsreden, Parteien)
– Verdrossenheit über politische Rituale (Sonntagsreden, unverbindliche Partei-
  programme) und langweilige Politiker
– Urteil: Politik löst die anstehenden Fragen nicht.
– Ablehnung der Skandale und Affären
– Gefühl der politischen Ohnmacht – Urteil: Wahlen verändern nichts oder zu
  wenig.

Lösungsmöglichkeiten

1. Informationen, Aufklärung
– bessere Bildungspolitik
– Anleitung der jungen Leute zum Zeitunglesen und zum Hören/Sehen von
  Nachrichtensendungen und politischen Magazinen
– interessante Gestaltung und Stärkung des Gemeinschafts-/Sozialkunde-Unter-
  richts
– einfachere und klarere Berichterstattung in Radio und Fernsehen

2. Politische Reformen
– direkte Demokratie: Volksentscheide, Volksbegehren, Volksabstimmungen
– größere Beteiligung der Wähler an politischen Prozessen
– mehr direkte Wahlen: Bürgermeister, Abgeordnete, Bundespräsident
– Reformen im Bundestag: lebendigere Debatten, weniger vorgefertigte Reden,
  kein Fraktionszwang bei Abstimmungen
– mehr Transparenz bei politischen Vorgängen

3. Stärkere Einbindung der Jungwähler
– Anreize für politisches Engagement
– Übertragung von politischer Verantwortung an junge Menschen
– Quotenregelung für junge Leute?
– stärkere Öffnung der Parteien für die Interessen von Jugendlichen
– Jugendvertreter/innen in den Parlamenten und politischen Gremien

 Aufgabe 24

Schlußteil

Die Demokratie lebt vom politischen Interesse der Bürgerinnen und Bürger.
Gerade junge Menschen müssen für die Politik gewonnen werden, damit die
demokratische Regierungsform eine Zukunft hat.

Aufgabe 25

Daten für eine Einleitung

– Autorin: Elfriede Hammerl
– Text: "Etwas mehr Toleranz, bitte!", Glosse /ironischer Kommentar
– Quelle: Der Text erschien am 4. 11. 1993 im Wochenmagazin "Stern" Nr. 45
– Thema: Forderung nach mehr Toleranz für die Raucher

Einleitung

Nichtraucher sind kleinlich und verderben den Rauchern den Spaß an einem genußfreudigen Leben. Zu diesem ironisch gemeinten Ergebnis gelangt Elfriede Hammerl in ihrer Glosse "Etwas mehr Toleranz, bitte!", die am 4. 11. 1993 in der Zeitschrift "Stern" veröffentlicht wurde. Deshalb fordert die Autorin bei den Nichtrauchern mehr Verständnis für die Tabakliebhaber ein.

 Aufgabe 26

Textwiedergabe

In ihrem Kommentar argumentiert Elfriede Hammerl aus der Sicht der Raucher, die durch die intoleranten Nichtraucher in ihrer Freiheit eingeschränkt werden. Im einzelnen vertritt die Verfasserin folgende Thesen:

– Passivrauchen ist nicht gefährlich und kann deshalb ertragen werden.
– Nichtraucher sollen gegenüber den Rauchern toleranter sein.
– Raucher sind liberale Menschen, denn sie akzeptieren die andere Lebensweise der Tabakgegner.
– Nichtraucher wollen ihre egoistischen Interessen gesetzlich abgesichert haben.
– Raucher muten sich einiges zu. Daher erwarten sie auch einige Härte bei den Nichtrauchern.
– Der Passivraucher beteiligt sich unentgeltlich am Genuß der Raucher, die für ihre Lebensqualität viel Geld investieren.
– Die undankbaren, mürrischen Passivraucher empfinden sich zu Unrecht als Leidensgenossen.
– Im Vergleich zu den Autoabgasen oder dem Ozonloch ist das Rauchen nur ein kleines Problem, über das man nicht weiter diskutieren sollte.

Aufgabe 27

Textkritik

- Einteilung der Gesellschaft in zwei Klassen: Raucher – Nichtraucher
- starke Übertreibungen: Schwierigkeit, den genauen Standpunkt der Autorin festzulegen
- energische, vehemente Forderungen
- Verharmlosung der Gefahren durch das Rauchen (z. B. Gesundheitsrisiko)
- kurioser Rollentausch: Raucher als Opfer der intoleranten Passivraucher, Nichtraucher als lasterhafte Menschen
- fragwürdige Vorbildfunktion der Raucher für eine lebensbejahende Gesellschaft
- vorgegebene Verständnislosigkeit für die Belange der Nichtraucher: Abqualifizierung als Denunzianten und verdrießliche, kleinliche, engstirnige Asketen
- Relativierung der Gefahren
- Beschimpfung und direkte Beschuldigungen der Nichtraucher

Aufgrund ihrer überspitzten Formulierungen, Verdrehungen, Verharmlosungen und Übertreibungen stellt die Autorin die allgemeine Diskussion über das Rauchen auf den Kopf und gelangt so zu einer verblüffenden Sichtweise in Form einer Satire.

Stellungnahme

Lösung des Raucherproblems:
- mehr Verständnis füreinander, Suche nach gemeinsamen Lösungen
- Aufbrechen der starren Fronten
- Aufklärungskampagnen
- praktikable Lösungen: Einrichtung von speziellen Raucherzonen, Ausweisung von Raucherabteilen in Restaurants, Zügen, Flugzeugen usw., Raucherpausen bei Busfahrten, Sitzungen oder Veranstaltungen
- Einschränkungen für Raucher in öffentlichen Gebäuden statt Totalverbot

 Aufgabe 28

Schlußteil

Damit der jetzt schon teilweise aggressive Streit zwischen Rauchern und Nichtrauchern nicht zu einem militanten Vorgehen ausartet, sollten möglichst rasch

193

Lösungen herbeigeführt werden, mit denen beide Gruppen leben können. Einseitige Maßnahmen verschärfen nur unnötig den bestehenden Konflikt und nützen letzten Endes niemandem. Etwas mehr Toleranz auf beiden Seiten ist deshalb gefragt.

 Aufgabe 29

Einleitung

- Christoph Drösser: "Happy Birthday, Mac!"
- kritischer Kommentar in Form eines Geburtstagsgrußes
- Quelle: Hamburger Wochenzeitschrift "Die Zeit", 4. 2. 1994
- Thema: Beurteilung des zehn Jahre alt gewordenen Macintosh-Computers

Der Macintosh-Computer feierte in diesem Jahr sein zehnjähriges Jubiläum. Mit einem kritischen Glückwunsch schaut Christoph Drösser in seinem sehr persönlich gehaltenen Kommentar "Happy Birthday, Mac!", der am 4. 2. 1994 in der "Zeit" veröffentlicht wurde, auf die Vergangenheit des in die Jahre gekommenen Personalcomputers zurück.

 Aufgabe 30

Inhaltlicher Aufbau

- Anlaß: zehnjähriges Bestehen des Macintosh-Computers am 24. 1. 1994
- Lobrede: positive persönliche Erfahrungen des Autors im Umgang mit diesem Computer (Computer mit Persönlichkeit, Spaß bei der Arbeit, Bedienung mit der Maus, leichter Zugang, vielfältige Nutzungsmöglichkeit)
- Erläuterung der Nachteile (nicht der beste Computer, zu hoher Preis, Wettlauf mit der Konkurrenz – Folge: nachteilige Änderungen)
- Bewertung des Computers von heute (zu große Anpassung an die Konkurrenz, Verlust des eigenständigen Profils, technisch nüchterne Namen, kompliziert gewordene Bedienung, Weiterentwicklung des ausgezeichneten Betriebssystems durch andere)
- Sorge und Warnung (zu enge Zusammenarbeit mit den Buchhaltern, Erwartung eines neuen Computers im Frühjahr, Risiko des weiteren Verlusts von Eigenheiten)

Textsorte

Kommentar (mit direkter Anrede an den Computer)

Zielgruppe

Computerfreunde, aber auch über die Fachleute hinausgehendes Publikum

 Aufgabe 31

Sprachliche Mittel

Satzbau:
- vorwiegend Parataxe
- Aussagesätze
- Frage und Aufforderungssatz am Ende des Textes
- Ellipsen ("Der erste, der …", Z. 3; "Zweimal klicken …", Z. 14; "Erinnerungsstücke", Z. 23; "Natürlich viel besser …", Z. 33)
- viele Parenthesen (Ergänzungen in Klammern, Z. 6, 8, 12)
- sparsame Verwendung von Fremdwörtern

Intention:
leichte Lesbarkeit des Textes, allgemein verständlich, Mischung aus Umgangssprache und leicht dosierter Fachsprache – unterhaltsamer Rückblick

Rhetorische Figuren

- direkte Anrede des Computers (du – "du Anarcho")
- Personifikationen (Computer lassen jemanden an sich heran, lächeln, zeigen Gefühle, machen im Wettrüsten mit, werden alt, haben Familie, gehen Ehen ein, bekommen Nachwuchs und haben einen Charakter.)
- zahlreiche Metaphern (mit einem lächelnden Selbstporträt prüfen, Ehe eingehen, Computergeneration, Apothekerpreise, Bombe zeigen usw.)
- saloppe bildhafte Umgangssprache (Monatseinkommen hinblättern, in die Jahre gekommen, Konkurrenz hat nicht geschlafen, abkupfern)
- Slogan (der erste Computer mit Persönlichkeit)
- Superlative (der erste, nie der beste und nicht der billigste)
- Antagonismen (deine Konkurrenten – du; von Künstlern entworfen – von Beamten entworfen)

- Fachbegriffe (Maus, graphische Benutzeroberfläche, digitale Fliege, klicken, RAM, Megahertz, Betriebssystem)
- Anglizismen/englische Begriffe (user, allocated memory size, Personal Computer)

Intention:
Hervorhebung der besonderen Qualitäten des Computers, Veranschaulichung seiner Einzigartigkeit, Verdeutlichung der engen Gefühlsbindung zwischen Computer und Benutzer (Autor)

 Aufgabe 32

Formale Merkmale

- kleine Überschrift: direkte Anrede, Angabe des Themas
- fettgedruckter Titel: salopper, gefühlsbetonter Geburtstagswunsch in Englisch – amerikanische Computerfirma
- übersichtlicher, klar gegliederter Aufbau des Textes: Abschnitte entsprechen dem Gedankengang (Lob – Kritik – Bewertung – sorgenvolles Fazit)
- kursiv gedruckte Begriffe (Hervorhebung: Computerfachsprache)

 Aufgabe 33

Wirkung des Textes

- feierlich lässige Danksagung an ein technisches Gerät
- ausgewogene Beurteilung des zehn Jahre alten Macintosh-Computers
- Spaß des Autors beim Umgang mit dem Computer überträgt sich auf den Leser (amüsanter Stil des Autors, spürbare Zuneigung und Dankbarkeit des Verfassers gegenüber dem Computer)
- kritische Beleuchtung der Vergangenheit, Gegenwart und Zukunft des von C. Drösser verehrten PC
- sachliche und persönliche Bestandsaufnahme zugleich (erhöhte Glaubwürdigkeit)

Mögliche Reaktion der Zielgruppe

– Zustimmung aufgrund ähnlicher Erfahrungen und vergleichbarer Einschätzung
– Abtun als Gefühlsduselei des Autors
– amüsante Lektüre, rückblickende Unterhaltung

 Aufgabe 34

Wolfgang Hildesheimer (1916 – 1991), vielseitig begabter Künstler und Schriftsteller jüdischer Herkunft, geboren in Hamburg, lebte in Palästina (Emigration im Dritten Reich), Bayern und in der Schweiz (1957 – 1991).

Hildesheimer wurde mit der Satirensammlung "Lieblose Legenden" (darin auch "Eine größere Anschaffung") 1952 bekannt. Es folgten Hörspiele, Dramen, Romane ("Tynset", 1965) und eine Biographie über Mozart (1977). Aufsehen erregte die erfundene Lebensgeschichte des englischen Edelmanns Marbot (1981). Aus Resignation zog sich der Autor, der für sein Werk zahlreiche Preise und Auszeichnungen (z. B. den Georg-Büchner-Preis 1966) erhalten hatte, 1984 aus dem Literaturbetrieb zurück. Hildesheimer gilt als Skeptiker und "Melancholiker mit Humor".

Einleitung

– Autor: Wolfgang Hildesheimer (1916 – 1991), erfolgreicher Autor von Romanen und satirischen Erzählungen
– Text: Satire /Kurzgeschichte "Eine größere Anschaffung"
– Thema: ungewöhnlicher Kauf einer Lokomotive
– Ort, Zeit, Personen: Dorfwirtshaus, Abend, gutmütiger Erzähler – Mann

In seinen Romanen und Erzählungen hat sich der erfolgreiche Schriftsteller Wolfgang Hildesheimer (1916 – 1991) mit ungewöhnlichen Vorfällen auf ironische Weise auseinandergesetzt. Die satirische Kurzgeschichte "Eine größere Anschaffung" beschreibt sogar den Kauf einer Lokomotive durch einen Privatmann, denn eines Abends läßt sich der gutmütige Erzähler in einem Dorfwirtshaus von einem fremden Mann zu diesem seltsamen Geschäft überreden.

197

Aufgabe 35

Handlungsschritte der Kurzgeschichte

- Angebot eines Mannes an den Erzähler zum Erwerb einer Lokomotive
- vorsichtige, aber interessante Nachfragen des Erzählers – ausführliche Informationen des Verkäufers
- Bestellung der Lokomotive durch den Erzähler
- Lieferung der Lokomotive in derselben Nacht, Unterbringung in der Garage
- Besuch des unsympathischen Vetters: Unbehagen des Erzählers, Absicht des Vetters zu übernachten
- Entsetzen des Vetters über die Lokomotive in der Garage und die sonderbaren Verhaltensweisen des Erzählers (erfundene Fahrten mit der Lokomotive)
- schnelle Abreise des verwirrten Vetters
- Zeitungsmeldung über den Verlust einer Lokomotive bei den französischen Staatsbahnen
- Erkenntnis des Erzählers: Opfer eines kriminellen Vorgangs
- erneutes Angebot des Mannes zum Kauf eines Krans
- Ablehnung des vorsichtig gewordenen Erzählers: Frage nach dem Nutzen eines Krans

 Aufgabe 36

Schlußteil

Inhalt:
- Mitschuld des Erzählers an einer kriminellen Handlung
- scheinbare Heilung des Erzählers durch einen Erfahrungsprozeß
- Verdeutlichung der absurden Folgen der Gutmütigkeit
- Frage nach dem Zweck von Anschaffungen
- Problematisierung des heutigen Kauf- und Konsumverhaltens
- Mißverhältnis zwischen unsinnigen Aktionen und ernsthaftem Nachdenken

Form:
- inhaltlich geschlossene Handlung (Angebot am Anfang und am Ende: Lokomotive – Kran)
- Deutung des harmlos anmutenden Titels
- Wechsel von Bericht, Dialogen und Reflexionen

Sprache:
- ironische Darstellung
- um Verständnis bei dem Leser werbende Erklärungen des Erzählers

 Aufgabe 37

Friedrich Schiller: Die Teilung der Erde (Gliederung einer Inhaltsangabe)

Einleitung:
- Friedrich Schiller (1759 – 1805), Dramatiker der Weimarer Klassik und Verfasser zahlreicher bekannter Balladen ("Die Bürgschaft", "Der Taucher", "Die Kraniche des Ibykus")
- Ballade "Die Teilung der Erde" (1795)
- Thema: Die Stellung des Dichters in der Welt
- Aufteilung der Erde: Zeus – Poet

Hauptteil:
- Aufteilung der Welt durch Zeus – Bedingung: brüderliche Teilung
- Einrichtung der Menschen und der Berufsgruppen auf der Erde
- verspätete Ankunft des Poeten nach vollzogener Teilung
- Klage des Dichters vor Zeus: Kein Anteil für treue Dienste?
- Vorwurf des Gottes an den Dichter
- Rechtfertigung des Poeten: Anwesenheit bei Zeus während der Erbaufteilung
- Ratlosigkeit und Lösung des Zeus: Belohnung des Dichters durch freien Zugang zum Himmel

Schluß:
- Frage nach dem Wert der Dichtkunst
- Aufgabe des Dichters: Lobpreis des Göttlichen, Befreiung von irdischen Fesseln, Phantasie
- Rangfolge der Berufe: Erhabenheit der Dichtung durch ihre göttliche Natur und ihre Götternähe

- Freiheit des Dichters, Streben nach ideellen Werten
- Kritik an der Unfreiheit und irdischen Gebundenheit der anderen Berufe (Fixierung auf materielle Werte, Besitzgier, Abgrenzung der Interessen)

 Aufgabe 38

Einleitung:

Der aus Schlesien stammende Adlige Joseph von Eichendorff (1788–1857) galt als der berühmteste und typischste Vertreter der deutschen Romantik. In seinen Gedichten, Novellen ("Das Marmorbild", "Das Schloß Dürande") und Romanen ("Ahnung und Gegenwart") verklärte er die Schönheit der Natur und beschrieb den in Gottes Schöpfung geborgenen romantischen Menschen. Diese religiöse Grundhaltung kommt besonders in dem Gedicht "Wem Gott will rechte Gunst erweisen" zum Ausdruck, das in Eichendorffs wohl bekanntester Erzählung "Aus dem Leben eines Taugenichts" 1826 veröffentlicht wurde und schon früh zu einem der beliebtesten deutschen Volkslieder geworden ist.

 Aufgabe 39

Formanalyse

- vier Strophen zu je vier Zeilen
- regelmäßiger, durchgehender Rhythmus: vierhebiger Jambus
- Kreuzreime abab: Männliche (a) und weibliche (b) Endreime wechseln sich beständig ab.

Zusammenhang Aufbau – Inhalt

- Die regelmäßige Form des Gedichts spiegelt die Harmonie der Schöpfung Gottes wider.
- Die ersten beiden Strophen thematisieren allgemeine Zustände und Verhaltensweisen (erste Strophe: Gottes Wille, Verhältnis zu seinen Kreaturen – zweite Strophe: das öde Schicksal der Trägen, kein Naturerlebnis), während die letzten zwei Strophen das lyrische Ich zu Wort kommen lassen (dritte Strophe: Naturbegeisterung – vierte Strophe: Gottvertrauen).

- Spiegelbildliche Zuordnung der ersten und vierten Strophe (Gottes Walten in der Natur) sowie der zweiten und dritten Strophe (Gegensatz zwischen den faulen, unbegnadeten Menschen und dem dankbaren, begeisterungsfähigen Wanderer).

 Aufgabe 40

Sprachanalyse

- Satzbau: Mischung aus Parataxe (unkompliziertes Naturerlebnis) und Hypotaxe (Erläuterung von Gottes Absichten)
- überwiegend Aussagesätze (Beschreibung der idyllischen Welt)
- rhetorische Frage in Strophe 3 (Ausdruck der Lebensfreude)
- Ausrufesatz am Ende (Gewißheit über Geborgenheit in Gottes Schöpfung)
- mehrere Alliterationen: Gott – Gunst, "weite Welt", "will Wunder weisen", Bächlein – Bergen, Lerchen – Lust, "aufs best' bestellt" (Ausdruck der Weltharmonie)
- Aufzählungen mit und ohne Konjunktion: "Feld und Wald und Strom und Feld", "Bächlein, Lerchen, Wald und Feld" (reichhaltige Welt) – Kinderwiegen, Sorgen, Last und Not um Brot (Problemhäufung bei den unbegnadeten Menschen)
- Antithesen: weite Welt – zu Hause (Gegensätze in der Lebensweise), von den Bergen kommende Bäche – hinauffliegende Lerchen, Erde und Himmel (den ganzen Kosmos umfassende Daseinsfreude)
- Lautmalerei: springen, schwirren (belebte Natur)
- verkürzte Wörter durch Weglassung eines Buchstabens (Elisionen): sollt' ich, aus voller Kehl', Erd' und Himmel, mein Sach' aufs best' bestellt (umgangssprachliche, volksliedhafte Darstellung – Schlichtheit, kindlicher Glaube des lyrischen Ichs)

 Aufgabe 41

Inhaltliche Besonderheiten

- Gottes Wille, dem Menschen seine Wunder in der Natur zu offenbaren
- Voraussetzung: Offenheit des Menschen, Erlebnishunger, Überwindung der Trägheit

- Los der unaufgeschlossenen Menschen: Alltagssorgen, ständige Wiederholung der Tätigkeiten, Existenzprobleme, Ärger, Verborgenheit der Wunder Gottes
- grenzenloses Gottvertrauen des lyrischen Ichs: Lebenssicherheit, Naturbegeisterung und Glück als Belohnung
- Glaube an die Allmacht und die Güte Gottes
- Jubilieren des Menschen und der gesamten Natur bei der richtigen Lebenseinstellung

Epochenmerkmale der Romantik

- Sehnsucht nach der Ferne
- Wanderlust, Natureuphorie
- Verklärung der Natur: Morgenröte, jauchzende Tiere, lustig fließende Bäche
- Verachtung der "Philister" (beschränkt denkende, dem Materiellen verhaftete Menschen)
- Verherrlichung des lebensfreudigen, glücklichen und freien romantischen Menschen

 Aufgabe 42

Franz Kafka: Der Nachbar

Einleitung:
Franz Kafka, der von 1883 bis 1942 lebte, ist vor allem durch seine Romane "Amerika", "Der Prozeß" und "Das Schloß" berühmt geworden. In den Werken dieses deutschsprachigen Prager Schriftstellers jüdischer Herkunft stehen unsichere Menschen im Mittelpunkt, die sich von offenbar unbesiegbaren und allgegenwärtigen Mächten bedroht fühlen. Auch in der Kurzgeschichte "Der Nachbar" wird ein Geschäftsmann geschildert, der in einem jungen Mann einen ihm scheinbar hoch überlegenen Konkurrenten bekommen hat.

Hauptteil

Inhaltswiedergabe:
- erfolgreiche Arbeit des jungen Erzählers: eigenes Büro mit zwei angestellten Fräulein, geruhsames Leben, leichte Tätigkeit
- Versäumnis, die benachbarte Wohnung zu mieten – Reue
- Neujahr: junger Geschäftsmann mietet plötzlich die Wohnung
- Erkundigungen des Erzählers über seinen Nachbar: Name Harras, ähnliche Tätigkeit, kaum Informationen

- Verunsicherung des Erzählers: kein Kontakt zu dem eiligen Konkurrenten –
  Gefühl, am Telefon belauscht und ausgenützt zu werden
- Vorsichtsmaßnahmen des Erzählers beim Telefonieren – dennoch Angst und
  Hilflosigkeit

Interpretation

Formanalyse:
- Ich-Erzähler: Darstellung der Ereignisse aus der subjektiven Sicht des ängstlichen Erzählers
- unmittelbarer Beginn: Beschreibung der eigenen Geschäftswelt
- offenes Ende: Vermutungen über den Konkurrenten
- Aufbau: Informationen über eigenes Büro – Versäumnis – neue Lage durch
  Einzug des Nachbarn – Gefühlsleben des Erzählers
- Mitteilung von nur wenigen objektiven Sachverhalten – zunehmende Wiedergabe von Vermutungen, Ängsten und Wahnvorstellungen
- keine Bekanntgabe des eigenen Namens – dadurch Aufwertung des Nachbarn
  Harras

Sprachanalyse:
- überwiegend Parataxe (einfache Sachverhalte, rasche Abfolge der Ereignisse
  und Reflexionen des Erzählers)
- hauptsächlich Aussagesätze – zwei Fragesätze von zentraler Bedeutung ("... aber
  wozu hätte mir die Küche gedient?", Z. 10 – "Was macht Harras ...?", Z. 38)
- zahlreiche Einschübe (Erklärung für den Leser)
- viele Ellipsen: "Zwei Fräulein mit Schreibmaschinen ... Z. 1", "Die übliche
  Auskunft ...", Z. 18 usw. (hastige Schilderung zur Verdeutlichung der großen
  Lebensangst)
- Aufzählungen: "mein Zimmer mit Schreibtisch, Kasse, Beratungstisch, Klubsessel und Telephon" Z. 2 – "Zum Telephon laufen, die Wünsche des Kunden
  entgegennehmen, schwerwiegende Entschlüsse fassen ... Z. 41" (Veranschaulichung der Unruhe des Erzählers)
- Wiederholung: "Ich klage nicht, ich klage nicht.", Z. 5 (Entwertung der Aussage durch die anschließende Klagerede), huschen (unheimliche Schnelligkeit
  des Nachbarn)
- Vergleich: "Wie der Schwanz einer Ratte ist er hineingeglitten", Z. 22
  (Bekämpfung der eigenen Angst durch Herabwürdigung des Konkurrenten)
- Antithese: der ehrlich tätige Mann – der Unehrliche, Telephon – Kanapee,
  Z. 25, 40 (Verdeutlichung der Konkurrenzsituation)

Inhaltsanalyse:
- Störung des ruhigen Daseins des Erzählers durch unerwartete Konkurrenz
- Selbstdarstellung des Erzählers: Zufriedenheit, geregeltes Auskommen, geringes Alter – Passivität, Unsicherheit, Zögern, Unruhe, Sorgen, Angst vor beruflichem Abstieg
- Beschreibung des Nachbarn: geschäftstüchtig, entschlossen, schnell, jung, profitgierig, skrupellos (teilweise Projektion eigener Wünsche, Erkenntnis der eigenen Schwächen)
- negative Wertung des Nachbarn: stets eilige, vorbeihuschende Gestalt, Vergleich mit einem Rattenschwanz, geringe Intelligenz (merkwürdiger Gegensatz von entwürdigender Darstellung und eigener Angst)
- Minderwertigkeitskomplex, übermäßig ausgebildetes Unterlegenheitsgefühl, Verfolgungswahn (Selbstvorwürfe, Zweifel, Mutlosigkeit den Nachbarn anzusprechen, Wahnvorstellungen, übertriebene Sicherheitsvorkehrungen)
- Schilderung der anonymen, unerbittlichen Geschäftswelt: Hektik und Streß der modernen Gesellschaft, Nützlichkeitsdenken (Anmietung der Nachbarwohnung), Beziehungslosigkeit der selbstentfremdeten Menschen
- Gegensatz von früherem und jetzigem Zustand der Gesellschaft: Ruhe, Beschaulichkeit, Übersichtlichkeit – Schnelligkeit, Existenzangst, Bedrohung, Entfremdung

Schluß
- Gesellschaftsbild: Orientierungslosigkeit des modernen Menschen in der anonymen, unmenschlichen Geschäftswelt
- Biographie: Kafkas Leben als deutschsprachiger Jude in Prag (gesellschaftliche Minderheit), gespanntes Verhältnis zu seinem Vater (Konkurrenz)

 Aufgabe 43

Böll: Die verlorene Ehre der Katharina Blum

Formale und inhaltliche Merkmale:
- Textsorte: Erzählung
- durchgehender Text, in Abschnitte gegliedert
- Einteilung in Kapitel (hier Kapitel 3)
- Der allwissende, auktoriale Erzähler präsentiert seinen Bericht in der 3. Person Singular. Er zeigt sich sowohl über die Verhaltensweisen und Gedanken

seiner Hauptfigur als auch über die Taten und Gefühle seiner Nebenfiguren informiert.

– Der Erzähler berichtet von dem Geschehen um seine Hauptfigur Katharina Blum mit äußerster Genauigkeit (präzise Zeitangaben) und im allgemeinen objektiv (chronologische Schilderung des Tathergangs).

– deutliche Unterscheidung von Erzähler und Hauptfigur: Die Angaben Katharinas werden im Konjunktiv wiedergegeben. Zwei Begriffe sind als wörtliche Zitate ("abgeholt" und "lieber Ludwig") gekennzeichnet.

– manchmal wertendes Eingreifen des Erzählers: Mit allgemeinen Charakterisierungen (brutale Tatsachen, dramatische Entwicklung) kommentiert der Erzähler die Handlung, wobei er sich aber gegenüber seinen Figuren neutral verhält.

 Aufgabe 44

Lyrische Merkmale

Brecht: Böser Morgen

– strukturierter Text: Jede Zeile beginnt mit Großbuchstaben, auch wenn ein Satz lediglich weitergeführt wird.

– Einteilung in zwei völlig unterschiedliche Strophen: Die erste Strophe zählt acht Zeilen, wobei die fünfte aus nur einem Wort besteht, während die zweite Strophe lediglich zwei Zeilen umfaßt.

– modernes Gedicht: keine Reime, kein fester Rhythmus

– konzentrierte Sprache: In der ersten Hälfte weist das Gedicht kaum Verben auf. Die Natur wird in elliptischen Sätzen entworfen. Das Fragewort "Warum?" leitet die Suche nach der Verantwortung des Menschen ein. Bereits die Schilderung der Landschaft wird in personifizierter Form (Schönheit, alte Vettel, eitel) vorgenommen.

– Das lyrische Ich beschreibt zunächst eine ruinierte Landschaft (Silberpappel, See), und es gibt danach einen eigenen Alptraum wieder, der einen Zusammenhang zwischen der Naturzerstörung und dem schlechten Gewissen des Träumers herstellt. In den zwei Schlußzeilen wird die paradoxe Lage des lyrischen Ichs formuliert, das auf die Anklagen der Arbeiter mit einer Unschuldsbeteuerung reagiert, obwohl es sich seiner Schuld durchaus bewußt ist.

Brecht: Ach, nur der flüchtige Blick

– strukturierter Text: Großbuchstaben am Zeilenanfang, Gliederung durch Zeilen statt durch Kommas, keine durchgehenden Zeilen
– Gedicht in traditioneller Form
– Einteilung in drei Strophen zu je vier Zeilen
– Rhythmus: In den ersten beiden Strophen wechseln drei- und zweihebige Zeilen in regelmäßiger Folge. Die Schlußstrophe enthält durchgehend drei Betonungen pro Zeile.
– Reime: Alle drei Strophen enthalten Kreuzreime (abab).
– Die ersten beiden Strophen sind Zitate (Perspektivenwechsel: Mann – Frau), wobei jeweils eine Erfahrung in Ich-Form geschildert wird. Die dritte Strophe wird in der Wir-Form ohne Anführungszeichen wiedergegeben und wirkt so wie eine Synthese aus den zwei vorhergehenden Strophen.
– konzentrierte Sprache: Einige Sätze kommen ohne Personalpronomen aus, vor allem die Schlußstrophe verzichtet auf das "wir" am Satzanfang. Außerdem sind einige Wörter verkürzt (Vorübergehn, Hatt', unbesehn, End).
– Ein Mann und eine Frau schildern nacheinander in aller Kürze ein Beziehungsproblem, bevor sie in der Schlußstrophe zu einer gemeinsamen Erkenntnis gelangen. Zunächst stellt der Mann fest, daß ein anderer seiner Frau durch einen flüchtigen Blickkontakt nähergekommen ist. Daraufhin bestätigt diese, daß sie sich nur einen Moment mit dem anderen Mann verbunden fühlte, weil sie sich von ihrem Ehemann als zuwenig beachtet vorkam. Am Ende sehen beide Ehepartner ein, daß sie die ihnen zur Verfügung stehende Zeit nicht genutzt haben. Unmittelbar vor ihrer Trennung umarmen sie sich noch einmal, um damit ihre gegenseitige Verbundenheit auszudrücken.

 Aufgabe 45

Schiller: Don Carlos

Merkmale eines dramatischen Textes

Formale Gestaltungsmittel:
– Textsorte: Trauerspiel/Tragödie (Schillers Bezeichnung: "Ein dramatisches Gedicht")
– Strukturierung nach Äußerungen der Figuren und Regieanweisungen
– Einteilung in Akte und Szenen (bzw. Auftritte)

- Angabe des Schauplatzes ("Kabinett des Königs") sowie der Situation und der Verhaltensweisen der handelnden Figuren in den Regieanweisungen
- durch den Rhythmus festgelegte Zeilenlänge: fünfhebiger Jambus bzw. Blankvers (Merkmal des klassischen Theaters)

Inhaltliche Besonderheiten:
- Monolog des Königs im 8. Auftritt (König Philipp durchläuft in dieser Szene eine Krise. Er fragt sich, ob er wirklich Vater der Infantin Clara Eugenia ist. In der Rivalität mit seinem ungeliebten Sohn Carlos um die Königin zeigt Philipp in dieser Szene tiefgehende Selbstzweifel, zumal er die Frage nach seiner Vaterschaft auch nicht mit einem Spiegelbeweis eindeutig klären kann.)
- Dialog zwischen König Philipp und dem Grafen Lerma im 9. Auftritt (Lerma kündigt dem König die Ankunft seiner Gemahlin an. Obwohl Philipp in diesem Zusammentreffen das ihn beschäftigende Problem angehen könnte, will er einem Gespräch mit der Königin ausweichen. Aber dafür ist es nun zu spät. Der König muß sich der für ihn peinlichen Auseinandersetzung stellen.)

 Aufgabe 46

Epik

Storm: Der Schimmelreiter (Novelle), Fontane: Effi Briest (Roman), T. Mann: Die Buddenbrooks (Roman), Goethe: Wilhelm Meisters Lehrjahre (Bildungsroman), S. Lenz: Das Feuerschiff (Erzählung), Hesse: Der Steppenwolf (Roman), Grass: Die Blechtrommel (Roman), Böll: Es wird etwas geschehen (Kurzgeschichte / Satire), Kafka: Vor dem Gesetz (Parabel), Lessing: Der Rabe und der Fuchs (Fabel), Hebel: Der kluge Richter (Kalendergeschichte), Hauff: Das kalte Herz (Märchen), Walser: Ein fliehendes Pferd (Novelle)

Lyrik

Schiller: Die Bürgschaft (Ballade), Droste-Hülshoff: Die Vergeltung (Ballade), Schiller: An die Freude (Ode), Gryphius: Menschliches Elende (Sonett), P. Gerhardt: Nun ruhen alle Wälder (Kirchenlied), Mörike: Um Mitternacht (Gedicht), Uhland: Ich hatt' einen Kameraden (Gedicht / Lied)

Dramatik

Goethe: Egmont (Tragödie), Hebbel: Maria Magdalena (Tragödie / bürgerliches Trauerspiel), Kleist: Der zerbrochne Krug (Komödie / Lustspiel), Zuckmayer: Der

Hauptmann von Köpenick (Komödie), G. Eich: Träume (Hörspiel), Handke: Kaspar (Schauspiel/Stück), Dürrenmatt: Der Besuch der alten Dame (Tragikomödie)

 Aufgabe 47

Kriemhilds Handlungen und Motive

– Heirat mit Siegfried: Standesdenken
– Beleidigung und Demütigung Brunhilds: Stolz auf ihren Ehemann Siegfried, starkes Geltungsbedürfnis, Rivalität
– Information Hagens über Siegfrieds verwundbare Stelle: Vertrauen, (enttäuschte) Hoffnung auf Siegfrieds Schutz
– Heirat mit Etzel: Rachegedanken gegenüber Siegfrieds Mördern, Aussicht auf neue Macht und damit Umsetzung ihres Racheplans
– Einladung der Burgunder ins Hunnenland: Absicht, ihren lang gehegten Racheplan zu erfüllen
– Anstiftung zum Niederbrennen des Burgundersaals: Enttäuschung über die Ablehnung der Burgunder, Hagen auszuliefern; Rache wegen Hagens Untaten (Ermordung Siegfrieds und ihres Sohns Ortlieb, Raub des Nibelungenschatzes)
– Befehl zur Enthauptung ihres Bruders Gunther: Geldgier, Hoffnung auf Wiedererlangung des Schatzes
– Tötung Hagens: Zorn über Hagens Täuschung, Vergeltung

Kriemhilds Wertvorstellungen

Kriemhilds Mentalität ist durch ihre Herkunft als Schwester des Burgunderkönigs sowie durch ihre Position als Gattin des Königssohns Siegfried stark geprägt:

– Streben nach Überlegenheit und Macht
– hohes Standesbewußtsein, Stolz auf ihre Situation
– Charaktereigenschaften: Ehrgeiz, Eitelkeit, Unerbittlichkeit, Trotz, Habgier (Nibelungenschatz)
– Nach Siegfrieds Tod gilt ihre ganze Lebensplanung der Verwirklichung ihrer Rache. Selbst auf Opfer in der eigenen Familie nimmt sie keine Rücksicht. Sie ist sogar bereit, ihr eigenes Leben ganz in den Dienst dieses Racheplans zu stellen, indem sie aus Berechnung eine Heirat mit einem Ungeliebten eingeht.

– Sühne statt Versöhnung: Die Tötung Siegfrieds und Ortliebs kann nach Kriemhilds Ansicht nur mit einer neuen Bluttat vergolten werden.
– Der Ausgang der Geschichte zeigt, daß Kriemhilds Lebenshaltung zu Leid und Tod führt. Zwar gelingt die Rache, aber Kriemhild führt damit auch ihren eigenen Untergang herbei.

 Aufgabe 48

Gegensätze

Wunderdinge ↔ Tod, Not der Nibelungen
Freude und Festlichkeiten ↔ Weinen, Klagen, Leid und Tod
lobenswerte, kühne Ritter ↔ grausame, unbeherrschte Taten
Kriemhild: schöne, edle und tugendhafte Frau ↔ Verursacherin für den Tod vieler Helden
positive Beschreibung Kriemhilds in der Einleitung (Anlaß zur Hoffnung) ↔ negatives Ende der Königin

Heidnisch-germanische Denkweise

– Verehrung der mutigen Ritter, Verherrlichung ihrer Taten
– Kriemhilds Eigenschaften (Tugend, körperliche Schönheit) werden als musterhaft hervorgehoben.
– Die Helden werden bei ihren Aktionen von unbeherrschten Gefühlen geleitet.
– Schicksalsergebenheit: Die unerbittlichen Kämpfe und der Untergang vieler Streiter ist nicht zu vermeiden. Ohne innere Auflehnung fügen sich die Ritter in das ihnen vorherbestimmte Schicksal.

 Aufgabe 49

Parzivals Entwicklungsstufen

– Erziehung in Einsamkeit: Naivität, Unerfahrenheit
– Auszug in die Welt und erste Taten: Schuld (Tod der Mutter, Tötung eines Verwandten, Raub)
– Aufnahme in Artus' Tafelrunde: Ehrung als Ritter
– Befreiung Kondwiramurs: gute Tat, Ehe

– Erziehung durch Ritter Gurnemanz: Lebensformen der ritterlichen Gesellschaft
– Besuch auf der Gralsburg: Versagen, keine Mitleidsfrage
– Verfluchung durch Kundry: Aberkennung der Ritterehre, Auflehnung gegen Gott, unstetes Wanderleben
– Karfreitagserlebnis, geistliche Erziehung durch den Einsiedler Trevrizent: Schuldeingeständnis, Informationen über den Gral
– Sieg über den Artusritter Gawan: Wiederherstellung seiner Ehre
– erneuter Besuch auf der Gralsburg: Mitleidsfrage führt zur Heilung seines Oheims Amfortas, Erlangung der Gralskrone, Vereinigung mit Kondwiramur

Wolframs Ideal eines christlichen Ritters

Verbindung von weltlicher und geistlicher Erziehung;
Parzivals Entwicklung: Naivität/Schuld – Zweifel – höchstes Glück (saelde) gewundener Erziehungsprozeß mit Rückschlägen.
Nur der Erwerb von waffentechnischen Fähigkeiten, verbunden mit der Einweisung in eine fromme Lebensweise führen zur Vollendung. Der feste Wille Parzivals, sowohl den Gral als auch Gott zu suchen, sichert dem Ritter sein Heil. Christliche Tugenden (Nächstenliebe, Demut, Mitleid) müssen im Kampf mit den Gegnern und im menschlichen Miteinander ständig verwirklicht werden.

 Aufgabe 50

Extrempositionen menschlichen Daseins

schwarz: Zweifel an Gott und an sich selbst
          Zuchtlosigkeit (unstaete)

weiß: Mut, Unverzagtheit
          reine und feste Gedanken (staete)

Parzivals Aktionen

schwarz: Egoismus (Verlassen der Mutter)
          Brutalität und Rücksichtslosigkeit (Tötung, Raub)
          Mitleidlosigkeit (keine Mitleidsfrage)
          Zweifel an Gott (nach Kundrys Fluch)
          Ziellosigkeit (rastloses Wanderleben)

→ Parzival als naiver Tor, der aus Unwissenheit und ungezügeltem Tatendrang Schuld auf sich lädt

weiß: Streben nach Ehre (Aufnahme in Artus' Tafelrunde)
Kampfesmut (Befreiung Kondwiramurs, Sieg über Gawan)
Ausbildung zum Ritter (Waffentechnik, höfisches Benehmen)
geistliche Unterweisung
Einsicht in die eigene Schuld
Fürsorge, Mitleid mit Menschen (Mitleidsfrage)

→ Parzival als weiser, erfahrener Ritter, der aufgrund seiner Lebenserfahrung und seiner vielseitigen Bildung das richtige Maß einhält und besonnen handelt

 Aufgabe 51

Zeitlicher Hintergrund

Nach dem Unfalltod Kaiser Heinrichs VI. stritten Philipp von Schwaben und Otto IV. um das politische Erbe. Machtkämpfe und Unsicherheit prägten die Zeit.

Walther hebt in seinem Gedicht die Gewalt sowie die Unzuverlässigkeit der Menschen hervor. Friede und Rechtssicherheit sind nicht mehr gewährleistet. Daher kann man sich auch nicht mehr auf allgemein geltende Normen verlassen. Das Verlangen des Dichters nach einer Überwindung dieses lähmenden Zustands ist unüberhörbar.

Walthers Grundeinstellung

Der verantwortungsbewußte, nachdenkliche Dichter macht sich Sorgen über die politischen Gegebenheiten seiner Zeit. Er ist sich zwar sicher, daß die drei Aspekte Gottes Gnade, Ehre und Besitz (in dieser Reihenfolge) die wichtigsten Grundwerte menschlichen Daseins ausmachen, aber er weiß keinen Rat, wie man diesen zum Durchbruch verhelfen könnte.

 Aufgabe 52

Frauenbild

Reinmar (hohe Minne):
– Anrede: wîp (respektvolle Bezeichnung für eine Frau hohen Ranges)
– Eigenschaften: reiner, sanfter Name, Güte, Treue, verleiht hohen Mut

Walther (niedere Minne):
- Anrede: hêre frouwe (Bezeichnung für eine Frau niederen Ranges, aufgewertet durch das Adjektiv "hêre")
- Eigenschaften: Glücksempfinden durch sexuellen Genuß, Schamgefühl, Gottesfurcht

Beziehung Mann – Frau

Reinmar:
Der Mann preist die von ihm aus der Distanz verehrte Frau. Er begnügt sich mit seiner platonischen Liebe und freut sich auf den Augenblick, da ihn seine Angebetete beachtet. Mit seinem Lied ergreift zwar der Mann die Initiative, aber er bleibt in Abhängigkeit von der Reaktion der Frau.

Walther:
Die Frau fungiert hier als Erzählerin und bekennt sich stolz zu ihrem Liebesabenteuer in freier Natur. Zwar wird der Mann aktiv, indem er eine Lagerstätte aus Blumen bereitet und seine Geliebte tausendmal küßt, doch die Frau ist mehr als nur eine passive Dulderin. Ihr Erlebnis mit ihrem Liebhaber (friedel) erbrachte ihr sexuelle Erfüllung. Allerdings will sie das Geheimnis für sich bewahren und niemandem erzählen.

 Aufgabe 53

Inhalt des Gedichts

Gryphius beginnt sein Sonett mit der Feststellung, daß die Eitelkeit der Menschen überall anzutreffen ist. An zahlreichen Beispielen zeigt er, daß Dinge, die heute schön aussehen und für besonders wertvoll erachtet werden, schon morgen zunichte sein können. Auf der Erde kann es nach Meinung des Dichters nichts Beständiges geben. Deshalb drückt er auch sein Bedauern aus, daß die Menschen die Nichtigkeit des irdischen Daseins nicht durchschauen und das Ewige und Unvergängliche mißachten. Gryphius nimmt also in seinem Sonett eine Beschreibung des geistigen Zustands seiner Zeit vor, zeigt aber auch eine Lösung auf, nämlich das Streben nach ewigen Werten.

Hauptanliegen des Dichters

Gryphius will seinen Zeitgenossen die christliche Heilsbotschaft nahebringen. Die verblendeten Menschen sollen ihr nutzloses Streben nach materiellen Gütern aufgeben und ihre ganzen Aktivitäten den wahren Werten, ihrem Seelenheil, zuwenden. Durch die eindringliche Aufzählung von raschen Veränderungen weist Gryphius auf die Dringlichkeit einer fundamentalen Lebensveränderung hin.

 Aufgabe 54

Formale Mittel

– Sonett: zwei abgeschlossene Quartette und zwei durch einen Zeilensprung (Enjambement) miteinander verbundene Terzette
– Reime: umarmender Reim (abba) in den Quartetten
Schweifreim (ccdeed) in den Terzetten
– Rhythmus: regelmäßiger sechshebiger Jambus (Alexandriner)

Verknüpfung Form – Inhalt

– Quartette: Thematisierung der Vergänglichkeit
Veranschaulichung durch Beispiele
neutrale, objektive Darstellung (Anrede: du)
– Terzette: Bilanzierung und Schlußfolgerung
Frage nach dem Schicksal der Menschen
persönliche Wertung des Dichters (Seufzer "Ach", Klage über die Verblendung der Menschen)
– Reime: Verdeutlichung der Trennung zwischen Quartetten und Terzetten (zweiteiliger Aufbau des Sonetts: Beispiele – Frage nach dem Menschen)
– Rhythmus: einheitliches Klagelied
gleichbleibender Sachverhalt – unveränderliche negative Haltung der Menschen

Aufgabe 55

Rhetorische Mittel

- vorwiegend parataktischer Satzbau (nur wenige Relativsätze)
- Aussagesätze
- eine rhetorische Frage (im ersten Terzett)
- Antithesen: heute – morgen, Gegenwart (itzt) – Zukunft (bald, Futur)
  Blüte /Pracht – Zerstörung, eitel – ewig
- Aufzählungen: "kein Erz, kein Marmorstein", "als Schatten, Staub und Wind"
- Negationen: nichts, kein, nicht, Nichtigkeit
- Vergleiche: "wie ein Traum", "als eine Wiesenblum"
- Metaphern: das lachende Glück, donnernde Beschwerden

Weltbild der Barockzeit

- bipolares Denken: Erde (Diesseits) – Himmel (Jenseits) → Antithesen
- Prägung durch die Erfahrung des Dreißigjährigen Krieges: unmittelbare Zerstörung, rasches Vergehen, Unbeständigkeit der Materie, wechselhaftes Schicksal → Aufzählungen, → Negationen
- Predigtstil des Dichters: Ermahnung zur Veränderung des Lebensstils → Aussagesätze, → rhetorische Fragen, → Metaphern
- Botschaft: Memento mori (Mensch, bedenke, daß alles Schöne vergehen wird und daß du selbst bald sterben mußt!) → Antithesen, → Negationen
- Ablehnung der Haltung seiner Mitmenschen, die nach dem Motto "Carpe diem" (Nutze den Tag!) leben und nicht über ihre Genußsucht hinausdenken → Vergleiche, → Schlußsatz (Fazit)

 Aufgabe 56

Zeitlicher Hintergrund

Entstehung 1636 (18. Jahr des Krieges: dreimal sechs Jahr)
1622 gab es eine Hungersnot in Straßburg

Form:
- Sonett: 2 Quartette + 2 Terzette
  Zeilensprung (Enjambement) zwischen Quartett und Terzett

- Reime: umarmender Reim (abba) in den Quartetten
  Schweifreim (ccdeed) in den Terzetten
- Rhythmus: regelmäßiger sechshebiger Jambus (Alexandriner)

Sprache:
- vorwiegend Parataxe
- Aussagesätze
- Aufzählungen (Kirchen, Starke, Jungfraun – "Feur, Pest, Mord und Tod")
- Metaphern ("rasende Posaun", "donnernde Kartaun", gestorbene Tugend, rinnendes frisches Blut, Seelenschatz usw.)
- Klimax /Steigerung ("nunmehr ganz, ja mehr als ganz verdorben")
- Vokabular der Zerstörung und Vernichtung (verdorben, hinweg, gestorben, verheert, umgehaun, geschändet – Leichen, Tod, Mord, Feuer, Pest, Hungersnot)
- Antithesen (hinweg – erworben, Redlichkeit und Tugend – Zerstörung und Tod, hier – dort)
- Personalpronomen: wir – du (Straßburg) – ich

Inhalt:
- Klagelied
- Bilanzierung der Folgen des Dreißigjährigen Krieges im 18. Jahr
- Vernichtung von materiellen und ideellen Werten
- Verzweiflung und Trostlosigkeit: kein Friede in Sicht
- Verderben des Volkes aus weltlicher und geistlicher Sicht
- Die erste Zeile gibt das Thema des ganzen Gedichts an. Das dramatische Ausmaß der Kriegseinwirkungen und damit einhergehend das Entsetzen des Dichters wird aber erst in der Schlußzeile erkennbar. Die Menschen sind dabei, sogar das wertvollste Gut, ihren "Seelenschatz", zu verlieren.

Intention:
Die düstere Beschreibung des Zustandes in Deutschland soll die Menschen aufrütteln. Nachdem die Städte verwüstet und unzählige Bürger dem Tod zum Opfer gefallen sind, erfolgt nun das endgültige Verderben des Volkes. Dadurch daß viele ihr Seelenheil aufgeben, verzichten sie auf ihre letzte Hoffnung, nämlich auf ein erfülltes Leben im Jenseits.
Das Entsetzen des Dichters über diese ungeheure Steigerung der Kriegsfolgen lähmt zunächst seine Zunge, läßt ihn schließlich aber doch seine grauenhafte Beobachtung aussprechen. Gryphius' melancholisches Zeitgemälde verweist auch in diesem Sonett auf den Gegensatz zwischen Diesseits und Jenseits. Wäh-

rend er aber in seinem Gedicht "Es ist alles eitel" beklagt, daß die Menschen ihr Seelenheil nicht erkennen, muß er in diesem Sonett feststellen, daß sich seine Zeitgenossen sogar ihre Heilshoffnung nehmen lassen.

 Aufgabe 57

Von Anfang an wechseln sich im Leben des Simplicius gute und schlechte Erlebnisse ab und werfen ihn so im Leben hin und her, bis er am Ende die Konsequenz zieht und Einsiedler wird.

Negative Erfahrungen	Positive Erfahrungen
Zerstörung des Elternhauses	Erziehung bei einem Einsiedler
Tod des Einsiedlers	spielerische Entlarvung der Offiziere
Leiden als Narr	lebenslange Freundschaft mit Herz-
Entführung durch Kroaten	bruder
Feindschaft mit Olivier	Ruhm und Reichtum als "Jäger von
Augenzeuge von Belagerungen	Soest"
(Magdeburg)	Kavalierserfolge in Paris
und Schlachten (Wittstock)	Macht des Gebets
Krankheit und Elend	Abenteuer in der Welt, Reisen
moralische Verwahrlosung	
Schiffbruch und Landung auf einer	
einsamen Insel	

Grimmelshausens Idealbild des Menschen

Als junger Mensch jagt Simplicius den Verlockungen des Lebens nach, ohne an der Launenhaftigkeit des Glücks allzu lange zu verzweifeln. Erst aus der Fülle seiner Lebenserfahrungen, verbunden mit unzähligen Enttäuschungen und Niederlagen, zieht der gealterte Held den Schluß, daß nur ein gottgefälliges Leben zum Ziel führt.
Die christliche Unterweisung durch den Einsiedler dient dabei als Richtschnur seines Handelns. Aufgrund dieses mehr oder weniger verschütteten Wissens empfindet der Held bei seinen Taten auch immer wieder Reue, die jedoch nur kurze Zeit anhält. Die wachsende Erkenntnis, daß die unbeständige Welt nicht halten kann, was sie verspricht, führt den Erzähler schließlich zur Abkehr vom irdischen Dasein.

Aufgabe 58

Aussagen des Erzählers über seine Abstammung und seine Heimat

Fantasie – Realität:
- edle Herkunft (Fürst als Vater) – niedere Abstammung (Vater: Bauer im Spessart)
- Geburtshaus: Palast – ärmliches, verrußtes Bauernhaus
- prächtige Ausstattung des Schlosses (Stolz auf Einzigartigkeit und Tradition, Geringschätzung der normalen Baumaterialien eines Schlosses) – einfache Hausausstattung als Produkt des Mangels und Verfalls (Lehm, Strohdach, Eichenholz, rauchgeschwärzte Zimmer, Spinngewebe, keine Fenster)
- Vater zeichnet sich durch Adel und Reichtum aus – Knan war ein grober Bauer
- standesgemäßes Adelsleben (Pagen, Lakaien, Stallknecht) – Bauernstand ("Schaf, Böcke und Säu")
- Rüst- und Harnischkammer – Scheuer (Pflüge, Äxte, Mistgabeln)
- waffentechnische Übungen, Militärwesen, Turniere und adliges Vergnügen – Bauernalltag (Hacken, Reiten, Ochsen anspannen, Mist ausführen, Stall ausmisten)

Selbstverständnis der Erzählerrolle:
Der Erzähler schildert zwar mit vielen Details sein bäuerliches Elternhaus, aber mit Hilfe von schönfärberischen Umschreibungen wird diese bescheidene Umgebung augenzwinkernd aufgewertet. Außerdem grenzt er sich von seiner Erzählhaltung her gegen seine Zeitgenossen ab und untermauert somit seinen Rang als besonderer Chronist.

Angewandte Methoden:
- indirekte Ermahnung an das mögliche Ende der Zeit (Z. 1)
- Distanzierung von Hochstaplern und Angebern ("närrische Leute" Z. 14)
- Selbststilisierung: Bescheidenheit, Wahrheitsliebe, Realitätssinn (Z. 14 ff.)
- paradoxe Vorgehensweise: ausführliche Darstellung seiner Herkunft – angebliches Streben nach Knappheit ("um geliebter Kürze willen" Z. 60)

Mit Wortwitz und ironischer Distanz füllt der Erzähler seine Funktion aus. Er spielt mit dem Leser, appelliert aber auch gleichzeitig an seine Intelligenz.

Aufgabe 59

Beurteilung der Welt

- Der Erzähler verflucht die Welt wegen ihres verderblichen Einflusses auf die Menschen.
- Die Welt verführt die Menschen zu sündhaftem Tun. Dadurch verlieren diese die Bindung zu Gott und die Beziehung zu sich selbst.
- Die Welt nimmt nur den Körper des Menschen auf (auch nach dem Tod), aber Gott empfängt die Seele.
- Die Welt gaukelt den Menschen das Glück nur vor. In Wirklichkeit begeht sie ständig eine arglistige Täuschung ("o arge böse Welt" Z. 7).

Motive des Erzählers für das Leben als Einsiedler

- Einsicht in die Vergänglichkeit des irdischen Glücks
- Rückkehr zu Gott und zu sich selbst
- Überwindung der Welt mit ihren verlockenden Angeboten
- Suche nach der Gnade Gottes, Verlangen nach einem seligen Ende
- Rückkehr zum eigenen Ursprung (Heimat Spessart, vorbildhaftes Leben seines Vaters, des Einsiedlers)

Typische Merkmale des Barockzeitalters

- Polarität des Lebens: Vergänglichkeit (Leib) – Ewigkeit (Seele)
- apokalyptische Vorstellungswelt: Jüngstes Gericht (Auferstehung – Höllenbrand)
- Weg des Menschen zwischen irdischen Verlockungen und dem Streben nach seinem Seelenheil
- Klagelied über die unbeständige Welt (Wiederholungen)
- Umkehr nach vorherigem Nachdenken und selbstkritischer Lebensanalyse
- Ziel des Menschen: Entscheidung für ein gottgefälliges Leben

 Aufgabe 60

Der Prinz als despotischer Herrscher

- Willkür: Vergabe von Vergünstigungen nach Laune (Bittschrift der Emilia Bruneschi), Unterzeichnung von Todesurteilen ohne Nachdenken, Verfügung über seine Untertanen

- Intrigen: Auftrag an Graf Appiani, Entführung Emilias, Täuschung der Galottis
- Vergnügungssucht: Feste, Ausfahrten, Liebesabenteuer
- Prunkentfaltung: Leben im Luxus, Verschwendung von Staatsgeldern
- Schuldzuweisungen an andere: Verurteilung und Entlassung Marinellis
- Mätressenwesen: Gräfin Orsina (soll durch die neue Geliebte Emilia Galotti ersetzt werden)
- Mäzenatentum/Kunstförderung: Aufträge an den Maler Conti, Dankbarkeit des Fürsten je nach Laune
- standesorientierte Heiratspolitik: Werben um die Tochter des Fürsten von Massa

Kritik der Aufklärung am absolutistischen Staatswesen

- Gewaltherrschaft, inhumane Praktiken
- Verachtung der Menschenrechte
- Egoismus einiger weniger auf Kosten der Bürger
- Nichteinhaltung der allgemeinen sittlichen Grundregeln
- Unterdrückung der Untertanen
- Ruin der Staatsfinanzen

 Aufgabe 61

Lebensweise der Galottis

- Odoardo: zurückgezogenes Leben auf dem Land, bescheiden, ruhig, bedächtig, Versorgung der Familie
- Emilia: Leben in der Stadt, lebhaft, emotional, modebewußt, eitel, aufstiegsorientiert, Traum vom erfüllten Leben

Moralische Maßstäbe der Galottis

- Anstand, Tugendhaftigkeit: Einhaltung allgemeiner sittlicher Regeln
- Respekt gegenüber der Obrigkeit
- Stolz auf eigene Leistung, Aufrechterhaltung der Familienehre
- Frömmigkeit: regelmäßiger Besuch der Messe, Gebete
- Streben nach dem persönlichen Glück: Liebesheirat Emilias

Merkmale des Bürgertums

- Aufrichtigkeit, Offenheit
- geregeltes Familienleben: Vater als fürsorgliches Oberhaupt der Familie, Frau und Tochter als gehorsame Familienmitglieder
- moralische Härte gegen sich selbst
- Opferbereitschaft
- Kirchentreue, Respektierung der Traditionen
- Sparsamkeit, Verzicht
- Zuverlässigkeit

Merkmale der höfischen Gesellschaft

- Egoismus
- Genußsucht, Liebe zu Prunk und Selbstdarstellung
- Unberechenbarkeit, Wankelmütigkeit, Willkür
- unmoralisches Handeln, Treulosigkeit
- Verantwortungslosigkeit
- Skrupellosigkeit, Nützlichkeitsdenken

 Aufgabe 62

Motive der beiden Figuren

Odoardo Galotti:
- Rechtfertigung seiner Tat (Tochter als Zeugin)
- Übernahme der vollen Verantwortung
- provozierende Fragen an den Prinz wegen verletztem Stolz und Empörung
- Aufforderung an den Prinzen zur Anklage gegen ihn
- Ablehnung des Prinzen als (letzte) juristische Instanz
- Verweis auf das Jüngste Gericht: Demonstration seiner christlichen Grundüberzegung

Prinz:
- Entsetzen über Odoardos Bluttat
- Erkenntnis über entgangenes Vergnügen (Liebesverhältnis mit Emilia)
- Ablehnung der eigenen Verantwortung, Beschuldigung anderer (Odoardo, Marinelli)
- innerer Konflikt: Frage nach Schuld und Bestrafung

- Selbstrechtfertigung: Selbsteinschätzung des Prinzen als Opfer von Marinellis Verführung
- Verbannung Marinellis vom Hof (Urteil: Marinelli als alleinverantwortlicher Sündenbock)
- Selbstmitleid: Fürsten als unglückliche Menschen, die niemandem trauen dürfen

Verhältnis zwischen Bürgertum (Odoardo) und Adel (Prinz)

- politische Überlegenheit des Adels (Provokationen des Prinzen)
- Willkürherrschaft des Adels, Machtmißbrauch gegen die Bürger
- Aufbegehren des Bürgertums gegen die absoluten Machtansprüche des Adels
- Demonstration der moralischen Festigkeit des Bürgertums
- Selbstbestrafung des Bürgertums infolge politischer Ohnmacht
- Hoffnung des Bürgertums auf eine Gerechtigkeit im Jenseits

 Aufgabe 63

Fehler der Religionen

- Fanatismus (Patriarch schreckt zugunsten des Christentums selbst vor Gewalt und Hinterlist nicht zurück)
- Vorurteile (Saladin und Sittah schreiben dem Christentum nur Untaten zu.)
- Aberglaube (Daja und Recha glauben an Wunder und an die Existenz von Engeln.)
- Engstirnigkeit (Der Tempelherr will das Haus eines Juden nicht betreten.)
- Gewissensqual (Daja leidet darunter, daß die Christin Recha nicht ihrer Religion gemäß erzogen wird.)
- Überheblichkeit, Arroganz (Der Sultan glaubt, im Besitz der einzig richtigen Religion zu sein. Auch der Patriarch, der Tempelherr und Daja schauen mit Verachtung auf die anderen Konfessionen herunter.)
- Gewalt, Kriege (Die Ritter wollen Jerusalem gewaltsam zurückerobern. Auch der Sultan rüstet zum Krieg gegen die Christen.)

Kritik der Aufklärung an diesen negativen Begleiterscheinungen

- Religionen setzen zu sehr auf das Gefühl und zu wenig auf die Vernunft.
- Intoleranz: Andere Religionen werden nicht respektiert, sondern verachtet.

– Verletzung der Humanität: Die Religionen gehen unmenschlich miteinander um.
– Widerspruch zwischen Lehre und Verhalten: Die Vertreter der Religionen halten sich nicht an eigene Vorgaben (z. B. christliche Nächstenliebe, Friedensgebot).
– Starre Glaubenssätze sind wichtiger als menschliches Handeln.

 Aufgabe 64

Negative Darstellung des Christentums

– Patriarch: skrupelloser Machtpolitiker, hinterhältig, intolerant, Verächter der Vernunft, gnadenlos, protzendes Auftreten in kostbarer Kleidung
– Tempelherr: Vorurteil gegen Juden, starrsinnig
– Klosterbruder: naiver Befehlsempfänger
– Daja: abergläubische Fanatikerin, plaudert Geheimnisse aus, bringt ihren Herrn durch ihr emotionales Handeln in Lebensgefahr
– Christen töteten Nathans Familie (seine Frau und seine sieben Söhne)

Positive Darstellung des Christentums

– Tempelherr: Christentum der Tat (spontane Rettung Rechas ohne Ansehung ihrer Herkunft und Religion), Überwindung von Vorurteilen (Bereitschaft, die "Jüdin" Recha zu heiraten), Ablehnung des Spionage- und Mordauftrags
– Klosterbruder: Menschlichkeit statt ideologischer Verbohrtheit (Er überbrachte dem Juden Nathan ein Christenkind zur Pflege. Er distanziert sich von den heimtückischen Absichten des Patriarchen. Er warnt Nathan vor den Nachstellungen des Patriarchen.)

Fazit

Lessing kritisierte das Christentum stärker als die anderen Religionen, weil er sein Schauspiel als "Kampfschrift" gegen seine Gegner um den Hauptpastor Goeze entwerfen wollte. Es ging ihm darum, den Christen in Europa Toleranz gegenüber den anderen Konfessionen beizubringen. Das Judentum wurde verschont, denn die Juden waren im Deutschland des 18. Jahrhunderts vielen Vorurteilen ausgesetzt und besaßen als religiöse Minderheit nicht die vollen Bürgerrechte.

Aufgabe 65

Nathans Motive, dem Sultan eine Geschichte zu erzählen

- Nathan weiß, daß er dem Sultan auf seine Frage nach der richtigen Religion nicht direkt antworten kann. Würde er eine Konfession herausheben, würde er den Sultan beleidigen oder müßte sich selbst die Frage gefallen lassen, warum er noch Jude sei, wenn er eine andere Religion vorziehe.
- Eine Geschichte ist vieldeutig und erlaubt daher Nathan die Umgehung des Konflikts. Die Ringparabel ist also auch eine diplomatische Lösung.
- Das Erzählen von Geschichten hat im Orient eine große Tradition. Nathan darf also mit der gespannten Aufmerksamkeit des Sultans rechnen.

Problematik der Ringparabel

- Vater als Ahnherr – Gott als Bezugspunkt der drei Religionen
- drei Söhne – Vertreter (Gläubige) der drei Konfessionen
- drei Ringe – die drei Religionen Judentum, Christentum und Islam
- ein echter Ring und zwei Imitationen – Frage: Gibt es doch eine wahre Religion, z. B. das Judentum als die ursprünglichste?
- Goldschmied – Wer "fertigte" die beiden anderen Religionen an?
- Richter – Wer entscheidet über die wahre Religion?
- Wirkung des Rings – Positive und negative Folgen gibt/gab es in allen drei Religionen. Kann sich überhaupt eine Religion als die bessere durchsetzen? Woran würde man diese Qualität erkennen, und wer würde darüber (objektiv) urteilen?

 Aufgabe 66

Umarmungsszene: Verhältnis der drei Religionen

- Die drei Religionen Judentum, Christentum und Islam haben gemeinsame Wurzeln. Anstatt die Unterschiede zu betonen, kann man auch die Gemeinsamkeiten herausstellen (z. B. Glaube an einen Gott, Hoffnung auf einen Erlöser, Gebote, heiliges Buch als Grundlage der Lehre: Altes und Neues Testament, Koran).
- Die drei Religionen sind durch die Geschichte schicksalhaft aneinandergekettet. Konflikte können deshalb nicht ausbleiben, aber sie müssen nicht gewaltsam gelöst, sondern können auch friedlich beigelegt werden.

– Trotz aller Gegensätze ist eine Versöhnung der Konfessionen möglich, wenn die Gläubigen bereit sind, aufeinander zuzugehen.

– Die Versöhnung stellt den ersten Schritt eines Vorgehens dar, das ernsthaft die Lehre aus der Ringparabel ziehen möchte. Nur eine friedfertige Religion kann vor Gott und den Menschen "angenehm machen".

Elemente einer Vernunftreligion der Aufklärung

– Glaubenssätze, die der kritischen Prüfung durch die Vernunft standhalten können
– Streben nach Wahrheit
– Toleranz: gegenseitige Achtung, Verständnis für andere Glaubensformen
– sittliches Handeln: menschenwürdiges Verhalten, Gebote der Humanität
– Bescheidenheit, Demut: Bewußtsein, daß der Mensch irren kann
– Freiheit: keine Unterdrückung durch Dogmen und Funktionsträger
– Gleichheit: Gleichbehandlung aller Menschen ohne Ansehung ihres Standes und ihrer Herkunft

 Aufgabe 67

Goethes Abweichungen von der antiken Sage

– starke Verkürzung der Vorgeschichte
– Prometheus sieht sich als ehemaliger Kämpfer gegen die Titanen.
– Kronos (Gott der Zeit) und Moira (Göttin des Schicksals) werden nach wie vor als die herrschenden Gottheiten anerkannt, denen auch Zeus unterworfen ist.
– intensive Ausgestaltung der Auflehnung des Prometheus gegen den Göttervater Zeus, strotzendes Selbstbewußtsein des schöpferischen Menschenerzeugers
– Weglassen der Strafaktion durch Zeus: der oberste Gott als ohnmächtige Figur, die nur noch verhöhnt und verspottet wird

Goethes Neubewertung der Prometheus-Gestalt

– Verschiebung des Machtverhältnisses: Prometheus triumphiert über Zeus. Der geschwächte Göttervater sieht sich nicht mehr in der Lage, den Aufrührer zu bestrafen.
– Prometheus als einzige Mittelpunktsfigur: Mit seinen Taten hat Prometheus die Götter in den Hintergrund gedrängt. Goethe konzentriert seine Darstellung auf die Szene, die Prometheus auf dem Höhepunkt seiner Macht zeigt.

– Prometheus als aufrichtiger, geradliniger Kämpfer: In der Sage erscheint Prometheus als verschlagener Opportunist, der mit List und Tücke zu Werke geht. Dagegen präsentiert Goethe seinen Helden als einen ehrlichen, kraftvollen Charakter, der diese heimtückischen Methoden nicht nötig hat.
– Prometheus als Gefühlsmensch: Der Menschenschöpfer läßt seinen Emotionen (Wut, Empörung, Verachtung) freien Lauf.

 Aufgabe 68

Inhalt

– Prometheus als Genie, das aus eigener Kraft Menschen hervorbringt
– Humanität: Prometheus' Fürsorge für seine notleidenden Kreaturen
– Raub des Feuers als Akt der Befreiung von der Bevormundung durch die Götter (Religionskritik)
– angstfreies, selbstbewußtes Auftreten eines "Kerls" (Abkehr von einer festgefügten, starren Ordnung)
– Umgestaltung der Welt nach eigenen Bedürfnissen (Hüttenbau, Herd)
– stolzes Bekenntnis zu eigenen Gefühlen (Lebensfreude, Weinen, Leiden)

 Aufgabe 69

Form

– Monolog und angedeuteter Dialog (Prometheus klagt Zeus direkt an)
– 7 Strophen unterschiedlichster Länge (Absage an traditionelle Gedichtformen)
– freie Rhythmen, reimloses Gedicht (Der überschwengliche Prometheus hält sich an keine überlieferten Respektsbekundungen gegenüber den Göttern. Das Verhalten eines freien, aufbegehrenden Menschen läßt sich nicht in starre Formen pressen.)

Sprache

– Mischung aus feierlicher Dichtersprache (Hymne: poetische Doppelbegriffe) und Alltagswörtern (Verkürzungen: Sonn, Aug, wär usw.)
→ Überwindung bisheriger Lyriktraditionen: Neuschaffung einer volksnahen Poesie

– Gegensätze: ich (mein) – du (dein)
  → Verdeutlichung des Widerspruchs zwischen Prometheus und Zeus
– Imperative am Anfang (Bedecke, übe)
  → Herausforderung des Göttervaters
– zahlreiche (rhetorische) Fragen (Z. 27 ff.)
  → Anklagen gegen Zeus
– Ellipsen ("Mußt mir ..." Z. 6, "Und glühtest ..." Z. 34, "Ich dich ehren?" Z. 37)
  → Verstärkung der Alltagssprache, Herausstellung des Zustands höchster Erregung bei Prometheus
– viele Konjunktive (darbtet, wären, wär, wähntest, sollte Z. 18, 24, 47 f.)
  → Aufzeigen von Zeus' falschen Vorstellungen und seiner möglichen erbärmlichen Lage
– Verben im Präsens ("ich kenne" Z. 12, "Hier sitz ich, forme Menschen" Z. 52)
  → Ausdruck von Prometheus' Tätigkeiten und seinem Selbstbewußtsein

 Aufgabe 70

Form

– fünf Strophen unterschiedlicher Länge
– Die beiden Zweizeiler (Strophen 2 und 4) gliedern die Hymne in drei ungleiche Teile
– freie Rhythmen
– keine Reime
– direkte Ansprache (Anredeform: du)
– Dialog in Form eines Monologs (Ganymed hält eine begeisterte Rede an den Frühling.)

Sprache

– zahlreiche Ausrufe (z. B. Z. 1, 8, 9)
– Viele Ellipsen ("Daß ich dich ..." Z. 9, "In euerm Schoße aufwärts!" Z. 27 usw.)
– Inversionen (Z. 18, 22)
– Mischung aus poetischer Ausdrucksweise und Alltagssprache (z. B. Verkürzung von Verben: "Ich komm", Z. 20; "Lieg ich", Z. 12; "Hinauf strebts", Z. 22);

- Wiederholungen ("an mein Herz", Z. 5, 14; drängen, wohin, hinauf, Wolken, "Mir! Mir!", aufwärts)
- Hyperbeln (tausendfach, Z. 4; ewig, Z. 6)
- Partizipien ("den brennenden Durst", Z. 15; "liebend", Z. 19; "der sehnenden Liebe", Z. 25; "Umfangend umfangen!", Z. 29)
- viele Begriffe aus dem erotischen und religiösen Bereich (z. B. Z. 4, 7, 8)

Inhalt

- Ausgangspunkt griechische Mythologie: Der Sohn des trojanischen Königs, Ganymed, galt als der schönste Jüngling auf Erden und wurde deshalb von dem begehrlichen Zeus zu sich geholt.
  Fazit: Der Sagenstoff spielt in der Hymne nur eine untergeordnete Rolle.
- Aufbau: Voller Euphorie preist Ganymed den Frühling an (Strophe 1). Der in der freien Natur liegende Jüngling erlebt intensiv den erwachenden Morgen (Strophe 3). Schließlich strebt Ganymed hinauf, um die Vereinigung mit dem alliebenden Vater zu vollziehen (Schlußstrophe). Insgesamt entwickelt sich also schrittweise ein kosmisches Naturerlebnis, das von den ersten Sonnenstrahlen des Morgens ausgeht, über einzelne konkrete Beobachtungen des Frühlings (Blumen, Gras, Wind, Nachtigall, Nebeltal) weiterführt und mit der harmonischen Einbeziehung des Weltalls einschließlich seines Schöpfers endet.
- Der anfangs passive, sehnsüchtige Ganymed ergreift, getrieben von seiner rauschhaften Erlebnisfähigkeit, die Initiative, um seinen Gefühlsüberschwang in einer absoluten Geborgenheit aufzulösen.
- Die Natur in ihrem geheimnisvollen Wirken kann nur von gottähnlichen, genialen Menschen körperlich und seelisch vollständig erfaßt werden.
- Ganymed entschließt sich in seinem erfülltesten Augenblick zu einem freiwilligen Heimgang in die Götterwelt (vgl. mit der Sage: Ganymeds Raub und Entrückung durch Zeus)
- Pantheismus: die vergöttlichte Natur

 Aufgabe 71

Analyse der Naturschilderung

- Beschreibung der Natur: Tal an einem Frühlingsmorgen, hohes Gras, fallender Bach, Kleintiere (Würmer, Mücken)
- Ausstrahlung von Ruhe und Heiterkeit

- subjektive, personifizierte Darstellung ("das liebe Tal" Z. 8)
- Verniedlichung, Verkleinerungsformen ("Gräschen", "das Wimmeln der klei-nen Welt" Z. 11 f., "Würmchen" Z. 13, "Mückchen" Z. 13)
- Beziehung zwischen der Natur und Werthers Seelenzustand ("Finsternis mei-nes Waldes" Z. 9, der Himmel ruht in seiner Seele Z. 17)
- Superlative und Hyperbeln zur Wiedergabe der gewaltigen Natureindrücke ("mannigfaltig" Z. 11, "die unzähligen, unergründlichen Gestalten" Z. 12, "ich erliege unter der Gewalt der Herrlichkeit dieser Erscheinung" Z. 21)
- pantheistisches Naturerlebnis (Werther fühlt "die Gegenwart des Allmächti-gen" Z. 14 und das "Wehen des Alliebenden" Z. 15)

Funktion der Natur für Werthers Entwicklung

- Widerspiegelung des psychischen Befindens
- Leben in Harmonie mit der Natur, Gefühl der Geborgenheit
- Parallelen zwischen dem Wechsel der Jahreszeiten und der Änderung der Stimmungslage Werthers (Lebensfreude im Frühling, Glücksgefühl im Som-mer, Hoffnungslosigkeit im Herbst, Selbstmord im Winter)
- Der Wandel der Beziehung zu Charlotte wird in den Naturschilderungen vor-weggenommen.
- pantheistisches Naturerlebnis als Religionsersatz
- Gegensatz zwischen Stadt (Naturferne = Selbstentfremdung der Menschen) und Land (Naturnähe = Zufriedenheit der Menschen)

 Aufgabe 72

Werthers Kritik an der höfischen Gesellschaft:

- negative Verhaltensweisen der Adligen (Unfreundlichkeit, Demütigung und Unterdrückung anderer, Eitelkeit, Überheblichkeit)
- Hierarchiedenken (Standesdünkel, Karrieresucht)
- Ausgrenzung mißliebiger Personen
- Intrigen (Eifersüchteleien, Betrug, Egoismus, Denunziationen)
- Herzlosigkeit, übersteigerter Rationalismus auf Kosten natürlicher Gefühle, Bürokratie
- Leben nach starren Regeln und Ritualen, engstirnige Denkweise
- Bevorzugung von Äußerlichkeiten, Vernachlässigung innerer Werte

Ausnahmegestalten dieser negativ beschriebenen Adelsvertreter sind der Graf von C und Fräulein von B, die Werther aufgrund ihrer humanen, toleranten Grundeinstellung sogar als "große Seelen" bezeichnet.

Merkmale von Werthers unkonventioneller Lebensweise

– Ausleben seiner Gefühle, wenig Rücksichtnahme auf gesellschaftliche Gepflogenheiten
– bedingungslose Liebe, grenzenlose Hingabe
– keine Unterscheidung der Menschen nach Standeszugehörigkeit, Toleranz
– radikale Offenheit in Diskussionen (z. B. Argumentation zugunsten des Selbstmords)
– Verständnis und große Anteilnahme für emotional handelnde Menschen (z. B. der junge Bauernbursche)
– Streben nach künstlerischer Selbstverwirklichung (Zeichnen, Lektüre, Schreiben)
– Ablehnung einer freudlosen Berufsausübung, Befürwortung des Müßiggangs

 Aufgabe 73

Merkmale des Sturm und Drang

Inhalt:
– Werther vertritt viele Werte der Aufklärung (Humanität, Toleranz, Freiheit, Gleichheit, Brüderlichkeit), setzt aber statt der Vernunft eher auf das Gefühl.
– Verherrlichung der Natur, Naturschwärmerei, Pantheismus
– Kritik an der erstarrten Ständeordnung
– Parteinahme für das einfache Volk (Bewunderung für die Lebensweise, die Traditionen, die Kultur und die Natürlichkeit des Landvolks)
– Betonung der Individualität (der Mensch als Einzelwesen), unbändiges Freiheitsverlangen
– Geniekult: Werthers bedingungslose Selbstverwirklichung, Leben als kreativer Künstler)
– Hervorhebung literarischer Vorbilder, die als Vorläufer des Sturm und Drang angesehen wurden (Homer, Ossian, Klopstock, Lessing: Emilia Galotti); Lektüre als Seelengenuß und Lebenshilfe

Sprache:
– emotionaler Stil, der sogar manchmal Grammatikregeln verletzt
– umgangssprachliche Wendungen (Natürlichkeit der Sprache im Gegensatz zur Regelbetonung der Aufklärer, Volksverbundenheit)
– Ellipsen: abgebrochene oder unvollständige Sätze zur Veranschaulichung von Gefühlsausbrüchen oder Gefühlsstaus
– zahlreiche Ausrufe und Anredeformen (Gefühlsausdruck und emotionale Nähe zu den Freunden)
– Vermischung von Bericht und Dialogen (direkte Rede als Ausdruck einer lebendigen, unmittelbaren Darbietung)

 Aufgabe 74

Kabale
– Wurm verrät dem Präsidenten die Liebesbeziehung von dessen Sohn Ferdinand mit der Bürgerlichen Luise Miller.
– Der Präsident nimmt auf Ferdinands Herzenswunsch keine Rücksicht. Mit der Verheiratung seines Sohnes verfolgt er egoistische familienpolitische Interessen.
– Der Präsident und sein intriganter Helfer Wurm schüchtern Luise und ihre Eltern ein und versuchen sogar mit gewaltsamen, hinterhältigen Mitteln die Liebe zwischen Ferdinand und Luise zu zerstören.
– Luise wird mit einer erpresserischen Drohung zum Verzicht auf ihre Liebe zu Ferdinand gezwungen.
– Mit Hilfe des "Liebesbriefs" wird Ferdinand auf eine falsche Spur geführt und zu seinem Mord bzw. Selbstmord getrieben.

Liebe
– Der Adlige Ferdinand geht mit der Bürgerlichen Luise ein Liebesverhältnis ein, das von der Gesellschaft nicht toleriert wird.
– Liebesheirat und Vernunftehe stehen in Schillers Drama in einem unlösbaren Konflikt. Die Verbindung zwischen Ferdinand und Lady Milford könnte diesen Gegensatz auflösen, weil die Lady Ferdinand sowohl liebt als auch in ihm eine passende Partie erblickt, doch Ferdinand kann diese Gefühle der Lady nicht erwidern.

– Luise will aus (erzwungener) Einsicht auf Ferdinand verzichten, doch ihre Gefühle für den Präsidentensohn lassen sich dadurch nicht ausradieren.

– Der Sekretär Wurm wirbt um Luise, ohne aber auf Gegenliebe zu stoßen. Der eifersüchtige Bewerber löst aus Enttäuschung und Rachsucht das tragische Ende der Liebesbeziehung zwischen Ferdinand und Luise aus.

Titel "Luise Millerin"

– Tradition des Bürgerlichen Trauerspiels: Der Name der Heldin wird zum Titel (s. Lessing: Miß Sara Sampson, Emilia Galotti).

– Aufgrund ihres aufrichtigen Charakters und ihrer Verstandeskraft steht Luise zu Recht im Mittelpunkt des Dramas.

– Das Augenmerk des Lesers wird auf das Opfer des intriganten Adels gerichtet (Sympathie für das Bürgertum).

– Luise erkennt deutlicher als Ferdinand die politische Dimension ihrer Heiratsabsichten und die damit einhergehende ungeheure gesellschaftliche Herausforderung.

 Aufgabe 75

Beides sind Bürgerliche Trauerspiele und stellen damit einen Standeskonflikt beispielhaft an einem Liebespaar dar.

Wesentliche Unterschiede

	Lessing	Schiller
Schauplatz	Italien	Deutschland
Liebesverhältnis	Prinz will Liebe erzwingen	Ferdinand und Luise haben sich ineinander verliebt.
Ende der beiden Heldinnen	Emilias gewünschter Tod durch die Hand des Vaters	Luises unfreiwilliger Tod durch das Gift ihres irregeleiteten Liebhabers
Beziehung zu einem anderen Mann	Emilia bereitet sich auf die Liebesheirat mit Graf Appiani vor.	Luise wird ihre Beziehung zu Hofmarschall von Kalb von ihren Erpressern aufgezwungen.

	Lessing	Schiller
der/die fortschrittliche Adlige als Vorkämpfer/in für eine bessere Gesellschaft	Gräfin Orsina	Ferdinand
Fürstenwillkür	leichtfertige Unterschriften für Todesurteile (direkter Einblick des Zuschauers)	Verkauf von "Landeskindern" als Soldaten (Nachricht an den Zuschauer)
Plan und Verlauf der Intrige	Vereitelung von Emilias Hochzeit durch Mord und Entführung	Trennung Luises von Ferdinand mittels Drohung und Erpressung

Fortschritte des bürgerlichen Selbstbewußtseins in Schillers Drama

– direkter Angriff gegen den deutschen Adel (Schauplatz im eigenen Land)
– schonungslosere Offenlegung von Menschenrechtsverletzungen (Schiller klagt mit dem Beispiel des Verkaufs von Landeskindern einen allgemeinen Skandal an. Lessing stellt bei dem leichtfertigen Umgang des Prinzen mit Todesurteilen einen Einzelfall dar.)
– Auflockerung der Standesgegensätze (Für Ferdinand ist eine Heirat mit Luise denkbar. Lessings Prinz sieht in Emilia lediglich die Chance zu einem Abenteuer.)
– Eifersucht ist stärker als die Ehre (Ferdinand tötet Luise und sich selbst aus Leidenschaft. Odoardo Galotti gibt wegen der verletzten Familienehre seiner Tochter den Tod.)
– intensiveres Streben nach einer gerechten Gesellschaft (Ferdinand ist bereit, die Vorteile seines Standes zugunsten einer neuen Werteordnung aufzugeben, während die Gräfin Orsina trotz aller Kritik ihrem Stand verhaftet bleibt.)
– Rückzug und Schuldgeständnis des Adels (Der Präsident muß seine Intrige mit raffinierteren und psychologisch geschickteren Mitteln vorbereiten als Lessings Prinz. Im Gegensatz zu letzterem klagt sich der Präsident am Ende des Dramas selbst an und liefert sich dem Gericht aus.)

Fazit

Schillers Trauerspiel zeigt ein weiterentwickeltes bürgerliches Bewußtsein, insbesondere in der Haltung des Autors, und es verdeutlicht, wie der Adel bereits von bürgerlichen Wertvorstellungen beeinflußt ist und sich damit gegenüber dem Bürgertum in der Defensive befindet.

Aufgabe 76

Friedrich Schiller hat in seinem Schauspiel "Kabale und Liebe" einen **Generationenkonflikt** dargestellt, der in der siebten Szene des zweiten Akts in aller Schärfe ausbricht. Dem Liebespaar Ferdinand und Luise steht der intrigante Präsident gegenüber, der mit allen ihm zur Verfügung stehenden Mitteln versucht, das Verhältnis seines Sohnes mit einer Bürgerlichen zu zerstören.

Konflikt zwischen Adel und Bürgertum

- Empörung des Präsidenten über Luises Versuch, die Standesunterschiede zu überwinden
- Der Präsident dominiert die Szene kraft seines Amtes. Er schüchtert die bürgerliche Familie mit den schlimmsten Strafandrohungen ein und strebt die völlige Unterwerfung des Musikus Miller und seiner Tochter an.
- Der Präsident beleidigt die Bürgerlichen, indem er sie mit äußerst herabsetzenden Ausdrücken ("Metze" Z. 8, "Bube" Z. 14) bezeichnet.
- Die beiden Frauen erkennen die Autorität des Präsidenten sofort an und fallen in Ohnmacht (Luise) oder flehen um Gnade (Millers Frau).
- Miller zeigt trotzig bürgerliches Selbstbewußtsein, bereitet einen Gegenangriff vor und beleidigt – wenn auch zögerlich – seinerseits den Präsidenten ("Schelmen" Z. 13).

Konflikt Vater – Sohn: Grundsätze

Der Präsident erwartet von seinem Sohn absoluten Gehorsam. Als Oberhaupt der Familie rechnet er damit, daß seinen Anordnungen Folge geleistet wird.

- Er handelt kraft der Autorität seines Amtes, wobei er deutlich auf die Insignien seiner Macht (Orden, Gerichtsdiener, Motto "im Namen des Herzogs") verweist.
- Er verachtet Untergebene, indem er sie mit Drohungen und Beleidigungen einschüchtert.
- Er scheut vor körperlichen Mißhandlungen nicht zurück und ist sogar bereit, selbst Hand anzulegen.
- Er benimmt sich wie ein Choleriker, der um jeden Preis seinen Willen durchsetzen will. In diesem Moment scheint ihm selbst seine Familienehre nichts zu bedeuten.
- Er hält nur einen Grundsatz für wichtig, und zwar die Sicherung seiner Macht. Da er keine makellose Vergangenheit vorweisen kann, ist er in diesem Punkt verletzbar. Sein reiner Machtinstinkt läßt ihn bei Ferdinands Drohung sofort zur Vernunft kommen.

Ferdinand bedeuten Macht und gesellschaftliche Anerkennung wenig. Vielmehr verteidigt er innere Werte, für die er sogar seine Zukunft opfern würde.
– Er stellt eine Liebesheirat über eine Vernunftehe.
– Er setzt auf Gerechtigkeit und Toleranz, die seiner Meinung nach die Grundlage für eine vernünftige Weltordnung bilden sollten.
– Er appelliert zunächst an die Einsicht der Menschen, bevor er zu gewaltsamen Mitteln greift, um seine Interessen durchzusetzen.
– Er ist bereit, Demütigungen zu ertragen, um ein für ihn ehrenwertes Leben zu führen. Ein gegebenes Versprechen gilt für ihn als heilig. Widerstände zu überwinden, hält er für eine Pflicht, wenn es um eine gerechte Sache geht.

Während der Präsident mit seinen Handlungsmaximen die Wertvorstellungen des Absolutismus vertritt, gibt sich sein Sohn als ein Kind der Aufklärung, dem Menschenrechte ein unverzichtbares Anliegen sind.

Schillers Kritik am Adelsstand
– Der Präsident hat sich sein Amt mit unredlichen Mitteln erworben.
– Der Präsident schüchtert die Bürgerlichen mit seiner Macht ein, weil es ihm an Argumenten gegenüber neuen Ideen und Lebensformen mangelt.
– Durch sein plötzliches Nachgeben erscheint der fast die ganze Szene dominierende Präsident als Verlierer (Vorzeichen für den historisch vorprogrammierten Untergang des alten Adels?).
– Nicht nur in der Auseinandersetzung mit Bürgerlichen, sondern auch mit ihresgleichen zeigen die Adligen rüde Umgangsformen. (Allerdings behandelt Miller seine Frau auch nicht schonender.)
– Der Präsident verliert völlig die Selbstbeherrschung und reagiert äußerst emotional. Auch Ferdinand, der sich etwas kontrollierter und taktisch klüger gibt, gerät immer wieder außer Fassung (Verlust der früheren aristokratischen Werte: Selbstkontrolle, Höflichkeit, Wahrung der äußeren Form).
– Während mit dem Präsidenten ein Vertreter des moralisch diskreditierten und des historisch fast überwundenen Adels der älteren Generation auftritt, erwächst der Aristokratie in Ferdinand ein neuer Hoffnungsträger, weil er mit den verinnerlichten Werten der Aufklärung eine bessere Gesellschaftsordnung durchsetzen will.
– Allerdings endet das Drama versöhnlich. Der sterbende Ferdinand reicht seinem Vater die Hand, woraufhin sich der Präsident dem Gericht ausliefert und damit seine eigenen Taten als unrechtmäßig verwirft.

Aufgabe 77

Geschäftsgebaren der Kaufleute

Kamaswami:
- Leidenschaft bei den Geschäften
- ständige Angst vor Mißerfolgen (unruhiger Schlaf)
- Profitstreben, Zurückstellung der Gefühle
- Ärger und Aufregung bei Verlusten (Schimpfen, Sorgen, Kummer)
- sinnvolle Zeiteinteilung, Eile und Hektik
- zielorientierte Verhandlungen mit seinen Geschäftspartnern
- Bewertung der Menschen nach ihren kaufmännischen Fähigkeiten

Prototyp des modernen, aktiven Geschäftsmannes

Siddhartha:
- Spiel mit dem Geschäft, Vergnügen
- keine Angst vor Mißerfolgen, Unbekümmertheit
- Freude im Umgang mit anderen, Rücksichtnahme
- ruhiges Vorgehen, Gleichmut
- Vertrauen auf Glück und Geduld
- praktizierte Kunst des Zuhörens
- Suche nach freundschaftlichen Beziehungen

Prototyp des orientalischen, lebenslustigen Geschäftsmannes

Gründe für das Scheitern des Geschäftsmannes Siddhartha

Siddhartha bildet einen Gegenpol zu dem umtriebigen Kamaswami, indem er ihm zeigt, daß man auch durch Menschlichkeit erfolgreich Geschäfte abschließen kann. Durch die Einschätzung der Geschäftswelt als Spiel erspart er sich viel Verdruß. Aufgrund seiner Beobachterrolle nimmt Siddhartha an diesem wirtschaftlichen Treiben gar nicht wirklich teil. Genau darin liegt aber auch die Ursache für seinen "Ausstieg".
- Siddhartha hat die Geschäftswelt erst spät kennengelernt. Deshalb bedeutet sie ihm im Grunde auch nicht viel.
- Die in der Geschäftswelt herrschenden Werte (Wohlstand – Sorge – Besitz) widersprechen fundamental Siddharthas Tugenden (fasten – warten – denken). Weil die Titelfigur die Hektik als "Seelenkrankheit der Reichen" einschätzt, kommt für sie eine Übernahme dieser fremden Werte nicht in Frage.

– Am Anfang hat Siddhartha das Geldverdienen nur als Mittel zum Zweck der Eroberung Kamalas gesehen. Als er sein Ziel erreicht hat, fehlt ihm die innere Antriebskraft.

– Letzten Endes bedeuten die Geschäftspraktiken für Siddhartha nur eine Ablenkung von seinem eigentlichen, in ihm tief verwurzelten Ziel: die Vollendung (Eintritt in das Nirwana). Siddhartha erkennt noch rechtzeitig, daß er mit seinem behaglichen Leben in der Stadt in die falsche Richtung geht, und er vollzieht eine radikale Umkehr.

 Aufgabe 78

Gemeinsamkeiten zwischen Siddhartha und Buddha

– Namensgleichheit: Siddhartha bedeutet "der sein Ziel erreicht hat"
– Abstammung aus wohlhabender Familie, sorglose Kindheit
– Verlassen der Familie, Wanderleben, religiöse Orientierung
– Glaube an die ewige Wiederkehr: Leben bedeutet ständige Wandlung
– eigenständige Suche nach einem neuen Weg
– Erreichen des Ziels: Vollendung, Eingang in das Nirwana (Erlösung durch Verzicht und Wissen)

Unterschiede zwischen Siddhartha und Buddha

– Brahmanensohn – Fürstensohn
– Individualismus – Gemeinschaft (Jünger, Ordensgründung)
– Erkenntnis, Erfahrung – Erleuchtung
– Fluß als Lebenssymbol – Lehre vom Rad des Lebens
– zeitweilige Abkehr von einem religiösen Leben – konsequenter Lebenswandel als Prediger

Funktion von Buddhas Auftreten

Buddha, der im ersten Teil von Hesses Erzählung selbst in Erscheinung tritt, erfüllt eine mehrfache Funktion. Zum einen vertritt er eine Lehrmeinung, von der sich Siddhartha inhaltlich abgrenzen kann, und zum anderen bewirkt er durch seine Existenz einige entscheidende Wendungen im Geschehen der Erzählung.

Siddharthas Auseinandersetzung mit Buddha

- Der Buddhismus ist die letzte hoffnungsvolle Lehre, von der sich Siddhartha nach der Enttäuschung bei den Samanas noch etwas erwartet.
- Siddhartha ist von der Persönlichkeit Buddhas tief beeindruckt.
- Siddhartha wird durch seine Beobachtungen zu der Erkenntnis geführt, daß er wie Buddha seinen eigenen Weg finden muß, denn Weisheit ist nicht mitteilbar.
- Buddha bewirkt also die wesentliche Kehrtwendung in Siddharthas Leben, die zur Folge hat, daß Siddhartha sein Ziel erreichen kann.

Wendungen in der Erzählhandlung

- Trennung der Freunde Siddhartha und Govinda: Verdeutlichung der beiden Charaktere (Selbständigkeit – Anhänglichkeit, Nachfolge)
- Siddharthas Zusammentreffen mit der todkranken Kamala, die im Gefolge der Mönche, die den sterbenden Buddha aufsuchen wollen, an den Fluß kommt. Siddhartha verliert zwar seine frühere Lebensgefährtin, aber er lernt auch seinen Sohn kennen, der allerdings nicht lange bei ihm bleibt.
- Am Ende vergleicht Govinda seinen Freund Siddhartha mit dem Erhabenen. Dadurch erfährt der Leser, daß Siddhartha eine Alternative zu Buddhas Lebensweg gefunden hat, die genauso zur Erlösung führt.

 Aufgabe 79

Siddharthas wichtigste Lebensetappen: Ergebnisse

- Kindheit als Brahmanensohn: Einübung religiöser Praktiken, Freundschaft mit Govinda
- Leben bei den Samanas: Fasten, Askese, Meditation – innere Unzufriedenheit und Gefühl, das eigene Ziel (Entselbstung) nicht erreichen zu können
- Begegnung mit Buddha: Entdeckung eines Widerspruchs in Buddhas Lehre, Wunsch nach selbstbestimmtem Lebensweg, Trennung von Govinda
- Leben mit der Kurtisane Kamala: Erlebnis der Liebe, Wandel zu einem reichen, gut gekleideten Geschäftsmann, Vaterschaft
- Arbeit bei dem Kaufmann Kamaswami : Geldverdienen, Erwerb finanzieller Mittel zum Unterhalt Kamalas, Besitz

- Sansara: Einsicht in die Unvollkommenheit der Welt, Lebensekel, Ablehnung von Reichtum und Besitz
- Leben am Fluß: Naturerlebnis, Erinnerung an das heilige Om (Wiederbelebung der eigenen Vergangenheit), Lebensanalyse, Freundschaft mit dem Fährmann Vasudeva, Lehre vom Fluß (Lebensstrom: Zuhören, Einheitserfahrung, innere Versenkung, Erkenntnisse), Wiedersehen mit Govinda und Kamala, Verlust seines Sohnes, Überwindung der Begierden, Vollendung

Siddharthas Lehre

Im Gespräch mit Govinda am Ende der Erzählung äußert Siddhartha, daß er keine Lehre besitze, sondern nur zu einigen Gedanken und Erkenntnissen gekommen sei, indem er von anderen Menschen oder von dem Fluß gelernt habe. Diese "Lebensweisheiten" Siddharthas könnte man folgendermaßen zusammenfassen:

- Lehren sind immer einseitig, die Welt ist aber vielseitig. Daher entsprechen Lehren nur einem Teil der Wirklichkeit.
- Weisheit ist nicht mitteilbar, sondern kann nur individuell erreicht werden. Voraussetzung: keine Verdrängung, sondern konsequente Aufarbeitung der eigenen Vergangenheit – Selbstanalyse durch Akzeptieren eigener Handlungen und Unterlassungen
- Tugenden: Bescheidenheit, Demut, Liebe zu den Mitmenschen und zu den Dingen (Glaube an den Kreislauf der Verwandlungen), Toleranz, Ehrfurcht, Einverständnis mit der Welt trotz ihrer Schwächen
- Überwindung der Begierden: keine Machtgier, kein Streben nach Reichtum und Besitz, keine Überredung anderer Menschen zum eigenen Vorteil
- Einheit mit der Natur: Fluß als Symbol des Lebens, magisches Erlebnis durch Lauschen der Stimme des Flusses.
- kein Gehorsam gegenüber anderen Autoritäten, sondern Hören auf die innere Stimme (radikaler Individualismus) – Ablehnung anderer Lehren für den eigenen Lebensweg
- Dinge sind wichtiger als Worte und Gedanken, denn diese sind nur Schein und Täuschung (Maja). Auch das Tun und die Lebensweise großer Menschen sind wichtiger als ihre Reden und Meinungen.

Aufgabe 80

Galileis Verdienste

- Bereicherung der Wissenschaft (Fallgesetze, Astronomie, Discorsi)
- Entdeckungen in der Astronomie (Jupitermonde, Sonnenflecken)
- Entwicklung von Geräten und Hilfsmitteln für den Alltagsgebrauch (z. B. Proportionalzirkel, Sternkarten)
- Einführung der Volkssprache zum wissenschaftlichen Gebrauch
- Verbreitung wissenschaftlicher Erkenntnisse im ganzen Volk

Galileis Betrügereien

- Nachbau eines in Holland entwickelten Fernrohrs
- Erschleichung einer Gehaltsaufbesserung
- Täuschung seiner Schüler über seine Standfestigkeit gegenüber dem Vatikan
- Verleitung seiner Schüler zum Glauben an eine freie Forschung
- Widerruf der Wahrheit (Belügen der Inquisition)
- Schreiben untertäniger heuchlerischer Briefe an den Erzbischof
- heimliche Weitergabe der Abschrift seiner "Discorsi" an Andrea

Beurteilung von Galileis Persönlichkeit

Galilei offenbart sich als zwiespältiger Charakter: Einerseits erbringt er eine enorme wissenschaftliche Leistung, andererseits versagt er im Sozialen. Dieses widersprüchliche Doppelwesen Galileis läßt sich in verschiedenen Bereichen nachweisen:

- Erziehung seiner Tochter Virginia – Zerstörung ihrer Lebensplanung
- Aufmunterung seiner Schüler zur Wahrheitsliebe und vorurteilsfreien Forschung – Opportunismus gegenüber der Kirche (jahrelanger Verzicht auf die Astronomie nach dem Verbot des Papstes, Widerruf)
- Egoismus (Galilei kümmert sich nicht um Frau Sartis Alltagssorgen) – Menschlichkeit (Galilei sorgt für die kleinen Leute)
- Risikofreude (Umzug nach Florenz, keine Angst vor der Pest) – Feigheit, Sicherheitsstreben (Zurückweichen vor der Kirche, Leben in gesicherten Verhältnissen)
- triebhaftes Verhalten (Galilei forscht, weil er nicht anders kann) – Arbeit im Dienst der Menschheit (Galilei entwickelt nützliche Dinge für die Menschen)
- Förderung Andreas durch kostenlosen Unterricht – Ausnutzung seiner Schüler zu eigenen Verdiensten

- Machtgier (starkes Selbstbewußtsein, Herausforderung der Kirche) – Ohnmacht (Angst vor der Folter)
- Geschick (Schlagfertigkeit im Umgang mit Mächtigen) – Naivität (Fehleinschätzung der Situation)

Im Gespräch mit Andrea (Szene 14) beurteilt Galilei sich selbst: Er sieht sich als Verbrecher an der Menschheit, der seinen eigenen Ansprüchen (unbedingte Wahrheitsliebe) nicht gerecht werden konnte.
Brechts Versuch, Galilei indirekt für die Entwicklung der Atombombe verantwortlich zu machen, erscheint jedoch fragwürdig.

 Aufgabe 81

Besonders in der 12. Szene wird deutlich, warum die Kirche Galileis Erkenntnisse als gefährlich einstuft. Der Inquisitor weist nicht nur auf die Verstöße gegen kirchliche Traditionen hin, sondern er warnt auch vor den gewaltigen gesellschaftlichen Folgen der wissenschaftlichen Neuerungen.

Einwände der Kirchenvertreter gegen Galileis Lehren

- Zerstörung des christlichen Glaubens
- Zweifel an der Wahrheit der Bibel
- Verbreitung von Unruhe und ideologischer Unsicherheit
- Erhebung der Vernunft zur einzigen Instanz der Wahrheit
- Abkehr von Gott, Förderung des Atheismus
- Verhöhnung der Kirche und ihrer Würdenträger
- Untergrabung der gesellschaftlichen Rangordnung, Veranlassung zur Auflehnung der Knechte gegen ihre Herren

Erscheinungsbild der Kirche

- Repräsentantin der alten, erstarrten Weltordnung (Glaube an das Ptolemäische Weltbild als Symbol der geistigen Unbeweglichkeit)
- sture Verteidigung unhaltbarer Positionen
- fortschrittsfeindliche Institution, Verkörperung der Intoleranz
- Unterdrückung der freien Meinungsäußerung, Behinderung der Wissenschaft
- autoritäre Bestimmung des Weltbildes (Ptolemäus statt Kopernikus)

Abgesehen von einigen wenigen Repräsentanten (Clavius, der kleine Mönch) setzt sich die Kirche mit Galileis Erkenntnissen nicht auseinander. Anstatt die Argumente des Physikers kritisch zu hinterfragen, werden die überlieferten Dogmen unverändert beibehalten. Weil der Vatikan vor Neuerungen Angst hat, setzt er seine ganze Macht ein, um die Ergebnisse der Wissenschaftler gewaltsam zu unterdrücken.

 Aufgabe 82

Epische Mittel

- Einteilung des Schauspiels in 15 Szenen / Kapitel
- Zusammenfassung des Inhalts in einer Art Überschrift jeweils zu Beginn einer Szene
- Die saloppen Gedichte am Anfang jeder Szene dienen sowohl als kurze Inhaltsangabe als auch als Erzählerkommentar des Geschehens.
- Zeitsprünge: Die Handlung erstreckt sich von 1609 bis 1637.
- offener Schluß: Galileis Selbstverurteilung und Andreas Rechtfertigung für Galileis Handeln stehen einander gegenüber. Die Zuschauer sollen selbst die erforderlichen Schlußfolgerungen ziehen.

Verfremdung (V-Effekte)

- Aktuelle Probleme (Auslieferung der Wissenschaft an die Politiker: Gefahr des Atomkriegs) werden im historischen Gewand dargeboten.
- Mit dem Fernrohr sehen die Menschen Dinge, die ihnen sonst verborgen bleiben.
- Galileis Zweifel führt zu neuen Erkenntnissen: Galilei verfremdet die frühere Sichtweise der Astronomen, indem er das Ptolemäische Weltbild in Frage stellt.
- Geschichte ist veränderbar: Galilei hätte auch anders handeln können. Seine Begeisterung über den Anbruch einer neuen Zeit zu Beginn des Dramas macht dies deutlich.
- Die einzelnen Bereiche der Gesellschaft stehen in gegenseitiger Wechselwirkung: Wenn sich das kosmische Weltbild ändert, hat dies Auswirkungen auf die Gesellschaftsordnung (Befreiung der unterdrückten Klasse, Infragestellung der Machtbefugnisse des Adels und des Klerus). Selbst das Schachspiel wird mit neuen, freieren Regeln durchgeführt.

Folgen für die Bewertung der Hauptfigur

Der Zuschauer soll sich nicht mit der Hauptfigur Galileo Galilei identifizieren (wie im aristotelischen Drama), sondern dessen Stärken und Schwächen kritisch beurteilen. Durch die Kapitelüberschriften und die Gedichte am Anfang der Szenen wird ohnehin dem Schauspiel die Spannung genommen, so daß dem Publikum nur die Möglichkeit zur distanzierten Betrachtung der Handlung bleibt. Die Spielszenen auf der Bühne sollen den Zuschauern die Erkenntnis vermitteln, daß die Geschichte von Menschen gemacht wird und daß somit zu jeder Verhaltensweise Alternativen existieren. Die Geschichte ist ein dynamischer Prozeß, der in alle Lebensbereiche hineinwirkt.

– Galilei hat die Möglichkeit, durch sein Wissen und seine naturwissenschaftlichen Methoden die starre, von der Kirche dominierte Gesellschaftsordnung fundamental zu verändern. Parallel zu seinem Erkenntniszuwachs steigt sein Selbstbewußtsein und auch sein Glaube, mit Hilfe der Vernunft die bisherigen Machtstukturen verwandeln zu können.

– Galilei wirkt mit seinen Erfolgen bis in die untersten Schichten der Gesellschaft hinein. Die kleinen Leute erwarten von ihm eine Erleichterung ihres beschwerlichen Lebens und die Befreiung von ihren sozialen Zwängen (s. Galileis Gespräche mit dem kleinen Mönch und mit Ludovico Marsili).

– Mit dem Fernrohr bringt Galilei nicht nur Licht in das Dunkel der Astronomie, sondern er durchleuchtet auch die gesellschaftlichen Verhältnisse. Damit sieht er die soziale Ungerechtigkeit in vergrößerter Form. Außerdem wäre die Vernunft ein gutes Mittel, eine gerechtere und freiere Staatsordnung zu begründen.

– In Anbetracht all dieser Erwartungen und Möglichkeiten versagt Galilei als Umgestalter der Gesellschaft. Gemessen an seinen eigenen Ansprüchen sowie an dem Vertrauen, das seine Schüler in ihn gesetzt haben, sieht sich Galilei selbst als Verbrecher. Dennoch beginnt mit Andrea Sartis Grenzübertritt am Ende des Dramas wieder eine neue Zeit, die jedoch nach Galileis Verrat an der Wissenschaft weniger Anlaß zur Hoffnung gibt.

 Aufgabe 83

Edgars unangepaßtes Verhalten

Nachdem Edgar Wibeau lange Zeit als Vorzeigejugendlicher gegolten hatte, lehnt er sich plötzlich auf, weil er sich den vielen Zwängen der Gesellschaft nicht mehr unterordnen möchte. Er rebelliert gegen zahlreiche Vorschriften und Erwartungen.

Beispiele:

– Ablehnung von langweiligen Drillübungen in der Lehre
– Auflehnung gegen Autoritäten: Ausbilder Flemming, Mutter, Vorgesetzter Addi – Abbruch seiner Lehre, Wegzug von zu Hause
– Protest gegen herrschende Normen (äußere Zeichen: Jeans, lange Haare, individuelle Lebensgestaltung)
– Absonderung von der Gesellschaft (freies Künstlerdasein in einer Gartenlaube, Arbeit an einem Farbspritzgerät ohne Wissen seiner Kollegen)
– Provokationen am Arbeitsplatz: Herausforderung Addis

Edgars Auseinandersetzung mit den gesellschaftlichen Gegebenheiten der DDR: Obwohl Edgar vieles an der DDR stört, erklärt er sich mit der Idee des Kommunismus grundsätzlich einverstanden. Er kritisiert aber manche Einzelheiten im Alltagsleben, die seine Individualität beeinträchtigen.

Beispiele:

– Kritik am Unterrichtswesen: Abscheu gegen Aufsätze über Vorbilder
– Verweigerung einer öffentlichen Selbstkritik
– Einwände gegen die Militärpolitik: Bekenntnis zum Pazifismus
– Rebellion gegen gleichmacherische Tendenzen: Stolz auf seine hugenottische Herkunft, Bestehen auf korrekte Aussprache seines Namens
– Kritik am langweiligen normierten Kulturleben (Auseinandersetzung mit dem Regisseur eines Schulfilms)

Insgesamt setzt sich Edgar für mehr Selbständigkeit und größere Freiheiten des einzelnen in der Gesellschaft ein. Unterdrückung und Zwänge bekämpft er mit revoltierenden Verhaltensweisen. Durch die Liebe zu Charlie sowie seine fieberhafte Arbeit an seinem eigenen Farbspritzgerät gibt er seinem Leben einen Sinn, so daß er gar nicht auf die Idee kommt, die DDR eines Tages zu verlassen. Edgar sondert sich zwar von den anderen ab, aber er fühlt sich auch durch Charlie und seine Arbeitskollegen integriert.

 Aufgabe 84

Vergleich der beiden Romangestalten Werther und Edgar Wibeau

Gemeinsamkeiten:

– Individualität, Streben nach Selbstverwirklichung
– gefühlsbetonte Lebensweise, völliges Aufgehen in einer Liebesbeziehung

- hoffnungslose Liebe zu einer Verlobten (Namensähnlichkeit: Charlotte – Charlie): unglückliche Dreierkonstellation
- vorläufige Trennung von der Geliebten
- ein biederer, anständiger Rivale (Albert – Dieter)
- Leben in einer Idylle
- Herumhantieren mit Waffen (Alberts Pistolen – Dieters Luftgewehr)
- regelmäßiger Bericht an einen Außenstehenden (Namensähnlichkeit: Wilhelm – Willi)
- Tod am Ende des Romans

Unterschiede:
- verschiedene historische Umstände (rund 200 Jahre Zeitdifferenz): Feudalgesellschaft – sozialistische Gesellschaft
- Persönlichkeit: der passive Werther – der aktive Wibeau
- Umgang mit dem Rivalen: Werthers Respekt gegenüber Albert – Edgars Verachtung gegenüber Dieter
- zeitbedingte Kommunikationsform: Werthers Briefe – Edgars Tonbänder
- Lektüre: Werther liest Homer, Ossian, Klopstock und Lessings "Emilia Galotti" – Edgar liest "Robinson Crusoe", Salinger und Goethes "Werther"
- Todesart: Werthers Selbstmord – Edgars Unfalltod (Edgars Ablehnung des Selbstmords)

Bedeutung von Goethes "Werther" für Edgars Entwicklung

Nachdem sich Edgar über Werthers Sprache und Lebensweise zunächst amüsiert hat, findet er an Goethes Buch zunehmend Gefallen und setzt sich mit der darin geschilderten Thematik ernsthafter auseinander. Dieser Entwicklungsprozeß spiegelt sich auch in den näheren äußeren Umständen: Edgar wollte das Reclamheft zuerst als Toilettenpapier benutzen. Am Ende verwendet er es als Mittel zu seiner Persönlichkeitsbildung.

Die Lektüre des "Werther" hat außerdem noch andere Funktionen:
- Widerspiegelung von Edgars eigenen Erlebnissen (Tonbänder an Willi)
- Zitatensammlung
- Anregung zum Nachdenken über gesellschaftliche Phänomene (Lebensart, Ausdrucksweise, Selbstmord)
- Mittel zur Herausforderung seines Rivalen Dieter, Angeberei bei Charlie
- Stärkung seines Selbstbewußtseins (durch teilweise Identifizierung, Gefühl der eigenen Besonderheit).

Mit dem Titel "Die neuen Leiden" verweist Plenzdorf auf eine allgemeingültige Konstellation mit verschiedenen zeitbedingten Umständen.

244

Aufgabe 85

Mittel eines modernen Romans

- Ich-Erzähler: Edgar Wibeau erzählt seine eigene Geschichte aus subjektiver Sicht.
- Perspektivenwechsel: verschiedene Standpunkte (Edgar – Charlie – Addi), unterschiedliche Bewertung der einzelnen Ereignisse
- Vermischung der Gattungen: Epik (Edgars Bericht) – Dramatik (Dialoge: Vater Wibeaus Gespräche mit Charlie und Addi)
- Wechsel von Zeugenaussagen und Kommentaren (Collage-Technik)
- Rückblende: Aufrollen der Vergangenheit
- Umgangssprache, Jugendjargon, Modewörter, Floskeln, Ellipsen

Aussageabsichten des Autors

- Annäherung an eine Persönlichkeit aus verschiedenen Blickwinkeln
- authentische, lebendige Darstellung: unmittelbarer Kontakt zum Leser
- Reflexion der einzelnen Figuren: Bewertung des vergangenen Geschehens
- Aufwertung des Individuums in einer sozialistischen Gesellschaft

Durch die bewußte Anlehnung an Goethes Briefroman stellt Plenzdorf sein eigenes Werk in die Tradition der deutschen Literaturgeschichte. Der Autor benutzt Goethes Vorlage während der Debatte in der DDR über das klassische Erbe, um eine Diskussion über den Wert des einzelnen in einer Gesellschaft von Gleichen in Gang zu bringen.

Gleichzeitig bezweifelt er, ob der Sozialistische Realismus ein taugliches Mittel ist, komplexe Vorgänge in einer modernen Zeit zu veranschaulichen. Statt eines positiven Helden beschreibt Plenzdorf einen fehlerhaften, eigenwilligen Menschen, der seinen Weg ohne Vorschriften gehen will. Damit hinterfragt Plenzdorf die bis dahin maßgeblichen literarischen Regeln in der DDR.

Stichwortverzeichnis

Sachregister

Absurdes Theater 149
Akt 68
Alliteration 42, 57
Althochdeutsch 72
Anakreontiker 104
Anapäst 57
Anapher 42, 58
Antagonismus 42
Antithese 58
Arbeitstechniken 6 ff.
aristotelische Dramenkonzeption 68
aufgeklärter Absolutismus 103
Aufklärung 101 ff.
Aufzählung 41
auktorialer Erzähler 56

Barock 87 ff.
Bibliographie 2, 5
Bibliothek 2, 5
Bild 68
biographische Methode 53
Bitterfelder Weg 172
Buchhandlung 3, 5
Bürgerliches Trauerspiel 106, 108 ff.,
    145 ff.

Daktylus 57
dialektische Erörterung 24 ff.
Dialog 68
dokumentarisches Theater 149
Dramatik 67 ff.

Ellipse 41, 58
Emphase 42, 58
Endreim 73
engagierte Literatur 149
Enjambement 56, 58
Epik 63 ff.
Epilog 68
episches Theater 68, 149, 164 f.
Epos 64
Ergebnisprotokoll 17 f.
erlebte Rede 56
Erzähler 56, 64
Erzählerkommentar 56
Euphemismus 42
Evangelienbuch 72

Exilliteratur 149
experimentelle Lyrik 149
Expressionismus 148
Exzerpieren 8
Exzerpt 8, 10

Figuren 67
Filme 4, 5

Ganymed 132
Gedächtnisprotokoll 17 f.
geistesgeschichtliche Deutung 53
Genie 125

Hebung 56
Heldenepos 73
Heliand 72
Hildebrandslied 72
höfisches Epos 73
hohe Minne 74
Hyperbel 42
Hypotaxe 41, 59

Ich-Erzähler 56
Informationsbeschaffung 1 ff.
Inhaltsangabe 19 ff., 45 ff.
Innerer Monolog 149
intensives Lesen 6, 10
Interpretationsmethoden 53, 62
Ironie 42

Jambus 57

konkrete Poesie 149
Kreuzreim 57
Kudrunlied 73
kursorisches Lesen 6, 10

Lautmalerei 42, 58
Lesetechniken 6
Lexika 1 ff.
literaturgeschichtliche Deutung 53
Lyrik 65 ff.
lyrisches Ich 56, 66

Merseburger Zaubersprüche 72
Metapher 42, 58
Minnesang 74
Mitschreiben 8, 10

Literaturverzeichnis

BANTEL/SCHAEFER: Grundbegriffe der Literatur. Frankfurt/M. [12]1986

BIERMANN/SCHURF (Hrsg.): Texte, Themen und Strukturen. Grundband Deutsch für die Oberstufe. Düsseldorf 1990

BOERNER, PETER: Johann Wolfgang von Goethe in Selbstzeugnissen und Bilddokumenten. Reinbek bei Hamburg 1964

BRAAK, IVO: Poetik in Stichworten. Literaturwissenschaftliche Grundbegriffe. Kiel [6]1980

BURSCHELL, FRIEDRICH: Friedrich Schiller in Selbstzeugnissen und Bilddokumenten. Hamburg 1958

CONRADY, KARL OTTO: Goethe: Leben und Werk. Frankfurt/M. 1987

DREWS, WOLFGANG: Gotthold Ephraim Lessing in Selbstzeugnissen und Bilddokumenten. Reinbek bei Hamburg 1962

FRICKE/SCHREIBER: Geschichte der deutschen Literatur. Paderborn [20]1988

GALL, DIETER: Aufsatz Oberstufe. Freising [2]1993

GIGL, CLAUS: Abiturtraining. Deutsche Literaturgeschichte. Grund- und Leistungskurs. Freising 1993

GLASER/LEHMANN/LUBOS: Wege der deutschen Literatur. Eine geschichtliche Darstellung. Frankfurt/M. [16]1972

HEBEL, FRANZ (Hrsg.): Spracherfahrungen. Deutsch für berufliche Schulen. Frankfurt/M. 1991

KESTING, MARIANNE: Bertolt Brecht in Selbstzeugnissen und Bilddokumenten. Hamburg 1959

MARTINI, FRITZ: Deutsche Literaturgeschichte. Von den Anfängen bis zur Gegenwart. Stuttgart [16]1972

MEWS, Siegfried: Ulrich Plenzdorf. München 1984

MÜLLER/VALENTIN: Deutsche Dichtung. Kleine Geschichte unserer Literatur. Paderborn 1981

PÖRNBACHER, KARL (Hrsg.): Gedichtbuch. Deutsche Gedichte aus zwölf Jahrhunderten für die Schule. Berlin 1987

SCHUSTER, KARL: Arbeitstechniken Deutsch. Für die Sekundarstufe 2 und das Studium. Bamberg 1980

SCHWARZ/HACKER: Geschichte der deutschen Dichtung. Von der germanischen Frühzeit bis zur Gegenwart. Lübeck/Hamburg [4]1964

STADLER, HERMANN (Hrsg.): Texte und Methoden 11. Lehr- und Arbeitsbuch Deutsch. Berlin 1992

VAN RINSUM, ANNEMARIE UND WOLFGANG: Interpretationen. Dramen. München [2]1983

ZELLER, BERNHARD: Hermann Hesse in Selbstzeugnissen und Bilddokumenten. Reinbek bei Hamburg 1963